재가 된 여자들

이제는 쉬고 싶은 여자들을 위한 **회복 가이드**

번아웃

Burnout

여자들

에밀리 나고스키 | 어밀리아 나고스키 피터슨 지음

박아람 옮김

책읽는수요일

베푸는 인간들에게 이 책을 바칩니다.

일러두기

1. 맞춤법과 띄어쓰기는 국립국어원 〈한글 맞춤법〉에 따랐다.

2. 외국 인명이나 지명, 작품명은 되도록 국립국어원의 〈외래어 표기법〉을 따르되, 필요에 따라서는 원어에 가깝게 표기했다. 단, 통용되는 번역어나 표현이 이미 있는 경우 해당 표기를 따랐다.

3. 본문에 사용한 『 』는 단행본, 「 」는 논문, 《 》는 잡지와 일간지, 〈 〉는 영화, 드라마, TV 프로그램, 칼럼 제목을 나타낸다. 원어는 필요한 경우 최초 1회만 병기했다.

'베푸는 인간'의 무급노동에 기생하며 살아가는 '존재하는 인간'들에게

　세상에는 '베푸는 인간'이 있고, '존재하는 인간'이 있다. 어떤 사람들은 그냥 가만히 있어도 밥이 나오고 수저가 놓이고 물잔이 앞에 있고 휴지와 수건이 걸려 있다. 베푸는 인간이 이 모든 것을 그만뒀을 때야 존재하는 인간은 이 모든 것이 자동으로 공급되지 않았음을 깨닫는다. 그러면 어떻게 해야 할까? 모두 베푸는 인간이 되기를 그만두고 존재하는 인간이 되면 될까? 각자 자기가 필요한 만큼만 움직이고 아무와도 연결되지 않으면 그만일까? 더 피곤해질 뿐 아닐까? 결국 '베푸는 인간'은 다시 휴지를 채우고 청소기를 돌리고 일정을 확인한다. 이걸 더 이상 반복할 수 없다는 것을 깨닫는 순간 '번아웃'이 온다. 여기서 '번아웃'이란 그냥 만성피로 같은 게 아니다. '베푸는 인간'이 겪는 감정적 소진과 무기력을 말한다. 이렇게 될 때까지 멈출 수 없었던 이유는 무엇일까? 여기에 사회구조의 문제가 있다.

자기 계발서는 종종 가장 중요한 이야기를 빠트린다. 이 모든 문제의 근원에는 사회구조가 있다는 얘기 말이다. 이 '페미니스트 자기 계발서'는 다르다. 번아웃은 증상이며, 문제는 가부장제라는 사회구조에 있다는 말을 정확하게 한다. 하지만 사회구조의 문제라는 말은 저항의 심지가 되는 게 아니다. 이 말은 내가 살아 있는 한 의미 있는 변화는 없을 거라는 좌절감을 증폭시키기도 한다. 그러므로 '번아웃'으로 누워 있는 사람을 일으키기 어렵다. 문제를 재정의해 보면 어떨까. 이 '베푸는 인간'은 대체로 양육자의 역할을 도맡아 왔던 여성들이었다. 여성들이 돌봄을 지속해 왔던 이유는 여성의 본성 때문이 아니다. 그것이 가부장제에서 여성에게 부여한 성 역할이었기 때문이다. 이 책의 저자들은 '번아웃'을 젠더 부정의의 문제라고 명확하게 규정한다. 가부장제 사회가 여성의 성 역할을 '베푸는 인간'으로 배정했기 때문에 생겨난 문제라는 것이다. 그렇다면 '베푸는 인간'의 행동이 정말 이타적이기는 할까? 상호 의존이 아니라 비대칭적인 착취를 승인하게 했던 것은 아닐까? 이 책이 던진 질문은 크다. 반면 처방은 자기 계발서처럼 단순하다. 또한 이 책의 가장 중요한 개념틀인 가부장제 맹목partirchy blindness이 시각 장애를 무지 그 자체와 동일시하는 문제라든가 '미친 여자'라는 표현을 통해 정신 장애를 낭만화하는 등 인식론적 한계를 지적하지 않을 수 없다. 더 뻗어 나가는 질문을 만들어나가는 '적극적 읽기'가 필요한 책이다. 그럼에도 '베푸는 인간'의 무급노동에 기생하며 살아가는 '존재하는 인간'들에게 번아웃은 너희들만의 것이 아니라는 사실을 말해주기 위해서라도 이 책은 읽을 가치가 있다.

— 권김현영, 여성학자, 『여자들의 사회』 저자

함께 운동화 끈을 여미고 각자의 전투에서
살아남기 위해

평생 끝나지 않을 마라톤 시합에 매달리고 있는 기분이 들 때가 있다. 그것도 1등은 꼭 정해져 있어 만년 2등 아래의 삶에 만족해야 하는 말도 안 되는 경기. 여성으로 산다는 건, 뻔히 질 것임을 알면서도 매일매일 맨몸으로 전투에 나가는 일이다.

페이지를 넘길 때마다 군데군데 깎여나간 나의 조각들을 생각했다. 성장하는 내내 '조신하고 차분하고 얌전할 것'을 강요받았던 나. 일터에서 남성들에게 성과를 양보하거나 그들의 비위를 맞춰주지 않고, 정확한 의견을 관철하느라 생전 들어본 적 없는 모멸을 당해야 했던 나. 또래 남성들은 일하면서 가정을 꾸리는 데 별 무리가 없지만, '나 자신'을 지키기 위해서는 하나를 포기해야만 하는 양자택일의 순간 앞에 서 있는 나. 그냥, 무엇을 해도 깎여나가야만 하는 나. '여자.'

온갖 곳에서 1인분의 몫을 제대로 하고 있지 못하다는 생각이 들 때마다 나의 '노력' 혹은 '능력'이 부족한 것이라 여겼다. 모든 여성이 한 번쯤 빠지는 '자기 혐오'의 함정이다. 증명해내려 애쓰다가 '번아웃'에 허우적대는 이들에게 저자는 단언한다. "애초에 게임 자체가 조작됐다"고. 이 책은 교묘하고 야비하게 설계된 전투에 나서는, 나서야만 하는 여성들을 무장시키기 위한 단단한 갑옷 혹은 믿음직한 무기가 될 것이다.

　이제 우리는 게임이 어떻게 조작됐는지 '알고', 어떻게 전략적으로 '대응'할 수 있는지도 알게 됐다. 무척이나 현실적이고 든든한 지침서 앞에서 다시 한번 운동화 끈을 함께 여미게 된다. 그리고 다짐한다. 지치지 말고 각자의 전투에서 꼭 함께 살아남자고.

－ 한국일보 이혜미 기자, 『여자를 돕는 여자들』저자

머리말

우리는 이 책을 기진맥진할 정도로 많은 일을 하면서도 여전히 충분한 역할을 하지 않는다고 걱정하는 여성들을 위해 썼다. 우리가 아는 여자들은 모두 이런 부류에 속한다. 우리도 마찬가지다.

뻔한 조언은 수도 없이 들었을 것이다. 운동을 해라, 해독 주스를 마셔라, 자기 온정이나 컬러링 북, 명상, 거품 목욕, 감사하기 등의 방법을 실험해 봐라……. 당신도 이 가운데 몇 가지는 실제로 해봤을 것이다. 우리도 마찬가지다. 때로는 도움이 되기도 했다. 적어도 한동안은. 그러다 아이들이 학교에서 어려움을 겪거나 배우자가 도움이 필요하거나 직장에서 새로운 프로젝트를 맡게 되면 '이것부터 해놓고 나를 돌보자'라고 생각한다.

문제는 여자들이 노력하지 않는 것이 아니다. 오히려 우리는 주변에서 요구하는 여러 가지 일과 역할을 모두 도맡으려고 끊임없이 노력한다. 아울러 직장이나 가족, 세상이 필요로 하는 존재가 되기 위해서 무엇이든 시도해 본다. 해독 주스, 심호흡 연습, 컬러링 북, 거품 폭탄 목욕, 휴양, 여행……. 남을 돕기에 앞서 자신을 살리기 위해 산소호흡기를 쓰려고 애쓰는 셈이다.

그런데 때마침 아이가 학교에서 문제를 겪거나 지독한 직장 상사가 당신을 괴롭히거나 유난히 힘든 학기를 겪게 된다.

문제는 우리가 노력하지 않는 것이 아니다. 방법을 모르는 것도 아니다. 문제는 다른 데 있다. 세상은 '웰빙'을 누구나 추구해야 하는 인생의 또 다른 목표로 바꿔놨다. 그러나 이 목표를 이룰 수 있는 사람은 시간과 돈, 도우미, 요트, 오프라 윈프리의 연락처 따위를 갖고 있는 사람들뿐이다. 문제는 바로 그것이다.

번아웃에 관한 책은 수없이 많으나 이 책은 다르다. 우리는 당신의 실생활에 맞는 웰빙 방식을 파악하고 당신과 웰빙 사이를 가로막는 여러 장벽을 정면으로 마주할 것이다. 그런 다음 마치 지도에 지형지물을 표시하듯 그 장벽들을 보다 커다란 맥락에 적절히 배치해 그것을 돌아가거나 넘어가거나 관통하는, 때로는 그저 부숴버리는 길을 찾을 것이다.

'과학'을 이용해서 말이다.

우리는 누구며 왜 「재가 된 여자들(Burnout)」을 썼을까

에밀리는 보건학 박사이자 교육자며 《뉴욕타임스New York Times》 베스트셀러인 『지금 그대로의 모습으로: 당신의 성생활에 변혁을 가져다주는 놀라운 신과학Come as You Are: The Surprising New Science That Will Transform Your Sex Life』을 저술했다. 여러 곳을 돌아다니며 이 책을 홍보할 때 에밀리는 독자들에게 끊임없이 의외의 이야기를 들었다. 책의 내용 가운데 독자의 삶을 바꾸는 데 가장 큰 영향을 미친 것은 성과학이 아니라 스트레스와 감정 처리 방법이라는 이야기였다.

에밀리는 합창단 지휘자인 쌍둥이 자매 어밀리아에게 그 이야기를 들려줬다. 그러자 어밀리아는 당연한 얘기라는 듯 눈을 깜빡거리며 대꾸했다. "그야 물론이지. 아무도 감정을 느끼는 법을 가르쳐주지 않잖아. 사실, 나는 그걸 '배우긴' 했어. 예술학교에서 음악을 배운 사람이라면 누구나 무대에서 노래할 때 또는 연단에 설 때 어떻게 감정을 느껴야 하는지 배우거든. 하지만 실생활에 적용할 순 없었어. 그러다 마침내 실생활에서 감정을 처리하는 법을 배우고 목숨을 건졌지."

그녀는 잠시 뜸을 들인 뒤 한 마디를 덧붙였다. "두 번이나."

에밀리는 쌍둥이 자매가 병원 환자복을 입은 채 눈물 흘리던 모습을 떠올리며 이렇게 말했다. "우리가 그에 관한 책을 써야겠다." 어밀리아는 맞장구쳤다. "그런 책이 있었다면 내 삶이 훨씬 수월했을 거야."

이 책은 그렇게 탄생했다.

그리고 결국 스트레스뿐 아니라 더 광범위한 내용이 담겼다. 무엇보다도 이 책에서는 연결을 중요하게 다룬다. 우리 인간은 태생적으로 중요한 일을 혼자 처리할 수 없다. 우리는 협력해야 한다. 협력은 이 책의 중요한 주제인 동시에 우리가 이 책을 쓸 때 사용한 방식이기도 하다.

번아웃은 감정적 소진이다

여성들과 대화할 때 우리가 『번아웃(원제)』이라는 책을 쓰고 있다고 얘기하면 "번아웃이 뭐예요?"라고 묻는 사람은 아무도 없었다. 대개는 "혹시 출판됐어요? 읽을 수 있나요?"라고 물었다. 우리는 누구나 번아웃이 무엇인지 직관적으로 알고 있다. 번아웃이 오면 몸에 어떤 변화가 일어나는지, 감정이 어떻게 무너지는지도 알고 있다. 그러나 1975년에 이 용어를 처음 만든 허버트 프로이덴버거Herbert Freudenberger는 번아웃을 다음 세 가지로 정의했다.

1. **감정적 소진**: 너무 오랫동안 너무 많은 것을 보살피는 데서 오는 피로
2. **이인증(자아의식장애)**: 공감과 보살핌, 온정이 고갈된 상태
3. **성취감 저하**: 자신이 하는 모든 일이 아무런 성과를 내지 못한다고 느끼는 극심한 무력감[1]

그뿐만이 아니다. 번아웃은 곳곳에 만연해 있다. 미국 교사 20~30퍼센트가 중간 수준 이상의 번아웃을 겪고 있다.[2] 대학 교수들과 인도적 국제 구호 단체에 소속된 사람들 가운데 번 아웃을 겪는 비율도 이와 비슷하다.[3] 의료 기관 종사자들 가운데 번아웃을 겪는 사람은 무려 52퍼센트에 달한다.[4] 번아웃에 관한 연구는 대부분 직업적 번아웃, 특히 교사나 간호사처럼 "남을 돕는 사람들"의 번아웃을 다루지만 "양육 관련 번아웃" 연구도 점차 늘고 있다.[5]

번아웃이라는 말이 탄생하고 40년이 지났다. 이제서야 번아 웃의 세 가지 요소 가운데 우리, 특히 여성의 건강과 인간관계 그리고 일에 가장 부정적인 영향을 미치는 첫 번째 요소가 "감 정적 소진"이라는 사실이 연구를 통해 밝혀졌다.[6] 그렇다면 '감 정'은 정확히 무엇이며 감정적 소진은 어떻게 일어날까?

기본적으로 감정은 어떤 자극을 받았을 때 뇌에서 분비되는 특정한 신경화학 물질에 의해 좌우된다. 만약 당신이 어떤 모 임에서 우연히 만난 사람에게 반했다고 하자. 당신의 뇌는 여 러 가지 화학 물질을 분비해 수많은 생리적 변화를 일으킨다. 심장박동이 빨라지고 호르몬 변화가 일어나며 가슴이 설렌다. 숨을 깊이 들이마시고 한숨을 내쉬기도 한다. 얼굴 표정도 바 뀔 것이다. 볼이 발그레해지고 목소리가 따뜻해진다. 예전에 누군가에게 반했던 기억이 떠오르면서 미래를 상상하게 된다. 그리고 당장 그 사람에게 다가가 인사를 나누고픈 충동이 든다. 그 사람을 보는 순간 몸의 거의 모든 기관에서 일련의 화학적·전기적 반응이 일어나는 것이다.

그것이 감정이다. 감정은 자동적이고 즉흥적이다. 어디서나 활성화되고 어디에나 영향을 미친다. 이런 일은 끊임없이 일어난다. 심지어 한 가지 자극에 여러 감정이 한꺼번에 밀려들기도 한다. 예를 들면, 한눈에 반한 상대에게 당장 접근하고 싶기도 하고 동시에 모른 척 고개를 돌리고 싶기도 한다.

이처럼 감정은 특정한 자극을 받았을 때 일어나는 불수의 전신 반응으로, 내버려두면 저절로 사라진다. 한눈에 반한 상대에게서 다른 주제로 관심이 돌아가면 발그레해졌던 얼굴이 금세 원래 상태로 돌아온다. 그리고 그 사람이 문득 다시 생각나거나 당신의 앞을 지나가기 전까지는 그 상태가 유지된다. 당신에게 잔인하게 구는 사람에게 느끼는 괴로운 감정이나 불쾌한 냄새를 맡았을 때 느끼는 메슥거림도 마찬가지다. 결국에는 사라진다. 간단히 말하면 "감정은 터널이다. 무사히 통과해 빠져나가면 환한 빛을 마주하게 된다."

감정적 소진은 어떤 감정에 갇혀 빠져나가지 못할 때 일어난다. 이유는 여러 가지다. 그중 하나는 감정을 활성화하는 상황에 지속적으로 노출되기 때문이다. 한눈에 반한 상대가 종일 머릿속을 떠나지 않는다면 우리는 그 사람을 향한 갈망에서 벗어나지 못한다. 다른 이유는 우리가 매일 스트레스가 심한 일터로 돌아가야 한다는 것이다. '남을 돕는 직업'이 감정적 소진을 일으키는 것은 이상한 일이 아니다. 이런 직업을 가졌다면 날마다 도움의 손길이 필요한 사람들을 마주해야 하니 말이다. 양육도 마찬가지다. 부모가 되고 나면 부모가 아니었던 상태로 돌아갈 수 없다. 끝없는 터널을 달려야 한다.

때로는 나가는 길을 찾지 못해서 감정에 갇히기도 한다. 극심한 분노나 사별의 슬픔, 절망, 무력감처럼 힘든 감정은 혼자 헤쳐나가기 어려울 때가 많다. 그런 감정에서 나가는 길을 찾지 못하면 사랑하는 사람이 곁에서 도와줘야 한다. 때로는 감정이라는 터널을 자유롭게 통과할 수 없도록 제약에 갇히기도 한다. 우리 중 많은 이가 그런 곳에 갇혀 있다. 우리는 그곳을 '베푸는 인간 증후군Human Giver Syndrome'이라고 부른다.

베푸는 인간 증후군

철학자 케이트 맨Kate Manne은 자신의 저서 『다운 걸: 여성혐오의 논리Down Girl: The Logic of Misogyny』에서 한 계층의 사람들,[7] 즉 "베푸는 인간human giver"이 다른 계층의 사람들, 즉 "존재하는 인간human being('인간'이라는 뜻이지만 베푸는 인간과 대비하는 개념으로 '존재하는 인간'으로 옮긴다 — 옮긴이)"에게 기꺼이 그리고 묵묵히 시간과 관심, 애정, 몸을 베풀 수밖에 없는 우리 사회의 구조를 소개한다.[8] 여기서 '존재하는 인간'이란 인간으로 존재하거나 인간다움을 표출하는 도덕적 의무를 갖는 부류다. '베푸는 인간'이란 자신의 인간다움을 존재하는 인간에게 베푸는 도덕적 의무를 갖는 부류다. 여성은 어느 부류에 속할까?

현실 세계에는 복잡 미묘한 역학이 작용하고 있으니 만화처럼 단순한 세계를 상상해 보자. 베푸는 인간은 존재하는 인간에게 "종속돼 사랑과 관심을 베푸는" 부류다.[9] 베푸는 인간의 역할은 존재하는 인간이 온전하게 존재할 수 있도록 자신이 인간으로서 지닌 모든 것, 즉 인간다움을 내주는 것이다. 베푸는 인간은 어쩌다가 우연히 자원이나 힘을 얻게 됐다고 해도 일, 사랑, 몸과 같은 그 모든 것을 양도해야 한다. 그런 것은 존재하는 인간의 전유물이니까.

베푸는 인간은 항상 '예쁘고 행복하고 차분하며 너그럽고 타인의 필요를 돌봐야' 한다. 추하거나 화를 내거나 흥분하거나 야망을 품거나 자신의 필요를 우선시해서는 안 된다. 베푸는 인간은 무엇도 필요로 해서는 안 된다. 감히 무언가를 요청하거나 심지어 요구하는 것은 베푸는 인간의 역할에 걸맞지 않다. 존재하는 인간이 원하는 것을 순순히 그리고 다정하게 내주지 않으면 역시 벌을 받거나 수치를 당하거나 심지어는 파멸에 이를 수도 있다.

전체 인구의 절반이 번아웃을 겪는 시스템을 구축해야 했다면 이보다 더 효율적인 것을 어떻게 상상하겠는가.

감정에 갇혀 터널을 완전히 빠져나오지 못하면 감정적 소진이 일어난다. 베푸는 인간 증후군의 구조에서는 베푸는 인간이 질척거리는 감정 따위로 타인을 불편하게 만들어선 안 된다. 따라서 베푸는 인간은 감정의 터널을 빠져나갈 수 없는 상황에 갇힌다. 심지어 감정의 터널을 빠져나오지 못했다고 벌을 받기도 한다.

자기 보호 본능을 가진 당신의 몸은 베푸는 인간 증후군이 서서히 당신을 죽이고 있다는 사실을 어느 정도 직감하고 있다. 당신이 끊임없이 명상과 녹즙, 그 밖에 자신을 돌보는 여러 방법을 시도하는 것은 바로 이 때문이다. 그러나 자기 보호 본능은 자기 보호가 '이기적인' 것이라고 우기는 증후군과 맞서야 한다. 그러다 보니 자신을 돌보려 할수록 상황은 악화된다. 심지어는 세상으로부터 또는 자신으로부터 "네가 감히?"라는 말을 들으며 더 가혹한 벌을 받기도 한다.

우리의 병명은 베푸는 인간 증후군이다. 그리고 우리의 처방은 지금 당신이 들고 있는 이 책이다.

책의 구성

우리는 이 책을 세 부분으로 나눴다. 1부에서는 '당신이 가져가는 것', 즉 당신의 무기를 다룬다. 영화 〈스타워즈〉의 다섯 번째 에피소드인 〈제국의 역습〉에서 루크 스카이워커는 으스스한 동굴의 입구를 발견한다. 그는 겁에 질려 스승 요다에게 묻는다. "저 안에 뭐가 있죠?" 요다는 이렇게 대답한다. "네가 가져가는 것만 있다."

1부에서 우리는 여전사의 여정에 가져갈 세 가지 내적 자원을 설명한다. 스트레스 반응 사이클과 '모니터(좌절의 감정을 조절하는 뇌의 메커니즘)', 삶의 의미가 그것이다. 많은 사람이 의미를 '터널 끝에서 발견하게 되는 것'이라고 생각하지만 사실은 그렇지 않다. 그보다는 터널의 끝에서 무엇을 발견하든 터널을 지나야 하는 이유, 그것이 삶의 의미다. 스포일러를 하자면 어쨌든 우리에게 이로운 것이다.

2부에서는 '진짜 적'을 다룬다. '진짜 적'이라는 표현은 영화 〈헝거 게임〉에서 영감을 얻었다. 디스토피아 SF 세계를 배경으로 하는 이 영화에서 주인공 소녀 캣니스 에버딘은 정부가 조직한 '게임'에 참가한다. 그리고 다른 아이들을 죽여야 하는 입장에 처한다.

캣니스의 멘토는 이렇게 조언한다. "진짜 적이 누구인지 잊지 마." 진짜 적은 정부가 조직한 게임 속에서 캣니스가 죽여야 하는 사람들 또는 캣니스를 죽이려 하는 사람들이 아니다. 진짜 적은 게임을 조직한 정부다.

그렇다면 이제 이 책에서 말하는 진짜 적이 누군지 알겠는가?

두구두구두구. 바로 가부장제다. 꿍.

여성을 겨냥한 자기 계발서들은 대부분 이 단원을 생략하고 독자들이 통제할 수 있는 부분만 다룬다. 게임이 조작됐다는 사실을 알려주지 않은 채 게임에서 우승하기 위한 최고의 전략만 논의한다는 뜻이다. 다행히 게임이 어떻게 조작됐는지 알면 우리는 우리의 규칙에 따라 게임을 이어갈 수 있다.

스릴 넘치는 결말인 3부에서는 '진짜 적'과의 전쟁에서 승리하는 과학을 다룬다. 우리가 힘을 길러 진짜 적을 정복할 수 있는 방법, 매일 조금씩 실천할 수 있는 구체적인 방법이 있다.

이 3부의 제목은 '왁스 칠하고 왁스 닦고'다. 1984년 영화 〈베스트 키드〉에서 일본인 노인 미야기 씨는 주인공 소년 대니얼 라루소에게 가라테를 가르쳐주기로 약속해 놓고 먼저 자기 차에 왁스칠을 하라고 지시한다.

"왁스 칠하고." 미야기 씨는 손바닥을 시계 방향으로 돌리며 이렇게 말한 뒤 손바닥을 반시계 방향으로 돌리며 다시 말한다. "왁스 닦고." 그런 다음 이렇게 덧붙인다. "숨 쉬는 거 잊지 마라." 그는 대니얼에게 목제 데크를 사포질하고 울타리에 스테인을 바르고 집에 페인트칠을 하라고 시키기도 한다.

이렇게 하찮고 반복적인 노동을 시키는 이유가 무엇일까? 그처럼 하찮은 일 속에 우리 자신과 사랑하는 사람들을 지키고 적과 화해할 수 있을 만큼 우리를 강하게 만들어주는 보호의 행위가 담겨 있기 때문이다. '왁스 칠하고 왁스 닦고'는 '당신을 더 강하게 만드는 무엇'이다. 연결과 휴식, 자기 온정이 여기에 포함된다.

이 책에는 가끔씩 두 여자의 이야기가 등장한다. 수많은 역할에 짓눌리다가 몸에 이상이 생기는 바람에 어쩔 수 없이 몸을 돌보기 시작하는 공립학교 교사 줄리의 이야기와 가부장제 때문에 결국 엔지니어 일을 그만두는 소피의 이야기다. 두 여자는 합성물이다. 스틸 이미지 수천 장을 편집하고 합성해 만든 영화처럼 현실에 존재하는 수많은 여성의 이야기를 합성해 만든 인물이라는 뜻이다. 이런 기법을 택한 이유는 실제 인물의 신원을 보호하기 위해서기도 하지만 한편으로는 단편적인 일화보다 여러 사람의 이야기를 통합한 포괄적인 이야기가 이 책의 과학을 설명하기에 더 효율적인 수단이기 때문이다. 연구조사로는 모든 여성의 경험을 일일이 다룰 수 없다. 그러나 이 두 여성의 이야기로 개인의 경험이 얼마나 독특한 동시에 보편적인지 알 수 있을 거라 생각한다.

각 장의 맨 끝에는 '마지막 잔소리'를 실었다. 여기에는 절친한 친구가 눈물 바람으로 전화했을 때 나눌 수 있는 아이디어와 일상적인 대화에서 근거 없는 통념이 튀어나올 때 이를 저격할 수 있는 여러 가지 정보, 머릿속이 복잡해서 잠이 오지 않을 때 떠올릴 만한 생각 거리가 담겨 있다.

과학에 관한 주의 사항

이 책에서 우리는 여성의 삶을 개선하는 도구로 과학을 이용한다. 이를 위해 정서 신경 과학과 정신생리학, 긍정 심리학, 동물행동학, 게임 이론, 컴퓨터 생명공학을 비롯해 다양한 영역의 과학을 참고했다. 따라서 과학에 관해 몇 가지 주의를 주고자 한다.

주의 사항 하나: 인류에게 과학은 역사상 최고의 도구다. 현실의 속성을 탐구하고 여러 개념을 시험해 진위를 판가름하는 체계적인 수단이다. 그러나 과학은 궁극적으로 '오류'에 특화된 수단이라는 점을 잊어선 안 된다. 즉, 모든 과학자는 (a) 우리가 사실이라고 생각했던 무언가가 사실이 아님을 입증해 이전 과학자들보다 오류를 줄이려고 노력하며 (b) 설사 틀리더라도 다음 세대 과학자들이 오류를 줄일 수 있도록 입증 가능한 방식으로 오류를 내려 한다. 연구는 더 많은 진실을 보여주는 새로운 방식을 배워가는 지속적인 과정이므로, 결코 '끝나지' 않는다. 또한 불가피하게 과거의 오류를 드러낸다. 따라서 '새로운 과학에 따르면……', '최신 연구에 따르면……' 등의 머리기사를 읽을 때는 항상 의심해야 한다. 하나의 연구는 절대적 증거가 아니다. 이 책에서 우리는 수십 년 동안 확인되고 수많은 접근법으로 보강된 개념을 사용하려 노력했다. 그러나 과

학은 완벽한 진실을 제시하기보다는 현재 이용 가능한 최선의 진실을 제시한다. 어떤 면에서 과학은 정확히 과학이라고 말할 수 없다.

주의 사항 둘: 일반적으로 사회과학은 수많은 사람을 연구한 뒤 평균치를 산정한다. 사람들은 저마다 다르기 때문이다. 한 집단에 적용되는 사실, 예를 들면 미국 여성의 평균 신장은 163센티미터라는 사실이 그 집단 내의 모든 개인에게 적용되지는 않는다. 그중에는 키가 163센티미터가 아닌 여성도 있으며 그렇다고 그 여성이 잘못된 것은 아니다. 그저 평균과 다를 뿐이다. 그렇다고 과학이 틀렸다고 말할 수도 없다. 여성의 평균 키가 163센티미터인 것은 사실이니까. 다만 이 사실은 그 집단에 속한 여성 개개인에 대해 아무것도 알려주지 못한다. 따라서 이 책에서 여성들에게 적용한 과학이 당신에게 적용되지 않는다 해도 과학이 틀렸거나 당신이 잘못된 것은 아니다. 사람은 다양하며 끊임없이 변화한다. 과학은 여성 개개인의 상황을 일일이 포착하기에는 너무나 무딘 도구다.

주의 사항 셋: 과학은 돈이 많이 든다. 누가 비용을 지불하는지에 따라 결과의 발표 여부가 결정되기도 한다. 우리는 증거 기반의 실천 방법을 제시하려 노력했으나 그 증거가 어디서 나오는지, 왜 반증을 볼 수 없는지도 잊어선 안 된다.[10]

주의 사항 넷: 여성에 관한 책이라면 반드시 짚고 넘어가야 하는 과학의 한계가 하나 더 있다. 어떤 연구 조사가 '여성'을 연구했다고 하면 대개는 출생을 지켜본 어른들이 모두 "딸이다!"라고 외칠 법한 몸으로 태어나서 여자아이로 양육되고 '여성'의 심리적 정체성과 사회적 역할을 편안하게 느끼는 성인으로 자라난 사람들을 연구했다는 뜻이다. 세상에는 이 세 가지가 모두 적용되지 않는 여성, 즉 자신을 여성으로 인식하지 않는 사람도 많다. 이 책에서 우리가 말하는 '여성'은 주로 '자신을 여성으로 인식하는 사람'을 지칭하지만 과학에 관한 한 태어날 때 여성으로 분류되고 여성으로 양육된 사람들로 범위를 조정할 수밖에 없다는 점을 밝혀둔다. 미안하지만 그런 여성이 과학 연구의 대상이기 때문이다.

이렇듯 우리는 가급적 과학에 근거하려고 노력했으나 과학의 한계도 의식하지 않을 수 없었다. 그래서 예술을 곁들였다. SF 작가인 카산드라 클레어Cassandra Clare는 이렇게 썼다. "픽션은 사실은 아니라 해도 진실이다." 이것이 스토리텔링의 역할이다. 실제로 연구 결과 사람들은 스토리텔링으로 과학을 전달할 때 더 잘 이해하는 것으로 드러났다. 따라서 우리는 신경과학과 계산 생물학에 디즈니 영화 속의 공주들과 디스토피아 SF 세계, 팝 음악 등을 곁들였다. 스토리는 과학이 닿을 수 없는 곳까지 손을 뻗을 수 있으니까.

올빼미와 치즈

다음은 진짜 과학자들이 실제로 수행한 연구다.[11] 연구 참가자들은 쥐와 미로가 그려진 종이를 받았다. 단, 두 그룹으로 나뉘어 한 그룹은 쥐가 올빼미를 피해 미로를 통과하게 하는 과제를 받았고 다른 그룹은 쥐가 치즈 한 조각을 차지하기 위해 미로를 통과하게 하는 과제를 받았다.

치즈를 향해 나아간 그룹과 올빼미에게 쫓겨 미로를 통과한 그룹 중 어느 쪽이 과제를 더 빨리 끝마쳤을까? 정답은 치즈가 기다리는 미로를 통과한 그룹이다. 참가자들은 그림에 불과한 올빼미라고 해도 불편한 위협을 피해 도망칠 때보다는 치즈라는 보상을 향해 나아갈 때 더 많은 미로를 더 빨리 통과했다. 생각해 보면 당연한 결과다. 구체적이고 바람직한 목표를 향해 나아간다면 그 한 가지 결과에만 관심과 노력을 집중한다. 그러나 위협에서 도망칠 때는 안전한 곳으로 피신하기만 한다면 그곳이 어디든 상관하지 않는다.

이 이야기의 교훈은 그저 부정적인 상태를 피하려 하기보다는 그와 함께 긍정적 목표로 방향을 설정할 때 더 발전할 수 있다는 것이다. 현재 처한 상태에 진저리가 날 때 우리가 본능적으로 가장 먼저 하는 일은 목적지도 없이 그저 올빼미를 피해 도망치는 것이다. 그러다 보면 출발지보다 썩 낫지 않은 곳에 도달하게 된다. 따라서 막연히 도망치기보다는 긍정적인 무언가를 지향점으로 삼아야 한다. 우리에게도 치즈가 필요하다는 말이다.

이 책의 치즈는 무엇일까? 지금보다 덜 지치고 덜 진저리 나는 상태일까? 내가 할 일을 충분히 하고 있는지 걱정하지 않는 상태일까? 우리가 말하는 치즈는 '강해지는 것'이다. 올빼미든 미로든 세상의 어떤 위협에도 맞설 수 있을 만큼 강해지는 것이 우리의 지향점이다.

당신의 삶이 지금 어떤 상황에 처해 있든, 절망의 구렁텅이에서 몸부림치며 빠져나갈 길을 찾고 있든, 아니면 이미 잘하고 있지만 더 강해지는 방법을 찾고 있든, 이 책에서 중요한 무언가를 발견할 수 있을 거라고 약속한다. 당신이 지극히 정상이며 혼자가 아니라는 것을 과학으로 증명하겠다. 힘들 때 사용할 수 있는 도구, 당신뿐만 아니라 주변 사람들에게도 나눠줄 수 있는, 증거 기반의 도구를 갖게 해주겠다. 당신이 평생 믿어 온 상식에 반하는 과학을 보여줄 것이다. 그리고 당신의 삶과 사랑하는 이들의 삶에 긍정적인 변화를 일으킬 수 있는 힘과 의지를 갖게 해주겠다.

우리 역시 이 책을 쓰는 동안 그 모든 것을 얻었다. 우리가 정상이며 혼자가 아니라는 것을 깨달았고 힘들 때 사용할 수 있는 중요한 도구들도 갖게 됐다. 그리고 놀라운 과학을 발견했고 힘을 얻었다. 이 책은 이미 우리의 삶을 바꿨다. 이 책이 당신의 삶도 바꿔줄 거라 생각한다.

차례

추천의 글···5

머리말···10

1부 당신의 무기

1장 사이클 완성하기···································30

2장 끈기···68

3장 의미···103

2부 진짜 적

4장 게임이 조작됐다·······································134

5장 비키니 산업 단지·······································172

3부 왁스 칠하고 왁스 닦고

6장 연결 ··· 211

7장 당신을 더 강하게 만드는 것 ····················· 243

8장 강해지기 ·· 288

결론 오래오래 즐겁게 ······························· 324

감사의 말 ··· 328

주 ·· 330

참고 자료 ··· 347

1부

당신의 무기

1장

사이클 완성하기

"나, 지금 하는 일을 그만두고 마약 밀매를 하기로 결심했어."

새 학기를 앞둔 어느 토요일, 어밀리아의 친구 줄리는 어떻게 지내냐는 질문에 이렇게 대답했다. 물론 농담이었을 것이다. 하지만 아닐 수도 있었다. 줄리는 중학교 교사다. 극심한 번아웃에 빠진 그녀는 곧 새 학기가 시작한다는 생각에 진저리를 내며 오후 2시에 벌써 샤르도네를 집어 들었다.

학부모 입장에서 자기 자식의 선생님이 번아웃 상태로 괴로워하며 낮술을 마신다면 아무도 좋아하지 않을 것이다. 하지만 줄리만이 아니다. 냉소와 무력감, 그리고 무엇보다도 감정적 소진을 동반하는 번아웃은 놀라울 정도로 만연해 있다.

"어떤 교사가 새 학기 첫날 술에 취해서 바지도 입지 않고 학교에 갔다는 이야기를 읽고 '세상에, 이건 내 얘기잖아' 하는 생각이 들더라니까." 줄리는 첫 잔을 비우며 어밀리아에게 말했다.

"불안이 쌓이면 공포가 되지." 어밀리아는 중학교에서 음악을 가르치던 시절을 떠올리며 대꾸했다. "불안은 매일 끊임없는 스트레스가 쌓이고 쌓여서 나타나는 거고."

"맞아." 줄리는 잔을 다시 채우며 대꾸했다.

"교사라는 직업의 문제는 스트레스의 '원인'을 제거할 수 없다는 거야. 아이들을 말하는 게 아니야." 어밀리아가 말했다.

"그렇지?" 줄리가 맞장구쳤다. "아이들이 없으면 교사가 있을 필요도 없잖아. 그보다는 행정과 관료제가 문제지."

"그런 스트레스원을 없앨 수는 없지만 스트레스 반응 사이클을 완성하면 스트레스 자체를 없앨 수 있어." 어밀리아가 말했다.

"그래." 줄리가 단호하게 말했다. 그러고는 되물었다. "그게 무슨 뜻이야? '사이클을 완성하라'니?"

이 장에서는 줄리의 물음에 답하려 한다. 아마도 이 책에서 가장 중요한 개념일 것이다. 스트레스를 다스리는 것은 스트레스의 원인을 해결하는 것과는 별개다. 스트레스를 다스리기 위해서는 '스트레스 반응 사이클을 완성해야' 한다.

'스트레스'

먼저 '스트레스'와 '스트레스원'을 구분해 보자. '스트레스원'은 우리 몸에 스트레스 반응을 일으키는 요인이다. 스트레스원은 무엇이든 될 수 있다. 우리에게 해가 되는 광경이나 소리, 냄새, 촉각, 맛, 생각, 무엇이든 스트레스원이 된다. 외부 스트레스원으로는 일과 돈, 가족, 시간, 문화적 규범과 기대치, 차별을 꼽을 수 있다. 내적인 스트레스원은 좀 더 관념적이다. 자기비판, 신체상body image(자신의 신체에 대해 가지는 심상 — 옮긴이), 정체성, 기억, 미래 등을 꼽을 수 있다. 방법과 정도의 차이는 있으나 우리 몸은 이런 것들을 잠재적 위협으로 해석한다.

'스트레스'는 이런 위협을 마주했을 때 몸에서 일어나는 신경 및 생리적 변화다. 이를테면 사자에게 쫓기거나 하마에게 공격을 받는 상황에서 대처하도록 진화된 적응적 대응 방식이다.[1] 우리의 뇌는 사자 또는 하마를 발견하면 일반적인 '스트레스 반응'을 활성화한다. 신경 및 호르몬의 활동이 폭발적으로 증가하면서 생존을 돕기 위한 생리적 변화가 시작되는 것이다. 에피네프린epinephrine이라는 호르몬이 즉각 활동에 돌입해 근육으로 혈액을 보낸다. 당질코르티코이드glucocorticoid가 분비돼 계속 나아가도록 자극하며 엔도르핀endorphin의 분비는 이 모든 활동이 얼마나 불편한지 잊게 해준다. 심장박동이 빨라져서 혈액을 더 세게 펌프질하면서 혈압이 올라가고 호흡이 가빠진다.

심혈관 기능은 스트레스 연구에서 흔하게 사용되는 지표다.[2] 근육이 팽팽해지고 고통의 감도가 낮아지며 집중력이 높아지면서 눈앞의 과제에 몰입하게 된다. 분별력이 높아지고 당면한 스트레스원과 가장 밀접하게 연관된 경험과 지식에 기억력이 집중된다. 이런 상태가 되면 몸의 효율이 극대화되도록 다른 기관들의 기능은 뒷전으로 밀려난다. 소화 기능이 느려지고 면역 기능이 변화한다. 면역 기능 역시 스트레스 연구에서 흔하게 사용되는 지표다.[3] 성장과 조직의 재생, 생식 기능도 마찬가지로 변화한다. 인지된 위협에 반응해 '몸과 정신이 모두' 바뀌는 것이다.

사자가 나타났다고 가정해 보자. 당신의 스트레스 반응이 폭주하고 있다. 당신은 어떻게 할까? 일단, 달린다. 여러 시스템이 개입하는 이 복잡한 반응의 한 가지 주요 목표는 도망칠 때를 대비해 산소와 연료를 근육으로 몰아주는 것이다. 이 과제와 무관한 기능은 모두 유예된다. 로버트 새폴스키Robert Sapolsky는 이렇게 말했다. "우리 척추동물의 스트레스 반응은 곧 우리의 근육이 미친 듯이 일해야 한다는 사실을 중심으로 구성된다."[4]

그래서 당신은 달린다. 그다음엔? 가능한 결과는 두 가지다. 사자에게 잡아먹히거나 혹은 하마에게 짓밟히거나. 이런 경우라면 다음 부분은 중요하지 않다. 아니면 무사히 도망쳐서 살아남거나! 당신은 사자에게 계속 쫓기며 마을로 달려와 도움을 청한다! 마을 사람들이 달려 나와서 당신과 함께 사자를 때려

잡는다. 당신은 살았다! 만세! 친구들과 가족에게 고마울 따름이다. 살아 있다는 사실이 감사하다! 이제 무사하다는 확신이 들자 태양이 어느 때보다도 환하게 빛나는 듯하다. 온 마을이 함께 사자 고기로 잔치를 벌이고 남은 부분은 기념으로 땅에 묻는다. 당신은 사랑하는 사람들과 손을 맞잡고 안도의 한숨을 쉬며 희생된 사자에게 고마움을 표한다. 스트레스 반응 사이클이 완성되고 모두가 오래오래 행복하게 살아간다.

스트레스원을 해결한다고 해서
스트레스 자체가 해소되는 것은 아니다

우리의 스트레스 반응은 환경에 맞게 진화했다. 사자를 처치한 행위는 스트레스 반응 사이클을 완성하는 행위였다. 그렇다면 스트레스의 원인인 사자를 제거하기만 하면 사이클이 완성되는 것일까?

그렇지 않다. 상황을 조금 바꿔보겠다. 당신이 사자를 피해 달아나고 있는데 때마침 사자가 벼락을 맞았다! 돌아보니 사자는 죽었다. 이제 당신은 곧바로 안도하며 마음을 놓게 될까? 그보다는 어안이 벙벙할 것이다. 심장은 여전히 빠르게 뛰고 있고 눈은 끊임없이 주위를 살피며 다른 위협이 없는지 확인한다. 당신의 몸은 여전히 도망치거나 맞서 싸우거나 동굴에 숨어서 울고 싶다. 하늘의 도움으로 위협이 사라졌지만 당신의 몸은 아직 당신이 안전하다는 사실을 인지하지 못했다. 스트레스원이 제거된 것만으로는 스트레스 반응 사이클이 완성되지 않았기 때문이다. 당신은 헐레벌떡 마을로 달려가 사람들에게 무슨 일을 겪었는지 이야기한다. 그런 다음 사람들과 함께 벼락을 내려준 하늘에 감사하며 펄쩍펄쩍 뛸 것이다.

상황을 좀 더 현대적으로 바꿔보자. 사자가 당신을 공격한다. 당신에게 달려들고 있다! 아드레날린과 코르티솔, 글리코겐이 샘솟는다! 아, 맙소사! 그 순간 당신의 머리가 빠르게 돌아가기 시작한다. 당신은 목숨을 구하기 위해 소총을 꺼내 사자를 쏜다. 사자가 쓰러진다.

이제 어떻게 될까? 위협이 사라졌어도 당신의 몸은 여전히 공격 태세에서 벗어나지 못했다. 아직 안전하다는 신호를 받지 못했기 때문이다. 당신의 스트레스 반응은 완성되지 않은 채로 멈췄다. "안전하니 이제 긴장 풀어도 돼"라고 스스로를 다독여도 해결되지 않는다. 눈앞에 사자가 죽어 있는 것으로는 충분하지 않다. 당신의 몸에게 안전하다는 신호를 보낼 만한 무언가를 해야 한다. 그러지 않으면 당신은 그 상태에서 벗어나지 못한다. 신경화학 물질과 호르몬은 점차 줄어들지만 이완 상태로 바뀌지 않는다. 당신의 소화기계digestive system와 면역계, 심혈관계, 근골격계, 생식기계reproductive system는 안전하다는 신호를 받지 못했다.

그뿐만이 아니다. 스트레스원이 사자가 아니라 직장의 어떤 머저리라고 가정해 보자. 그는 우리의 목숨을 위협하지는 않지만 어쨌든 골칫거리다. 그가 회의에서 머저리 같은 말을 하자 당신의 몸속에서는 아드레날린과 코르티솔, 글리코겐이 샘솟는다.[5] 그러나 당신은 회의실에 그대로 앉아 '착하게' 굴어야 한다. '사회적으로 적절한' 태도를 유지해야 한다. 만약 생리 기능이 지시하는 대로 탁자를 넘어가서 그의 눈을 할퀸다면 상황이 악화될 뿐이다. 그래서 당신은 조용히, 사회적으로 적절한 태도를 유지한 채 상사와 효율적인 회의를 이어간다. 다음에 그 머저리가 또 머저리 같은 말을 할 때 맞서 싸우려면 상사의 도움이 필요할 테니까.

축하한다! 그러나 스트레스의 원인을 처리했다고 해서 스트레스 자체가 해소된 것은 아니다. 당신의 몸은 스트레스에 푹 잠긴 채로 잠재적인 위협에서 벗어났으니 긴장을 풀고 축하하라는 신호가 오기만을 기다린다. 다음 날에도 그다음 날에도……. 또 그다음 날에도 같은 일이 벌어진다.

이런 상황은 우리 몸의 여러 기관에 영향을 미친다. 심혈관계 하나만 예로 들어보자. 스트레스 반응이 지속적으로 활성화되면 혈압도 지속적으로 높아진다. 졸졸 흐르는 물을 처리하도록 진화된 혈관에 소방 호스를 줄기차게 틀어놓는 셈이다. 혈관이 점차 마모되면서 심장병의 위험성이 높아진다. 이렇게 만성 스트레스는 생명을 위협하는 질환으로 발전한다.

이런 일이 우리 몸의 모든 기관에서 일어난다는 사실을 잊어선 안 된다. 소화기관. 면역 기능. 호르몬. 우리 몸은 이런 상태로 살아가도록 설계되지 않았다. 이런 상태에 갇히면 생존을 위해 활성화되는 생리적 반응이 오히려 우리를 서서히 죽일 수도 있다.

이것이 바로 우리가 살고 있는 뒤틀린 세상이다. 현대 서구의 후기 산업 사회에서는 주로 스트레스원보다 스트레스 자체가 우리를 죽음으로 몰고 간다. 그러니까, 스트레스 반응 사이클을 완성하기 위해 무언가를 하지 않는다면 말이다. 당신이 하루의 스트레스원을 해결하는 동안 당신의 몸은 하루의 스트레스를 해소한다. 당신의 몸이 이미 활성화된 스트레스 반응 사이클을 완성하는 데 필요로 하는 자원을 공급하는 일은 잘 먹고 잘 자는 것 못지않게 웰빙의 필수적인 요건이다.

스트레스 반응 사이클을 완성하는 법을 논의하기 전에 지금껏 이렇게 중요한 일을 하지 않은 이유를 살펴보자.

우리의 사이클이 막힌 이유

사이클이 완성되지 않는 이유는 수없이 많지만 그중 가장 흔한 이유 세 가지를 살펴보겠다.

1. 만성 스트레스원 → 만성 스트레스

당신의 뇌가 스트레스 반응을 활성화하고 당신은 뇌가 하라는 대로 해도 상황이 바뀌지 않는 경우다. 아주 어려운 프로젝트, 예를 들면 동료들 앞에서 발표하는 일이나 긴 보고서를 작성하는 일, 또는 취업 면접 따위를 마주하면 당신의 뇌는 "도망쳐!"라고 소리친다.

그러면 당신은 21세기식으로 '도망'친다. 바로 저녁에 집으로 돌아가서 비욘세로 변해 30분 동안 춤을 추는 것이다. "우리는 사자를 따돌렸어!" 당신의 뇌는 헐떡거리면서도 흡족하게 웃으며 이렇게 말한다. "하이파이브!" 그 보상으로 당신은 뇌가 선사하는 기분 좋은 화학 물질을 듬뿍 맛본다.

그리고 다음 날……. 어려운 프로젝트가 여전히 기다리고 있다. "도망쳐!" 당신의 뇌가 말한다. 그리고 같은 과정이 되풀이된다. 우리는 결국 스트레스 반응에 갇힌다. 스트레스를 활성화하는 상황이 끊임없이 반복되기 때문이다. 이런 상황이 항상 나쁜 것은 아니지만 스트레스 활성화 속도가 스트레스 해소 속도보다 빨라지면 문제가 된다. 안타깝게도 그런 일은 흔하게 일어난다. 바로, 두 번째 이유 때문이다.

2. 사회적으로 적절한 태도

뇌가 스트레스 반응을 활성화해도 당신이 뇌의 지시를 따를 수 없는 경우다.

뇌가 "도망쳐!"라고 소리치며 아드레날린을 펌프질한다. 당신이 대꾸한다. "도망칠 수 없어! 시험 보는 중이잖아!" 또는 뇌가 "저 개자식 얼굴에 주먹을 날려!"라고 지시하며 혈류에 당질코르티코이드를 쏟아붓는다. 당신이 대꾸한다. "그럴 수 없어! 이 사람은 내 고객이잖아!"

당신이 예의 바르게 앉아서 상냥하게 웃으며 최선을 다하는 동안 당신의 몸은 부글부글 스트레스를 끓이며 당신이 해결해 주기를 기다린다. 때로는 세상이 스트레스를 받아선 안 된다고, 그것은 잘못된 일이라고 말하기도 한다. 여러 이유로, 여러 방식으로 그래선 안 된다고, 그것은 못된 짓이라고, 나약해서 그런 거라고, 예의가 아니라고 말이다.

우리 중 많은 이들이 '착한 소녀', '좋은 여자'로 자라도록 양육됐다. 두려움과 분노처럼 불편한 감정은 주변 사람들을 괴롭히기 때문에 사람들 앞에서 그런 감정에 빠지는 것은 좋지 않다고 배웠다. 우리는 자신의 감정보다 남의 감정이 더 중요하기 때문에 자신의 감정이 어떻든 그저 미소를 짓는다.

우리 문화는 또한 그런 감정에 빠지는 것을 나약한 일이라고 가르쳤다. 똑똑하고 강인한 여자라면 길을 걷다가 웬 사내가 "가슴 죽이는데!"라고 소리쳐도 못 들은 척해야 해야 한다고 가르쳤다. 그래서 당신은 마음을 다잡는다. 괜찮다고, 그런 상황에서 화를 내거나 겁을 먹는 건 현명하지 못하다고, 어차피 그런 사내는 상대할 가치가 없다고, 신경 쓸 필요도 없다고 스스로를 다독인다.

그러는 사이 당신의 뇌는 "역겨워!"라고 외치며 걸음을 재촉하게 한다. 상대할 가치도 없는 사내가 뒤에서 소리친다. "뭐야? 칭찬을 하면 받아줘야 하는 거 아니야?" 당신은 아드레날린을 삼키며 다시 마음을 굳게 먹는다. "무시해. 너처럼 강인한 여자는 이런 상황에 흔들려선 안 돼."

우리는 그런 상황을 무시하지 않는 것은 나약한 태도일 뿐 아니라 무례한 태도라고 배웠다. 당신의 사촌이 페이스북에 여성혐오적인 글을 올렸다고 치자. 당신은 그에게 소리친다. "말도 안 되는 소리 그만 좀 지껄여. 사실이 아닐뿐더러 도덕적으로 잘못된 얘기잖아. 세상에, 아직도 이런 얘기를 하다니 정말 기가 막힌다!" 그러면 그는—틀림없이 다른 사람들도 함께—이렇게 대꾸할 것이다.

당신의 말이 옳다고 해도 그렇게 화를 내며 고래고래 소리치면 어떻게 듣겠냐고. 당신의 이야기가 진지하게 받아들여지길 바란다면 좀 더 '예의 바르게' 주장을 펼치라고. 착해져야 하고, 강인해야 하고, 예의를 지켜야 한다고. 감정에 휘둘려선 안 된다고.

3. 안전을 위해서

길에서 성희롱을 당했다면 그 상황뿐 아니라 그것이 일으킨 스트레스까지 한 방에 해결하는 방법이 있을까? 물론이다. 뒤로 돌아서 그 사내의 얼굴을 후려갈기면 된다. 하지만 그러고 나면 어떻게 될까? 그 사내가 성희롱은 나쁜 짓이라는 사실을 깨닫고 '아, 이제 그만해야지' 하고 생각할까? 그럴 리가 없다. 오히려 상황이 악화될 가능성이 높다. 사내는 당신에게 폭력을 휘두를지도 모른다. 그러면 상황은 더 위험해질 뿐이다. 때로는 가던 길을 가는 것이 이기는 방법이다. 그저 좋은 여자가 되는 것, 못 들은 척하고 미소 지으며 별일 아니라고 스스로를 다독이는 것이 생존 전략이다. 부끄럽게 여길 필요는 없다. 다만, 그런 생존 전략이 스트레스를 해소해 주지 않는다는 점을 명심해라. 스트레스 반응 사이클은 완성되지 않고 유예된다.

당신은 수많은 방식으로 스트레스 반응을 부정하거나 무시하거나 억누르고 있다! 우리 대부분은 수십 년 동안 여러 가지 이유로 막혀버린 수많은 스트레스 반응 사이클을 품은 채 살아간다. 이런 사이클들이 우리의 몸속에서 부글거리며 완성될 기회를 노리고 있다.

그리고 또 한 가지, 경직이라는 상태가 있다.

경직freeze

스트레스 반응에 관해 얘기할 때 우리가 흔히 사용하는 개념은 '투쟁-도피'다. 우리의 뇌는 위협을 느끼면 1초도 안 되는 짧은 순간 동안 투쟁과 도피 중 어떤 반응이 생존 가능성을 높일지 결정한다. 우리 뇌가 위협을 감지하고 달아나야만 생존 가능성이 커진다고 판단하면 도피 반응이 일어난다. 사자를 만났을 때 도망치는 경우가 여기에 속한다. 반면, 위협에 맞서야 생존 가능성이 높아진다고 판단하면 투쟁 반응이 일어난다. 생물학적 관점에서 투쟁과 도피는 본질적으로 동일하다. 도피는 두려움(회피), 투쟁은 분노(접근)와 연관되지만 둘 다 교감신경계가 활성화되는 스트레스 반응이다. 두 가지 모두 우리에게 무언가를 하라고 지시한다.

'경직'은 다르다. 우리의 뇌가 위협을 가늠해 본 뒤 우리가 도망치기에는 너무 느리고 맞서 싸우기에는 너무 작아서 위협이 사라지거나 도와줄 사람이 올 때까지 '죽은 척'해야 생존 가능성이 높아진다고 판단할 때 일어나는 반응이 경직이다. 다시 말해 뇌가 생명의 위협을 인지한 뒤 투쟁과 도피가 모두 도움이 되지 않는다고 판단할 때 일어나는 최후의 스트레스 반응이다. 뇌가 스트레스 반응의 가속 페달을 밟다가 급브레이크를 밟으면서, 즉 부교감신경계가 교감신경계를 집어삼켜 우리 몸이 마비되는 것이다.

당신이 사자에게 쫓기는 영양이라고 상상해 보자. 아드레날린이 샘솟으며 한참 달아나고 있을 때 갑자기 엉덩이에 사자의 이빨이 꽂힌다. 당신은 어떻게 할까? 더는 도망갈 수 없다. 사자에게 잡혔으니까. 싸울 수도 없다. 사자가 훨씬 더 힘이 세니까. 결국 당신의 신경계는 브레이크를 밟는다. 당신은 쓰러져서 죽은 척한다. 그것이 경직이다.

설사 당신이 경직이라는 것을 모른다고 해도 당신의 뇌는 경직을 선택할 수 있다. 그러나 경직의 존재를 모른다면 위험한 상황에서 왜 발버둥 치고 소리치지 않았는지, 왜 싸우거나 도망치지 않았는지, 왜 소리치거나 발버둥 치거나 도망칠 수 없다고 느꼈는지 의문이 들 것이다. 그것은 그럴 수 없었기 때문이다. 당신의 뇌는 이길 수 없는 위협 앞에서 생존을 위해 최후의 시도로 급브레이크를 밟는다.

놀라운 사실은 이 방법이 효과가 있다는 것이다. 당신은 살아서 스트레스에 관한 책을 읽고 있지 않은가! 당신이 살아서 기쁘다. 우리는 당신의 생존을 도운 당신의 뇌가 고마울 따름이다.

'그 느낌'

우리 문화에는 우리의 뇌가 선택하는 스트레스 반응의 감정을 묘사하는 표현이 무수히 많다. 뇌가 투쟁을 선택하면 짜증나거나 울화통이 터지거나, 답답하거나 화가 나거나 열불이 나거나 부아가 난다. 뇌가 도피를 선택하면 불확실하거나 걱정스럽거나 불안하거나 초조하거나 겁나거나 무서운 감정을 느낀다. 그렇다면 '경직'의 감정은 어떻게 묘사할 수 있을까? 막막하다, 얼떨떨하다, 마비된 듯하다, 연결이 끊어졌다, 겁에 질렸다 등이 적당할 것이다. 교감신경의 교감은 감정을 나눈다라는 뜻이지만 경직을 총괄하는 부교감신경계는 '감정을 나누지 않는'다. 따라서 세상과 동떨어진 느낌, 정체된 느낌이 들 것이다. 아무래도 상관없다고 느낄 것이다. 말하자면······. 세상을 벗어난 느낌이다.

경직의 경험을 묘사할 말이 없다면 그다음에 일어나는 일도 적절히 묘사할 수 없다. 다시 영양의 예로 돌아가 보자. 쫓기던 영양이 사자의 공격을 받고 경직 반응을 일으키자 의기양양해진 사자는 새끼들에게 영양을 먹이기 위해 어슬렁어슬렁 새끼들을 데리러 간다. 그러자 마법이 일어난다. 위협이 사라지자 서서히 브레이크가 풀리는 것이다. 영양의 몸이 부르르 떨리기 시작한다. 혈류에 치솟았던 아드레날린과 코르티솔이 사그라진다. 마치 안전한 곳으로 피신했을 때처럼. 이런 일은 모든 포유류에게 일어난다. 한 여자는 경직의 개념을 알고 우리에게 이렇게 말했다. "내가 차로 친 고양이도 그랬나 봐요. 처음에는 누워서 꼼짝도 하지 않기에 죽은 줄 알고 얼마나 놀랐다고요. 미칠 것 같았죠. 그런데 조금 있으니까 경련으로 몸을 떨기 시작하더라고요. 발작인가 싶었는데 갑자기 눈을 뜨더니······ 달아나 버리지 뭐예요." 인간도 마찬가지다. 우리는 사람들에게 이런 이야기를 여러 번 들었다.

"내 친구가 수술이 끝난 뒤 마취에서 깨어날 때도 그랬어요."

"우리 아이도 응급실에서 그랬어요."

"트라우마(정신적 외상)를 받아들이는 법을 배울 때 가끔 몸이 통제할 수 없는 상태가 되곤 했어요. 겁이 났죠. 트라우마를 겪을 때도 똑같이 통제할 수 없다는 기분을 느꼈으니까요. 지금 보니까 내 몸이 나를 돌보기 위해 그랬던 거네요. 치유의 과정이었어요." 이렇게 브레이크가 풀리는 듯한 기분을 일컫는 말은 아직 없다. 몸이 떨리고 몸서리가 나면서 근육이 신장되는 경험, 극심한 분노와 공황, 수치에 자주 동반되는 비자발적 반응 말이다. 정체를 모른다면 겁이 나게 마련이다. 저항하거나 통제하려 애쓸지도 모른다. 그래서 반드시 이름을 붙여야 한다. 우리는 '그 느낌'이라고 부르겠다. 그것을 두려워할 필요가 없다. 사이클을 완성하는 정상적이고 건강한 과정의 일부로, 대개는 몇 분 지속되다가 저절로 끝나는 생리적 반응이다. 그 느낌은 대개 스트레스 반응 사이클이 갑자기 중단되거나 완성되지 못하는 극한의 상황에서 일어난다. 매우 충격적인 사건 또는 장기적이고 강렬한 스트레스에 이어지는 치유 과정의 일부다. 당신의 몸을 믿어라. 원인을 알 수 있는 경우도 있지만 그렇지 않은 경우도 있다. 그런 건 중요하지 않다. 자각이나 통찰이 없어도 그 느낌은 당신의 몸을 관통한 뒤 저절로 빠져 나간다. 뚜렷한 이유도 없이 눈물이 나는가? 좋은 일이다! 원인 모를 감정이나 감각, 또는 떨림을 의식하며 이렇게 말하면 된다. "아. 그 느낌이네."

사이클을 완성하는 가장 효율적인 방법

사자에게 쫓길 때는 어떻게 할까? 달린다. 21세기의 삶이 던져주는 요식적인 일이나 성가신 일로 스트레스를 받는다면 어떻게 할까? 달린다. 또는 수영한다. 또는 거실에서 비욘세의 노래를 따라 부르며 춤을 추거나 줌바 댄스 수업에 가서 땀을 흘리거나 숨이 가빠지는 신체 활동을 한다. 얼마나?

대개는 하루에 20~60분이면 도움이 된다. 단, 거의 매일 해야 한다. 어차피 날마다 스트레스를 받을 테니 스트레스 반응 사이클도 날마다 완성해야 한다. 그저 자리에서 일어나서 숨을 깊이 들이마시며 20초 동안 모든 근육을 긴장시켰다가 숨을 크게 내쉬며 이완하는 것만으로도 훌륭한 출발점이 된다.

명심해라. 당신의 몸은 '세금 신고'나 '합리적 문제 해결을 통한 대인 간 갈등 해결' 따위가 무슨 뜻인지 모른다. 하지만 펄쩍펄쩍 뛰는 행위가 무엇을 의미하는지는 잘 안다. 몸의 언어로 말해라. 몸의 언어는 몸을 움직이는 것이다.

운동이 몸에 좋다는 얘기는 수없이 들어봤을 것이다. 운동은 스트레스를 줄이고 건강과 기분, 지력을 개선해 주기 때문에 조금이라도 반드시 해야 한다고들 말한다.[6] 신체 활동은 당신이 위협을 이기고 살아남았으며 이제는 안전하다고 뇌에게 알려주는 역할을 한다. 신체 활동은 스트레스 반응 사이클을 완성하는 단 하나의 가장 효율적인 전략이다.

사이클을 완성하는 그 밖의 방법

신체 활동, 말 그대로 어떤 식으로든 몸을 움직이는 것은 번아웃과의 전투에서 가장 중요한 공격 전략이다. 그러나 그 밖에도 스트레스 반응 사이클을 완성하는 데 효과적인 방법이 있다! 증거를 통해 입증된 전략 여섯 가지를 소개한다.

숨쉬기: 느리고 깊은 호흡은 스트레스 반응을 낮춘다. 들이 마신 숨을 모두 내뱉어 배가 홀쭉해질 때까지 길고 느리게 숨을 내쉬어야 효과가 좋다. 이런 숨쉬기는 스트레스가 심하지 않을 때나 최악의 스트레스를 배출한 뒤 힘든 상황을 계속 헤쳐 나가야 할 때 가장 효과적이다. 심호흡을 하고 나면 힘든 상황을 좀 더 오래 견딜 수 있다. 또한 정신적 외상의 여파에 시

달리고 있다면 깊은 호흡은 그 여파에서 벗어나는 가장 손쉬운 출발점이다. 간단한 실천 방법을 소개하겠다. 천천히 다섯을 세면서 숨을 들이마시고 숨을 참은 채로 다섯을 센 뒤 천천히 열을 세면서 내쉰다. 그런 다음 마지막으로 숨을 멈추고 다섯을 센다. 같은 과정을 세 번 반복한 뒤 기분이 어떤지 확인해봐라. 이 모든 과정은 1분 15초면 충분하다.

긍정적인 사회적 교류: 편안하고 우호적인 사회적 교류는 세상이 안전한 곳임을 알려주는 가장 기본적인 외적 신호다. 예를 들어 기차에 탔을 때 옆자리 승객이 말을 건다면 어떨까? 우리 대부분은 옆자리 승객이 말을 걸지 않고 둘 다 침묵할 때 더 큰 만족을 느낄 거라고 예상하지만, 연구 결과 사람들은 옆자리 승객과 의례적이고 일상적인 대화를 나눌 때 더 큰 만족을 느끼는 것으로 드러났다.[7] 또한 사람들은 대개 아는 사람이 많을수록 더 큰 행복을 느낀다.[8] 커피를 살 때 바리스타에게 "날씨가 참 좋네요"라고 인사를 건네라. 구내식당 영양사의 귀걸이를 칭찬해 줘라. 세상은 안전한 곳이라고, 정상적인 곳이라고, 모든 사람이 머저리는 아니라고 당신의 뇌에게 알려줘라. 도움이 될 것이다!

웃음: 다른 사람들과 함께 웃으면 심지어 함께 웃은 일을 회상하기만 해도 관계에 대한 만족이 높아진다.[9] 여기서 말하는

웃음은 보여주기 위한 웃음이나 '웃는 표정'이 아니라 마음 깊은 곳에서 우러나는 웃음, 즉 참을 수 없고 격의 없는 깊은 웃음이다. 신경 과학자 소피 스콧Sophie Scott에 따르면 우리는 웃을 때 "포유류들이 사회적 유대를 맺고 감정을 조절하도록 진화해온 고대의 진화 체계"를 사용하는 셈이다.[10]

애착: 동료와 다정하게 수다를 떨어도 효과가 없고 극심한 스트레스로 웃을 수도 없다면 사랑하는 존재와 더 깊은 연결을 모색해야 한다. 대개는 당신과 사랑을 주고받을 뿐 아니라 당신을 좋아하고 존중하며 신뢰하는 사람, 당신이 좋아하고 존중하며 신뢰하는 사람이 적절한 대상이다. 신체적 애착이 아니어도 좋지만 신체적 애착을 나눌 수 있다면 더 좋다. 안전하고 신뢰가 넘치는 환경에서 따뜻한 포옹을 나누면 우리의 몸은 3킬로미터쯤 달렸을 때와 똑같이 위협에서 벗어난 느낌을 만끽할 수 있다. 물론, 땀을 흘리지 않고도 말이다.

관계 연구가인 존 가트맨John Gottman의 '6초 입맞춤'도 여기에 속한다. 존 가트맨은 배우자와 매일 6초씩 입맞춤을 하라고 제안한다. 1초의 입맞춤을 여섯 번 하라는 뜻이 아니라 6초 동안 입을 맞추라는 뜻이다. 생각해 보면 6초의 입맞춤은 어색할 만큼 길다. 하지만 이유가 있다. 싫어하거나 혐오하는 사람과는 결코 6초 동안 입을 맞출 수 없는 법. 안전하다고 느끼지 않는 사람과도 6초 동안 입을 맞출 수 없다. 6초 동안 입맞춤을 하려면 상대방을 좋아할 뿐 아니라 그 사람을 믿고 애착을 느껴야 한다. 이런 점을 의식하면서 입맞춤을 나누면 자신의 몸에게 안전한 가족과 함께라는 신호를 줄 수 있다.

다른 방법도 있다. 사랑하고 신뢰하는 사람과 함께 꼿꼿이 서서 20초 동안 포옹을 해 보자. 포옹할 때는 주로 몸을 기울여 짧게 서로를 껴안는다. 길게 포옹할 때는 서로에게 몸을 기대 한쪽이 몸을 떼면 상대방이 쓰러지는 자세가 된다. 그러지 말고 둘 다 중심을 잡고 똑바로 서서 두 팔로 서로를 감싸라. 그런 다음 20초 동안 멈춘다. 연구에 따르면 20초의 포옹은 호르몬을 변화시키고 혈압과 심박을 낮추며 기분을 좋게 해준다. 이 모든 것은 포옹 후에 사회적 유대를 강화하는 호르몬 옥시토신이 증가한다는 사실로 입증됐다.[11] 의식적인 긴 입맞춤과 마찬가지로 20초의 포옹은 몸에게 당신이 안전하다는, 사자에게서 벗어나 사랑하는 사람들이 있는 안전한 집에 도착했다는 신호를 보낸다.

물론, 정확히 20초를 잴 필요는 없다. 그보다는 사이클이 완성될 때 일어나는 변화를 직접 느껴야 한다. 상담 치료사인 수잰 아이아젠자Suzanne Iasenza는 긴장이 풀릴 때까지 껴안으라고 제안한다.

다행히도, 반드시 다른 인간과 애착을 나눠야만 사이클을 완성할 수 있는 것은 아니다. 고양이를 몇 분 동안 쓰다듬어줘도 혈압을 낮출 수 있다. 반려동물을 가진 사람들은 인간관계보다 반려동물에 대한 애착이 더 큰 도움을 준다고 말하기도 한다.[12] 반려견을 산책시키는 사람들이 그렇지 않은 사람들에 비해 운동을 더 많이 할 뿐 아니라 더 큰 행복을 느끼는 것도 그리 놀라운 일은 아니다. 이는 운동과 애착을 동시에 누리는 방법이다.[13] 힘든 일을 겪고 인간을 불신하게 된 사람들에게는 말이나 개 등의 동물과 함께 하는 치료 요법이 연결을 재구축하는 발판이 되기도 한다.

다른 세상의 존재와 애착을 나눠도 사이클을 완성할 수 있다. 개인의 웰빙에서 영성이 차지하는 역할을 연구하는 사람들은 '삶의 의미'—이것은 워낙 중요한 주제라 3장을 통째로 할애했다—또는 종교 집단의 동료 신자들이 제공하는 사회적 지지에 초점을 맞춘다. 그러나 영적인 연결은 또한 안전한 느낌, 초월적 존재의 도움과 사랑을 받는 느낌을 준다. 간단히 말해 눈에 보이지는 않지만 분명히 존재하는 무리와 연결돼 있다는 느낌을 준다는 이야기다.[14]

엉엉 울기: 울음이 아무것도 해결해 주지 않는다고 말하는 사람은 스트레스 해소와 스트레스 원인의 해결이 별개라는 사실을 간과하는 셈이다. 혼자 속으로 끙끙 앓다가 방문을 닫고 들어가 10분 동안 엉엉 울어본 적이 있는가? 그런 다음 코를 풀고 심호흡을 하고 나면 울음의 원인이었던 마음의 짐이 가벼워지는 것을 느끼지 않았는가? 이는 스트레스의 원인이 된 상

황은 바뀌지 않았지만 스트레스 반응 사이클이 완성됐기 때문이다.

여러 번을 봐도 볼 때마다 엉엉 울게 되는 영화가 있는가? 정확히 언제 티슈를 집어 들어야 하는지 알고 코를 풀면서 "난 이 부분이 너무 좋아!"라고 말할 수 있는 영화가 있는가? 당신이 등장인물의 감정을 함께 겪으면 당신의 몸도 그것을 함께 경험한다. 늘 울게 되는 이야기는 감정의 사이클을 완성하도록 도와주는 길잡이가 된다.

창의성의 표출: 오늘의 창의적 활동은 더 에너지 넘치고 흥미진진하며 열정 가득한 내일을 열어준다.[15] 왜 그럴까? 어떤 원리일까? 운동과 마찬가지로 회화나 조각, 음악, 영화, 각종 스토리텔링을 아우르는 예술 활동은 중요한 감정을 받아들이는, 심지어 독려하는 환경을 조성한다. 예를 들어, 사랑에 빠지면 라디오에서 나오는 모든 노래에 갑자기 공감이 가기 시작한다! 친구들이 눈을 굴리며 우리의 사랑 이야기를 지겨워해도 그런 노래는 늘 우리의 편이 돼준다. 마음이 아플 때도 슬픔의 터널을 지나 마음이 평온해질 때까지 줄곧 곁을 지켜주는 노래들이 있다.

이처럼 각종 문학예술이나 시각 예술, 공연 예술은 주요 감정을 기념하거나 견디도록 도와준다. 말썽 피우지 말고 '얌전해'지라고 지시하는 사회에서 이런 활동은 일종의 탈출구가 된다. 그 탈출구를 활용해라.

내슈빌의 한 작곡가는 우리에게 작가들과 화가들, 그 밖의 다양한 창작자들을 대변하는 듯한 이야기를 들려줬다. "나의 초창기 음악을 돌아보면 내가 과거를 곱씹으며 내 트라우마의 역사를 의미 있는 무언가로 바꿔보려 노력했음을 알 수 있다. 당시 나는 고통을 부정하는 상태였다. 내가 고통을 겪고 있는 줄도 몰랐다. 그러나 작곡을 하면서 내 마음이 나에게 숨겨온 것들을 느끼기 시작했다. 내 음악은 다른 방식으로 해결하지 못한 것들을 놔둘 수 있는 안전한 장소였다."[16]

소피는 엔지니어고 〈스타트렉〉의 광팬이다. 그밖에도 많은 특징을 가졌지만 운동에는 소질이 없다. 고교 시절, 사람들이 185센티미터의 흑인 소녀를 보고 너는 농구를 해야겠다고 말하면 소피는 농구공의 자리는 따로 있다고 알려줬다. 소피는 운동을 싫어한다. 운동을 하지 않는다. 그래도 해야 한다고 생각하고 이삼일 하고 나면 병이 나거나 다치거나 중요한 프로젝트가 생겨 여유가 없어지곤 했다. 그녀는 도저히 운동을 할 수 없다. 하기도 싫고 할 수도 없으며 하지 않을 생각이다.

그러던 중 에밀리가 소피의 회사에 초빙돼 점심시간에 스트레스에 관한 세미나를 열게 됐다. 운동이 좋다는 에밀리의 말을 듣고 소피는 나중에 에밀리를 찾아왔다. "정말 모르실 거예요. 나한테 운동이 얼마나 따분하고 괴로운지. 운동을 하려고 하면 문제가 생기기도 하고요. 난 운동을 할 수 없어요. 싫어요. 못한다고요. 난 절대 운동을 하지 않을 거예요. 아무리 스트레스에 좋다고 해도 할 수 없어요."

운동이 누구에게나 잘 맞는 것은 아니다. 하지만 연구 결과를 보면 운동이 몸에 좋은 것은 부인할 수 없다. 그래서 보건 교육자인 에밀리는 운동을 못하거나 싫어하거나 어떤 이유로든 할 수 없는 사람들을 도울 방법을 찾아봤다. 놀랍게도 대부분의 연구는 팀 스포츠에 가입하라거나 운동을 운동으로 생각하지 말고 취미로 만들라는 결론에 이르렀다. 그러니까 "운동을 즐길 방법을 찾으라!"라는 말이다. 훌륭한 조언이지만 만성 통증이나 만성 질환, 부상이나 장애를 가진 사람, 혹은 소피처럼 운동을 절대 하고 싶지 않은 사람에게는 통하지 않는다.

그러다 마침내 에밀리는 신체 기반 치료 요법이라는 기막힌 연구 분야를 발견했다. 소피 같은 사람들에게 적용할 수 있는 결과가 나와 있었다. 에밀리는 소피에게 이렇게 제안했다. "자, 일단 침대에 누워서……."

"그건 제가 좋아하는 운동이네요." 소피가 대꾸했다.

"발에서부터 얼굴까지 몸의 모든 근육을 하나씩 하나씩 긴장시켰다가 풀어보세요. 아주 아주 천천히 열을 세면서 강하게, 아주 강하게 긴장시켜요. 스트레스가 느껴지는 부위는 특히 더 시간을 들이고요."

"어깨예요." 소피는 바로 대꾸했다.

"좋아요! 그러면서 자신이 겪는 스트레스원들을 박살 내면 어떤 기분이 들지 직관적으로 선명하게 그려보세요."

"알겠어요." 소피의 대답에서 열의가 느껴졌다.

"하지만 아주 분명하게 상상해야 해요. 바로 이 부분이 중요하답니다. 자기 몸이 반응하는 것을 느껴야 해요. 심장 박동이 빨라진다거나 주먹을 움켜쥔다거나. 흡족한 느낌, 그러니까……."

"승리감이 들 때까지 말이죠? 해볼게요." 소피가 대꾸했다.

그녀는 에밀리의 말대로 해봤다. 그러자 이상한 일이 일어나기 시작했다. 이 근육 긴장 운동을 할 때면 이따금 설명할 수 없는 좌절과 분노의 파도가 밀려왔다. 가끔 울음이 터지기도 했다. 때로는 그녀의 몸이 주체할 수 없는 상태가 돼 무언가에 홀린 듯 이상하게 떨리기도 했다.

그녀는 에밀리에게 이메일을 보내 이런 상황을 털어놨다. 에밀리는 그녀를 다독였다. "아주 정상적인 반응이에요. 마음의 응어리가 풀어지고 있어요. 그동안 완성되지 않은 채로 내면에 쌓여가던 스트레스 반응 사이클들이 마침내 풀리는 거랍니다. 그냥 몸을 믿으세요."

사이클을 완성하는 방법은 여기에 다 열거할 수 없을 만큼 많다. 신체 활동, 애착, 웃음, 창의성의 표출, 심지어는 숨쉬기도 여기에 포함된다. 이 모든 전략의 한 가지 공통점은 당신이 무언가를 해야 한다는 것이다.

확실하게 효과가 없는 방법 한 가지는 분명하게 말해줄 수 있다. 그저 다 괜찮다고 생각하는 것이다. 사이클을 완성하는 일은 지적인 판단이 아니라 생리적 변화다. 심장에게 계속 뛰라고 지시하거나 소화기관에게 소화 활동을 하라고 지시하지 않는 것처럼 스트레스 반응 사이클도 의식적인 선택으로 완성되는 것이 아니다. 몸이 필요로 하는 것을 내주고, 몸이 스스로 할 일을 하게 만들어야 한다.

사이클이 완성된 것을 어떻게 알 수 있을까?

사이클이 완성됐을 때의 기분은 식사 후에 밀려드는 포만감이나 오르가즘을 느낀 뒤에 밀려드는 만족감과 비슷하다. 몸이 말해준다는 뜻이다. 비교적 쉽게 알아차리는 사람도 있고 더디게 아는 사람도 있다. 기분이나 심적 상태, 신체적 긴장의 변화로 경험하기도 한다. 호흡이 깊어지고 마음이 편안해지기 때문이다.

어떤 사람들은 사이클이 완성된 것을 숨쉬기만큼이나 자명하게 알아차린다. 에밀리가 그런 사람에 속한다. 이 과학을 알기 전부터 그녀는 스트레스와 긴장이 쌓여 몸이 찌뿌둥할 때 조깅을 하거나 자전거를 타면 기분이 나아지는 것을 느꼈다. 운동화를 보며 '아, 하기 싫다'라고 생각한 적도 있지만 결국 그 운동화를 신고 달리거나 자전거를 타고 나면 평화를 만끽할 수 있다는 사실을 알았다. 한 번은 펜실베이니아 남동부 농촌의 언덕 꼭대기에서 숨을 헐떡이며 엉엉 울기도 했다. 자전거 기어들이 요란하게 돌아가는 가운데, 코를 찌르는 소똥 냄새와 바닥을 수놓는 아름다운 햇살에 감탄하면서. 그럴 때마다 그녀는 늘 자신의 몸에서 일어나는 변화를 본능적으로 느낄 수 있었다.

어떤 느낌이냐고? 기어가 바뀌는 느낌이다. 체인이 더 작은 기어에 걸리면서 갑자기 바퀴가 더 부드럽게 돌아가는 느낌. 근육이 이완되고 호흡이 깊어진다.

규칙적으로 운동을 하면 이런 상태에 도달하기가 더 쉬워진다. 며칠이나 몇 주 동안 쌓인 채로 방치된 스트레스는 한 번의 운동으로 해소되지 않는다. 달리고 나면 기분이 한결 좋아지지만 완벽한 만족감을 느낄 수는 없다. 완성되지 않은 스트레스 반응 사이클이 몸속에 오랫동안 쌓여 있는 경우에도 마찬가지다. 사이클을 완성하는 전략을 처음 시도하면 약간의 안도감이 들 뿐 모든 것이 풀리는 만족스러운 이완을 느낄 수 없을지도 모른다. 그래도 괜찮다.

사이클의 완성을 직감적으로 알아차리지 못하는 사람도 있다. 어밀리아가 이런 부류에 속한다. 그녀는 불안감을 느끼며 상담 치료사를 찾았을 때 난생처음 그것을 경험했다. 치료사가 불안감을 설명해 보라고 하자 어밀리아는 약 4분 동안 장황하게 설명했다. 어깨의 긴장과 목의 열기, 털이 곤추서는 느낌 따위를 설명하던 그녀는 잠시 말을 멈추고 숨을 쉬었다.

"지금 기분은 어때요?" 치료사가 물었다.

"그게⋯⋯. 글쎄요. 이제 느껴지지 않아요. 그냥⋯⋯ 사라진 것 같은데요?"

"맞아요. 원래 그런 거예요. 불안은 갑자기 밀려들었다가 사라지죠."

"그냥 사라진다고요?"

"네. 그냥 두면 절로 사라져요."

우리는 일단의 상담 치료사들에게 사이클의 완성 여부를 어떻게 알 수 있냐고 물었다. 한 치료사는 어린 딸의 이야기를 들려줬다. 딸이 괴로워하며 달려오면 그녀는 엄마들이 그렇듯 아이를 안고 우는 아이의 얼굴을 지켜본다. 그러다 보면 어린 딸의 얼굴과 몸의 긴장된 근육들이 점차 풀어지고 마침내 아이가 부들부들 떨며 크게 한숨을 내쉰다. 그러고 나면 아이는 무슨 일이 있었는지 엄마에게 설명할 수 있게 된다는 것이었다. 큰 한숨이 아이의 작은 몸에서 변화가 일어났다는 신호라고 그녀는 말했다.[17]

사이클을 완성했는지 알 수 없을까 봐 걱정할 필요는 없다.

오랫동안 아마도 평생 걱정이나 분노를 담아두고 있었다면 그동안 축적된 수많은 스트레스 반응 사이클이 엔진을 돌리며 차례를 기다리고 있을 것이다. 밀린 일을 모두 처리하려면 시간이 걸릴 수밖에 없다. 그저 기분이 차츰 나아지고 있다고 느끼면 된다. 몸이 어딘가 달라졌음을, 좀 더 평온한 쪽으로 바뀌었음을 자각할 수 있을 것이다. "처음 시작할 때 스트레스 지수가 8이었다면 지금은 4정도야." 이렇게 말할 수 있다면 충분하다.

실질적인 조언

'방법'은 아주 간단하다. 먼저, 무엇이 효과적인지 찾아라. 우리가 가장 좋은 전략을 알려줄 수 있다면 편리하겠지만 당신에게 가장 효과적인 전략이 시시각각 달라질 수도 있다. 날마다 달라져서 대안을 마련해야 할지도 모른다. 이미 자신에게 맞는 전략을 알고 있다고 해도 다시 한번 시험해 본 뒤 일과에 넣어라. 다이어리에 적어놔라. 운동이든 명상이든, 창의성 표출이든 애착 활동이든, 자신에게 효과적인 활동을 30분쯤 실천해야 한다. 스트레스는 매일 겪는다. 따라서 사이클을 완성하는 활동도 매일 해야 한다. 그것을 최우선으로 삼아라. 목숨이 걸린 일이라고 생각해라. 실제로 그러니까.

한 가지 명심할 점이 있다. 에밀리는 사춘기 초반부터 사이클을 완성해야 한다는 것을 본능적으로 알았다. 그러나 동일한 유전자를 갖고 태어나 한집안에서 자란 일란성 쌍둥이 어밀리아는 수년 동안 상담 치료를 받고 스트레스성 염증으로 두번 입원한 뒤 정식 명상 수업을 듣고 보건 교육자인 쌍둥이 자매의 지도를 받고 나서야 그 필요성을 깨닫기 시작했다. 사람은 저마다 다르다. 그래도 연습을 통해 스트레스의 차이가 몸에서 어떻게 느껴지는지, 그날그날 사이클을 완성하려면 어느 정도의 시간과 강도를 투자해야 하는지 파악할 수 있다.

그렇다면 '사이클을 완성하기' 위해 스트레스를 유발하는 일에서 손을 떼고 그 상황에서 물러나 몸과 감정을 돌봐야 할까? 많은 사람이 이 점을 가장 어렵게 여긴다.

여기까지 읽었다면 스트레스원을 해결하는 것과 스트레스를 해소하는 것이 별개의 과정이며 두 가지 모두 해야 한다는 사실을 알았을 것이다. 그러지 않으면 스트레스가 당신의 웰빙을 서서히 좀먹을 것이다. 결국 몸과 마음을 무너뜨릴 때까지.

스트레스원은 무시하더라도
스트레스의 신호는 지나쳐선 안 된다

스트레스 지수가 높아지면 우리의 몸과 뇌는 예측할 수 있는 신호를 보낸다. 이런 신호를 받았다면 스트레스원을 효과적으로 다루기 전에 먼저 스트레스 자체를 다스려야 한다.

1. 무의미해 보이는 일을 되풀이하거나 자기 파괴적인 행동을 하고 있음을 자각한다: 뇌가 제대로 돌아가지 않으면 버벅거리거나 같은 곳을 맴돌기 시작한다. 깨진 레코드판처럼, 또는 엄마의 관심을 끌기 위해 쉼 없이 "엄마, 있잖아. 엄마, 있잖아. 엄마, 있잖아"라고 말하는 8살짜리 꼬마처럼 말이다. 자기도 모르게 습관처럼 이것저것 확인하거나 무언가를 끊임없이 잡아 뜯거나, 강박적인 생각에 매달리거나 몸을 만지작거리기도 한다. 이는 스트레스원을 합리적으로 다룰 수 있는 뇌의 능력을 스트레스가 집어삼켰다는 신호다.

2. 샹들리에 치기 Chandeliering: 브레네 브라운Brené Brown이 만든 용어로, 더는 참지 못하고 샹들리에에까지 펄쩍 뛰어오르게 만드는 강렬하고 압도적인 고통의 분출을 뜻한다. 지금 당장 일어나는 일에 비하면 과격한 반응이지만 당신이 지금까지 내면에 품고 있던 고통을 생각하면 그리 과하지 않다. 그것은 어떻게든 분출돼야 한다. 그래서 폭발하는 것이다. 다시 말해 이런 분출은 당신이 이미 한계점에 도달했으니 스트레스를 다스려야만 스트레스원을 해결할 수 있다는 신호다.

3. 산울타리에 숨은 토끼가 된다: 토끼 한 마리가 여우에게 쫓기다가 덤불 속에 숨는다고 상상해 보자. 토끼는 그곳에 얼마나 숨어 있을까? 그야 물론, 여우가 사라질 때까지 숨어 있을 것이다.

만약 사이클이 완성되지 않은 상태에서 뇌가 멈추면 여우가 사라져도 알지 못하고 계속 덤불 속에 숨어 있어야 한다. 즉, 퇴근하고 집에 돌아와서 고양이 동영상을 보면서 감자칩을 숟가락 삼아 아이스크림을 퍼먹거나 주말 내내 침대에 숨어 있게 된다는 뜻이다. 삶을 누리지 못하고 이렇게 피해 다닌다면 한계를 넘어섰다는 신호다. 스트레스도, 스트레스원도 제대로 다스리지 못하고 있다. 스트레스원을 적절히 해결하려면 스트레스를 먼저 해결해야 한다.

4. 몸이 제대로 기능하지 않는다: 항상 몸이 아프다. 만성 통증에 시달리거나 상처가 낫지 않거나 염증이 자주 재발한다. 스트레스는 '그저 스트레스'에서 끝나는 것이 아니라 몸속에서 일어나는 생물학적 사건이다. 따라서 실제로 몸에 생물학적 문제를 일으키기도 한다. 그러나 명확하게 진단할 수 없는 경우도 있다. 끊임없이 활성화되는 스트레스 반응이 만성 질환 혹은 부상을 야기하거나 악화시킬 수도 있다.

어밀리아는 줄리에게 스트레스 반응 사이클을 완성하는

과학이 어떻게 자신의 삶을 두 번이나 구했는지 설명했다.

"대학원에 다닐 때였어. 나에게 아주 중요한 일을 하면서 동시에 골치 아픈 행정 처리와 씨름하고 있었는데……."

"어쩜 꼭 내 얘기 같네." 줄리가 말했다.

"그러면서 스트레스가 쌓이고 쌓여서 농축되다 못해 마침내 나를 뭉개버린 거야. 학기 도중에 백혈구 수치가 치솟고 복통이 나서 병원에 입원했어. 병원에서는 원인을 찾지 못했지. 나를 그냥 집으로 돌려보내면서 긴장을 풀라고 하더라고."

"그걸 대체 어떻게 하라는 거야?" 줄리가 말했다.

"그땐 나도 몰랐어! 그저 뭔가를 해야 한다고 생각했지. 그러다가 스트레스를 일으킨 외적인 스트레스 요인들을 떠올리고 내가 그것들을 거의 통제하지 못한다는 사실을 인정하기 시작했어. 그러면서 많은 것을 내려놨고 덕분에 목숨을 구했지. 하지만 충분하지는 않았어. 1년 뒤에 다시 병원에 입원해서 충수 절제술을 받았거든. 겹겹이 쌓인 스트레스가 결국 장기 하나를 망가뜨린 거야."

"스트레스가 그랬다고?"

"그렇다니까." 어밀리아가 대꾸했다. "에밀리가 병문안 오면서 염증에 관한 책을 한 권 갖다주더라."

"병원에 있는 사람한테 '책'을 갖다줘?"

"'걱정 마, 다 잘 될 거야'라고 노래하는 풍선도 함께. 그것도 도움이 됐지." 어밀리아가 말했다. "그런데 그 책에 염증의 재발과 만성 통증, 천식 같은 건강 문제가 스트레스로 악화될 수 있다고, 심지어 스트레스로 유발될 수 있다고 나와 있더라고. 나는 세 가지를 모두 앓고 있었거든. 완전히 처리되지 않은 감정이 원인이라는 거야. 퇴원하고 집에 와서 그 책을 읽다가 울음이 터졌어. 하지만 머리로는 말도 안 된다고 생각했지. 도무지 믿을 수 없는 헛소리 같았으니까. 그런데 나는 항상 통증에 시달렸고 나이를 먹으면서 점점 더 심해지고 있었어. 에밀리에게 전화해서 이렇게 징징거렸지. '이 책에서는 감정이 몸에 존재한다고 하는데 그게 사실이야?'"

"나도 그건 알고 있었어." 줄리가 말했다.

"그래, 바로 그거야. 내가 스트레스를 다스리는 법, 사이클을 완성하는 법을 배웠다면 너라고 못할 것 없잖아. 누구든 할 수 있어. 어쨌든 나는 에밀리에게 내 몸속에 있는 모든 감정과 고통과 쓰레기를 어떻게 처리해야 하느냐고 물었어. 에밀리는 1시간 반 동안 차를 타고 우리 집으로 와서 이완 명상에 관한 책을 주더라고."

"에밀리는 늘 책을 갖다주는 사람이잖아." 줄리가 말했다.

"맞아. 그때부터 나는 러닝 머신과 일립티컬 머신으로 운동을 하면서 이완 명상을 하기 시작했어. 몸의 감각에 집중하면서 특정한 생각이 특정한 몸의 통증에 부응한다는 사실을 처음 깨달았지. 어찌나 신기하던지. 기가 막히더라니까. 그리고 효과가 있었어. 지금 나는 20대 때보다 더 건강해졌어. 정신적으로 안정되고 만족도도 높아졌지. 감정과 사고와 몸이 모두 연결돼 있다는 걸 알았거든. 이제는 내가 에밀리에게 필요하면 운동을 하든 울든 소설을 쓰든 뭐라도 하라고 닦달한다니까."

"그게 사이클을 완성하는 방법이라는 말이네." 줄리는 다시 입을 열었다. "좋아." 그녀는 와인 잔을 손가락 사이에 넣고 돌리며 생각에 잠겼다.

줄리는 계획을 세웠다. 그리고 두 가지 새로운 전략을 갖고 새 학기를 시작했다. 하나는 자신이 통제할 수 없는 스트레스원과 통제할 수 있는 스트레스원을 분리하는 것이고 다른 하나는 사이클을 완성하는 연습을 하는 것이다. 그리고 주 6일 매일 30분씩 시간을 내서 운동을 하거나 딸 다이애나와 놀아줬다. 효과가 있었다. 그러나 몇 달 뒤 그녀는 심각한 장애물에 부딪혔다. 그것이 다음 장의 주제다.

좋은 소식은 스트레스가 문제가 아니라는 것이다. 그보다는 스트레스원을 해결하는 전략이, 우리 몸이 그 스트레스원에 대해 보이는 생리적 반응을 다스리는 전략과는 거의 무관할 때 문제가 생긴다. 웰빙은 한없이 안전하고 고요하게 사는 것이 아니다. 그보다는 적대적인 상황이나 위험, 모험, 흥분 따위를 유연하게 헤쳐나간 뒤 다시 안전하고 고요한 삶으로 돌아가기를 반복하는 것이다. 스트레스 자체보다는 갇히는 것이 더 해롭다. 우리 몸이 안전한 곳이 된다면 설사 몸이 안전한 곳에 있지 않더라도, 기분이 그리 좋지 않을 때도 우리는 웰빙을 누릴 수 있다.

이 이야기의 궁극적인 교훈은 아래와 같다.

웰빙은 정적인 상태가 아니라 동적인 상태다.

이 장에서는 내일 다시 스트레스원을 마주할 수 있도록 스트레스를 다스리는 방법을 살펴봤다. 그러나 당신의 앞에는 여전히 수많은 목표와 장애물, 이행하지 못한 의무, 아직 이루지 못한 소망, 크거나 작은, 즐겁거나 괴로운 여러 스트레스 요인이 가득한 삶이 기다리고 있다. 이제 그 수많은 목표와, 목표를 추구하는 뇌의 메커니즘을 살펴보자.

마지막 잔소리

* 스트레스원을 해결했다고 해서 스트레스 자체를 해소한 것은 아니다. 스트레스는 따로 다스려야 한다. 즉, '사이클을 완성해야' 한다. 그러지 않으면 스트레스가 당신을 서서히 죽일 것이다.

* 신체 활동은 사이클을 완성하기에 가장 효과적인 전략이다. 그저 껑충껑충 뛰거나 엉엉 울기만 해도 효과가 있다.

* 애착은 창의성 표출과 함께 사이클을 완성하는 사회적 전략이다. 애착 활동의 예로는 6초 키스, 20초 포옹, 성관계 후에 6분 동안 몸 비비기, 격의 없는 웃음 등이 있고 창의성 표출에는 글쓰기와 그림 그리기, 노래하기, 그 밖에도 스트레스의 감정 사이클을 안전히 통과하게 해주는 모든 활동이 포함된다.

* '웰빙'은 인간의 삶에 수반되는 사이클을 자유자재로 유연하게 통과하는 것이다. 웰빙은 정적인 상태가 아니라 동적인 상태다.

2장

끈기

운동을 싫어하는 소피는 엔지니어이며 흑인이자 여성이다. 따라서 그녀는 엔지니어 역할을 하는 동시에 주변의 개념 없는 백인 남자들에게 이공계에서 유색인종 여성으로 살아가는 경험에 대해 가르치는 사회정의 전도사 역할도 해야 한다. 그녀는 그런 일을 하고 싶지 않다. 그녀는 그저 과학을 하고 싶을 뿐이다. 그러나 어디에 가든 유일한 유색인종이자 유일한 여성인 경우가 많기 때문에 사람들은 그녀가 왜 유일한 유색인종인지 또는 왜 유일한 여성인지 설명해 주기를 기대한다.

어느 날 우리는 소피와 다른 여성들과 함께 기말 조찬 모임을 가졌다. 그 자리에서 소피는 자신에게 항상 '다양성' 위원회의 직책이 당연하다는 듯이 주어진다고 이야기했다.

"인종…… 때문이에요?" 백인 여성인 에밀리는 혹시나 소피에게 상처를 줄까 걱정하며 머뭇머뭇 물었다. "아니면 여자라서?"

"항상 겪는 일이죠. 난 이제 익숙해요." 소피가 대꾸했다.

어밀리아는 머뭇거리지 않고 말했다. "대체 왜들 그럴까요? 백인들에게 인종 차별 하지 않는 법을 가르치는 일에 유색인종을 넣는 건 또 다른 백인 우월주의 아니에요? 문제가 있는 사람은 백인인데, 그럼 우리 백인들이 그 일을 해야지 왜 흑인들에게 일을 더 시켜요?"

소피는 자신의 오믈렛을 보며 빙긋 웃었다. "사실…… 생각해 봤는데 어차피 사람들이 나한테 자꾸 그런 일을 시킨다면 차라리 그걸 돈벌이로 바꿀 수도 있지 않을까요? 강연회와 워크숍을 조직하는 거죠. 소피 쇼 순회공연이라고나 할까? 어차피 그런 요청을 항상 받으니까요."

"그게 얼마나 훌륭한 아이디어인지 과학적으로 얘기해 볼까요?" 에밀리가 감탄과 흥분을 감추지 못하며 말을 이었다. "좌절을 자산으로 바꾸는 방법에 관한 연구는 수없이 많거든요."

"과학적으로 얘기해 보자고요? 과학은 언제나 환영이죠!" 소피가 말했다.

이 장의 주제는 바로 그 과학이다.

1장에서 우리는 스트레스를 다스리는 방법을 살펴봤다. 2장에서는 스트레스원을 관리하는 법을 다루려 한다. 여기서 핵심은 자기 능력의 한계를 넘어선 상황에서 끈기 있게 버티는 법과 포기할 때를 아는 것이다. 구체적으로 말하면 우리가 '모니터'라고 부르는 것에 관해 이야기하려 한다. '모니터'란 자신의 현 위치와 앞으로 나아갈 곳 사이의 간극을 관리하는 뇌의 메커니즘을 말한다. 이 모니터는 사람에 따라 다르게 나타나지만 자녀 양육에서부터 직업적 성공, 친구 관계, 신체상에 이르기까지 삶의 모든 영역에 영향을 미친다. 여성들의 경우, 이 간극은 간극에서 그치지 않고 커다란 균열로 바뀌기도 한다.

이 장에서는 모니터가 어떻게 작용하며 왜 가끔 고장 나는지 살펴볼 것이다. 그런 다음 교통 체증에서부터 장기 재직에 이르기까지 각종 좌절과 실패에 적용할 수 있는 증거 기반의 전략들을 알아보겠다.

소개합니다⋯⋯ 모니터

정식 이름은 '불일치-감소/증가 되먹임 회로discrepancy-reducing/increasing feedback loop'이지만 우리가 이런 용어를 내놓는 순간 사람들은 꾸벅꾸벅 졸기 시작한다. 그래서 여기서는 간단히 모니터라고 부르겠다. 모니터는 계속 노력할지 아니면 포기할지를 결정하는 뇌의 메커니즘이다.

모니터는 (1) 당신의 목표가 무엇이며 (2) 당신이 그 목표에 얼마나 많은 노력을 투자하는지, (3) 얼마나 많은 진전이 있는지 살핀다. 또 모니터는 노력 대비 발전의 누계를 꾸준히 업데이트할 뿐 아니라 적절한 노력 대비 발전의 비율에 대해 확고한 주관을 갖고 있다. 계획은 다양한 이유로 틀어지는데, 그중에는 당신이 통제할 수 있는 경우도 있지만 그렇지 않은 경우도 있다. 어떤 경우든 계획이 틀어지면 당신의 모니터는 좌절한다.[1]

예를 들어 차로 쇼핑몰에 가는 간단한 목표를 이루려 한다고 가정해 보자. 당신은 평소 쇼핑몰까지 가는 데 20분이 걸린다고 알고 있다. 신호에 한 번도 걸리지 않고 간다면 기분이 무척 좋을 것이다. 모니터의 예상보다 더 빠르고 쉽게 진전을 이룰 테고 그것은 기분 좋은 일이니까. 더 적은 노력으로 더 많은 진전을 이루면 모니터는 흡족해한다.

그러나 다른 운전자의 부주의 때문에 신호에 걸렸다고 가정해 보자. 짜증과 부아가 치밀고 다음 신호에 걸리기 전에 그 인간을 피하겠다고 결심한다. 그러나 한번 신호에 걸리고 나자 다음에도 계속 빨간 신호가 들어오고 당신은 점점 더 부아가 난다. 이미 20분이 지났는데 아직 절반밖에 가지 못했다. '짜증과 부아'가 '분노'로 바뀐다. 그러다가 고속도로에 들어섰는데 사고가 났다! 구급차와 경찰이 왔다 갔다 하고 당신은 40분 동안 고속도로에서 오도 가도 못한 채 차에 앉아 있다. 속이 부글부글 끓고 다시는 쇼핑몰에 가지 않겠다고 다짐한다. 투자에 비해 진전이 거의 나타나지 않는다. 모니터는 격분한다.

그리고 그때! 차 안에 한동안 갇혀 있던 당신의 내면에서 커다란 감정의 전환이 일어난다. 당신의 모니터는 쇼핑몰에 가는 일을 '이룰 수 있는 목표'에서 '이룰 수 없는 목표'로 바꾼다. 그리고 감정의 낭떠러지에 서 있던 당신을 밀어 절망의 구렁텅이에 빠뜨린다. 당신의 뇌는 속수무책이 되어 희망을 버린다. 당신은 흐느껴 울기 시작한다. 이제는 그저 집에 가고 싶을 뿐이지만 그마저도 하지 못하고 꼼짝없이 앉아서 기다려야 하는 신세가 됐다.

미국의 풍자 뉴스 사이트 어니언**The Onion**은 2017년 1월에 올린 유머 동영상에서 이렇게 보도했다. "바닥에 엎어져 있는 일로 전업하기 위해 직장을 떠나는 여성들이 점차 늘고 있습니다. 한 노동부 보고서에 따르면 대부분의 여성은 밤이나 주말에만 아무것도 하지 않고 꼼짝없이 누워 있는 것만으로는 더이상 만족하지 못한다고 합니다." 이것이 바로 절망의 구렁텅이다. 아무것도 하지 않는 속수무책의 상태.

모니터를 이해하면 굉장한 이득을 누릴 수 있다. 모니터의 작동 원리를 알면 뇌의 기능 방식에 영향을 미칠 수 있으며 통제 가능한 스트레스원뿐만 아니라 통제 불가한 스트레스원까지 해결하는 전략을 얻게 된다.

통제 가능한 스트레스원 다루기: 계획적 문제 해결

모니터는 당신의 노력과 진전을 끊임없이 주시한다. 많은 노력을 쏟아부었는데도 만족스러운 진전이 나타나지 않으면 우리는 투자하는 노력의 종류를 바꿔볼 수도 있다. 예를 들어, 소통이 원활한 경로를 알려주는 내비게이션을 마련하면 교통 체증으로 좌절을 겪는 상황을 최소화할 수 있다. 그저 내비게이션을 준비하기만 하면 된다. 이런 전략을 계획적 문제 해결이라고 부른다.

만약 당신의 핸드백에 잡화점에 파는 물건들이 완벽하게 구비돼 있다면 당신은 이미 계획적 문제 해결에 대해 알고 있는 셈이다. 목록을 적거나 달력을 끼고 있거나 정해진 예산에 따라 생활한다면 계획적 문제 해결이 어떤 결과를 가져오는지 잘 알고 있을 것이다. 계획적 문제 해결은 정석을 따르는 것이다. 즉, 문제를 분석하고 그 분석을 토대로 계획을 세워 이행하는 것이다. 다행히 여성들은 계획적으로 문제를 해결하도록 사회화됐다. 그러나 안타깝게도 모든 문제는 저마다 다른 계획을 요구한다.

예를 들어, 전일제 근무를 하면서 자녀를 양육하고 누군가의 배우자로 사는 동시에 암 치료를 받는 여성이라면 여러 종류의 달력과 약물의 부작용 및 대처법에 관한 정보, 가족이 모두 끼니를 챙기고 숙제를 하고 일상에 필요한 것을 얻고 있는지 확인하는 전략을 갖춰야 한다. 구직을 하는 사람이라면 구인 광고를 찾아서 이력서를 보내고 네트워킹 행사에 참석하며 면접을 준비해야 한다. 통제 가능한 요인들은 이처럼 현실적으로 관리할 수 있다. 통제 가능한 요인들을 통제하고 나면 통제할 수 없는 요인들을 좀 더 수월하게 참고 견딜 수 있다.

계획적 문제 해결을 실천할 때는 문제와 그 해결 과정이 야기하는 스트레스를 의식적으로 해소해야 한다. 1장에서 살펴봤듯이 스트레스원을 관리하는 데 효과적인 방법이라고 해서 스트레스 자체를 관리하는 데에도 도움이 되는 것은 아니다. 그러니 잊지 말고 사이클 완성하기를 계획에 넣어라. 그럼 통제할 수 없는 스트레스원은 어떻게 다뤄야 할까?

통제 불가한 스트레스원 다루기: 긍정적 재평가

당신이 교통 체증에 갇혀 있는데 내비게이션까지 고장 났다고 상상해 보자. 이런 상황에서는 "긍정적 재평가"라는 전략을 써야 한다.[2]

긍정적 재평가는 말하자면 교통 체증에 갇히는 일도 나름대로 가치 있는 일이라고 생각하는 것이다. 가치 있는 목표를 향해 나아가는 데 필요한 단계는 아니더라도 난관이 성장과 학습의 기회가 될 수 있다는 점에서 노력과 불편, 좌절, 예기치 못한 장애물, 심지어 반복되는 실패조차도 그 나름의 가치가 있다고 간주하는 것이 긍정적 재평가다.[3]

어떤 사람들은 어려운 상황에서도 그 상황의 가치를 자연스럽게 인지한다. 그들은 타고난 낙관주의자다. 늘 좋은 일이 일어날 거라고 예상하고, 나쁜 일이 일어나도 일시적이고 독립적인 사건일 뿐 지속적인 영향을 미치지 않을 거라고 자연스럽게 믿는다. 당신이 그런 사람이라면 축하한다! 낙관주의는 정신 건강과 신체 건강, 인간관계의 측면에서 여러 긍정적인 결과를 가져온다.[4] 당신은 긍정적 재평가에 대해 더 배울 필요가 없다. 지금처럼 하면 된다. 지금까지 그랬듯 불행 속에서도 희망을 보고 폭풍 속에서도 무지개를 찾아라.

반면 비관주의자들은 항상 좋은 결과를 기대하지 않으며 나쁜 일이 일어나면 지속적인 영향을 미칠 더 큰 문제의 전조로 보기도 한다. 어밀리아는 우리가 아는 가장 비관적인 사람일 뿐 아니라(비관주의와 낙관주의를 평가하는 측정 도구를 사용해 객관적으로 평가한 결과다) 지휘자로 일하고 있다. 지휘자는 모든 것을 책임질 수 있으며 그렇게 해야 하는 사람으로 훈련받는다. 따라서 그녀에게는 긍정적 재평가가 통하지 않았다. 어밀리아에게 이 전략은 우리의 친구가 페이스북에 공유한 "행복한 사람들의 여덟 가지 비법"이라는 동영상과 다를 것이 없었다. 이 동영상에는 유용한 조언들이 대문자로 적혀 있었다. "고마움을 표현해라. 자신이 갖지 못한 것들을 생각하느라 가진 것을 잊어선 안 된다." "낙관주의를 길러라. 긍정적인 태도를 유지해라. 비가 오면 무지개를 찾아라. 어두울 때는 별을 찾아라."

긍정적 재평가는 이와 다르다. '항상 밝은 면을 보라'거나 '불행 속에서도 희망을 찾으라'거나 '그 과정을 즐기라'는 의미가 아니다. 자신의 현 위치와 지향하는 위치 사이에 존재하는 끈질긴 간극에 좌절하지 말라는 뜻도 아니다. 손가락으로 귀를 막고 "랄랄라, 다 괜찮아. 아무것도 잘못되지 않았어!"라고 되뇌는 것과도 다르다. 긍정적 재평가는 어려운 상황을 받아들이고 그 어려움에도 가치가 있음을, 사실 그것은 일종의 기회임을 인정하는 것이다.

에밀리는 어밀리아에게 동료 심사를 거친 20년 치의 과학적 연구 결과를 제시했다. 어밀리아는 어려운 상황을 받아들이고 그 어려움에도 가치가 있음을 인정하는 데에는 전혀 문제가 없었다. 비관주의자는 모든 일이 어려울 테니 무언가를 해야 한다고 가정한다. 따라서 이 두 단계는 어렵지 않았다. 정작 어려운 부분은 난관이 기회가 될 수 있다는 점을 받아들이는 것이었다.

하지만 긍정적 재평가의 효과는 실제로 난관이 기회가 된다는 데 있다! 무언가가 불편하게 느껴진다면 그렇지 않을 때보다 더 많은 진전을 이룰 수 있는 조치를 취하게 되기 때문이다. 몇 가지 연구 결과를 예로 들어보겠다. 괴이하고 알아보기 어려운 글씨체로 타이핑한 글을 읽은 학생들은 알아보기 쉬운 글씨체의 글을 읽게 한 학생들에 비해 단기적으로는 내용을 더 잘 기억했으며 장기적으로는 시험에서 더 높은 점수를 받았다.[5] 또한 귀에 거슬리는 배경 소음은 개인의 창의성을 높여 주기도 한다.[6] 그뿐만이 아니다. 문제 해결에 관한 연구 결과,

다양한 부류의 사람들이 섞여 있는 집단은 스스로 자기 방식에 비교적 자신이 없고 문제 해결 과정을 더 어렵게 느끼면서도 더 혁신적이고 바람직한 해결 방안을 내놨다.[7] 좀 더 단순하고 직접적인 예를 들자면, 규칙적인 운동으로 몸의 한계에 도전하는 사람들은 결국 뼈와 근육, 심혈관계를 더 튼튼하게 만든다. 이는 노력이 필요한 일을 할 때 일어나는 몸의 반응이다.

실제로 노력이 들지 않는 일에는 분명한 단점이 따른다. 어떤 직무가 쉽게 느껴진다면 우리는 그 직무 수행에 더 자신감을 갖지만 실제로는 실패할 가능성이 더 높다. 노련하지 않은 초심자들은 방금 배운 일에 대해 자기 능력을 과신한다. 반면, 훌륭한 전문가들은 자신의 일이 얼마나 어려운지 잘 안다. 때문에 자신의 능력을 현실적으로 평가하고 전문적인 직무 수행 능력을 가졌음에도 자기 능력에 대해 중간 수준의 자신감을 갖는다.

긍정적 재평가의 스트레스 감소 효과는 결코 환영이 아니다. 힘겨운 노력은 창의성과 학습 효과를 높이고 훗날 더 어려운 상황에 대처할 수 있는 힘을 길러주며 자신에게 중요한 목표를 위해 계속 매진하도록 돕는다. 긍정적 재평가는 심지어 뇌 기능을 바꾸기도 한다. 배외측전전두피질이 활성화되면서 복내측전전두피질을 억제하고, 이는 편도체를 억제해 스트레스 반응을 줄이는 것이다.[8] 물론, 모든 스트레스원이 이처럼 이로움을 주는 것은 아니다. 예를 들어 자신이 다른 사람들과 비교당

한다는 사실을 알게 되면 창의성이 감소하기 쉽다.[9] 그러나 불편한 일 또는 좌절을 안겨주는 일은 좀 더 이로운 경우가 많다. 연구자들의 표현에 따르면 "감정적 고통은 인지적 이익으로 전환할" 수 있다.[10]

기대치를 바꿔라: 성공의 재정의

계획적 문제 해결과 긍정적 재평가는 목표를 위해 투자하는 노력에 변화를 주는 증거 기반의 전략이다. 두 방법 모두 의욕을 잃지 않고 계속 나아가게 함으로써 좌절감을 줄여준다. 그러나 계획적 문제 해결과 긍정적 재평가를 사용해 효과를 보고 있긴 하지만 예상보다 훨씬 더 어렵거나…… 느리다면?

설사 성공하고 있다고 해도 투자한 노력에 비해 모니터가 기대하는 만큼의 진전을 이루지 못하면 좌절하기 마련이다. 이럴 때는 그 일의 난이도나 소요 시간에 대한 기대치를 바꿔야 한다.

기대치는 계획이다. 이를테면 '20분 뒤 쇼핑몰 도착' 또는 '4년 뒤 학위 취득' 또는 '30살까지 결혼하고 아이를 낳을 것' 같은 계획이 바로 기대치다. 목표를 향해 나아가는 과정이 느리거나 방해를 받아 좌절하고 있는데 계획적 문제 해결과 긍정적 재평가가 도움이 되지 않는다면 우리는 성공을 다시 정의해야 한다.

예를 들어 당신의 목표가 에베레스트 등정이라고 가정해 보자. 정상까지 별 탈 없이 순조롭게 오를 거라는 기대를 안고 출발한다면 어려움이 닥치는 순간 당신의 모니터는 당황하기 시작한다. 포기할지도 모른다. 자신에게 문제가 있다고 생각할 것이다. 분명 누군가는 어렵지 않을 거라고 했는데 막상 시작해보니 턱없이 어렵다면 문제는 산이 아니라 바로 자신이니까!

반면 에베레스트 등반이 당신이 지금껏 해본 어떤 일보다도 어려운 일이라는 사실을 숙지하고 출발한다면 막상 어려움이 닥쳐도 당신의 모니터는 좌절하지 않고 받아들일 것이다. 어차피 어려운 목표니 힘든 게 정상이다.

만약 목표를 이루기 전에 실패하거나 거절당할 수밖에 없는 일, 예를 들어 음반 취입이나 배우 되기, 보험 상품 판매, 또는 10대 아이를 이성적인 성인으로 양육하는 일이 목표라면 단번에 성공하려 하기보다는 점진적인 성공을 목표로 삼아야 한다.

어느 여름, 어밀리아는 합창단과 녹음 작업을 할 때 이 전략을 시험해 봤다. 합창단의 녹음 과정을 상상하면 대개는 일단의 음악가들이 몇 시간 동안 함께 연주하고 합창하는 광경을 떠올릴 것이다. 또는 성악가가 커다란 헤드폰을 쓰고 마이크를 입에 바싹 댄 채 몇 시간 동안 열창을 한 뒤 연주자들과 함께 예술적 환희에 찬 얼굴로 녹음실을 나서는 장면을 떠올릴지도 모른다.

때로는 그럴 수도 있다. 그러나 대개는 퇴근길에 교통 체증에 갇혀 있는 상황과 비슷하다. 한시라도 빨리 집에 가고 싶지만 조금 가다가 서기를 반복하는 그런 상황 말이다.

녹음 작업의 목표는 완벽함이지만 인간은 완벽하지 않기에 겨우 여섯 소절(약 15초)을 끝없이 되풀이한다. 중간중간 유리창 너머에 앉아 있는 사내가 이렇게 말한다. "좋아요. 훌륭합니다. 한 번만 더 갑시다." 20분 동안 여섯 소절을 수없이 되풀이하고 나면 지겨워지기 시작한다. 40분쯤 지나면 노래에 감정을 담을 수 없다. 그러면 유리창 너머에 있는 사내가 이렇게 말한다. "노래는 아주 좋아요. 그런데 조금 메말랐네요. 감정을 좀 더 풍부하게 담아 볼까요?" 그러면 단원들은 머리를 쥐어뜯는다. 어떻게 더 감정을 풍부하게 담는단 말인가? 풍부한 감정과 (그리고 음색과) 연관된 신경전달 물질은 15분 전 두 번째 소절의 음이 어긋났을 때 이미 다 소진됐는데 말이다.

그래도 해야 한다. 녹음의 목표는 완벽함이니까. 같은 소절을 되풀이해도 매번 모든 부분, 모든 순간이 완벽해야 한다. 예술성이든 목소리든 6~8시간 동안 완벽하게 녹음하는 것이 목표다.

어밀리아는 합창단의 전문 성악가 40명에게 이렇게 말했다. "우리에겐 두 가지 선택권이 있어요. 하나는 좌절감을 마음속 깊이 꾹꾹 눌러 놨다가 나중에 다른 사람에게 분출하거나 우리의 예술과 건강을 망쳐버리는 거죠. 다른 하나는 성공을 다시 정의하는 거예요." 그러곤 계속해서 이렇게 제안했다. "매번 앤드루를 즐겁게 해주는 것을 목표로 삼죠."

앤드루는 유리창 너머에 앉아 있는 녹음 기사였다. 하지만 평범한 녹음 기사가 아니었다. 앤드루는 21세기 최고의 공연가들과 함께 일하며 그래미상까지 수상한 녹음 기사였다. 게다가 귀엽고 사랑스러운 사내였다. 수줍음 많은 금발의 영국인. 합창단원들은 모두 그와 함께 일하게 돼 한껏 들떠 있었다. 앤드루를 즐겁게 해준다는 생각에 합창단원 40명이 모두 미소 지었고 녹음실의 분위기가 바뀌었다.

"벌써 한결 나아진 것 같지 않아요?" 어밀리아가 물었다. 정말 그랬다. 앤드루를 즐겁게 하려고 노력한 지 사흘째 되던 날, 집중력을 유지하기가 쉽지 않았지만 아직 한 곡이 남아 있었다. 그때 어느 소프라노가 앤드루에게 물었다. "앤드루, 즐거운가요?" 앤드루는 마이크 선을 매만지다 말고 잠시 생각하다가 고개를 끄덕이며 대꾸했다. "네, 정말 즐거운 것 같아요."

성공을 재정의한 덕분에 녹음 시간의 고통이 크게 줄었다. 그러나 더 좋은 일이 있었다. 1년 뒤 합창단이 다시 모였을 때 단원 몇 명이 어밀리아에게 슬쩍 다가와 이렇게 말한 것이다. "그 모니터라는 거 있잖아요. 그게 내 삶을 통째로 바꿔놨어요."

이 장의 끝에는 점진적인 목표를 정해 당신의 모니터가 지속적으로 만족하도록 도와주는 표를 실었다. 간략한 지침 몇 가지를 먼저 귀띔하면 "당장, 확실한, 긍정적인, 명확한, 구체적인, 개인적인" 목표를 정하라는 것이다.[11] **당장:** 인내하지 않고도 당장 이룰 수 있는 목표를 세워라. **확실한:** 스스로 통제할 수 있는 목표를 세워라. **긍정적인:** 단순히 고통을 피하는 목표가 아니라 기분 좋게 느껴지는 목표를 세워라. **명확한:** 측정 가능한 목표를 세워라. 예를 들어 앤드루에게 "즐거운가요?" 하고 물었을 때 앤드루는 네 또는 아니요로 대답할 수 있었다. **구체적인:** "사람들을 즐겁게 한다"라는 막연한 목표보다는 "앤드루를 즐겁게 한다" 같은 구체적인 목표를 세워야 한다. **개인적인:** 목표를 자신에게 맞게 재단해라. 앤드루의 기분이 전혀 중요하지 않다면 앤드루는 잊어도 좋다. 당신의 앤드루는 누구인가? 당신 자신일 수도 있다.

점진적인 목표로 성공을 재정의한다고 해서 작은 성공을 이룰 때마다 반드시 보상을 얻게 되는 것은 아니다. 이런 보상은 의외로 효율을 떨어뜨리고 심지어 해로울 수도 있다.[12] 성공을 재정의할 때는 그 자체로 성취가 되는 목표를 정해라. 그러면 성공 자체가 보상이 될 테니까.

기대치를 바꿔라: 실패의 재정의

목표가 추상적이거나 불가능하거나 막연하다면 성공과의 관계를 조정해 좌절을 줄일 수 있다. 그러나 분명하고 확실하게 정의된 목표를 추구한다면 성공을 다시 정의하기 어렵다. 이런 경우에는 실패와의 관계를 조정해야 한다. 당신이 해야 할 일을 모두 이행했음에도 최종 목표에 도달하지 못했다고 가정해 보자. 그렇다고 해도 당신은 꽤 놀라운 수준에 이르렀을 것이다. 더글러스 애덤스Douglas Adams의 드라마 속 인물 더크 젠틀리는 이렇게 말한다. "나는 가려고 한 곳에 도달하는 경우는 드물지만 결국에는 대개 있어야 할 곳에 도달한다." 지향점의 범위를 넓혀라. 그러면 목표를 추구하는 과정에서 우연히 이익을 얻을 수도 있다. 이처럼 표적을 넓히면 최종 목표에 도달하지 못하더라도 성공으로 인정할 수 있는 기준이 넓어져서 실패하기가 거의 (그러니까 거의) 불가능하다.

6살짜리 꼬마들의 축구팀처럼 "우리는 최선을 다했다!"라는 정신으로 무마하라는 뜻이 아니다. 특정한 목표를 이루지 못했지만 실패로 향하는 과정에서 중요한 무언가, 세상을 바꾸는 무언가를 이룬 사례는 수없이 많다. 포스트잇 메모지는 한 화학자가 강력한 접착제를 만들려다가 실패한 덕에 탄생했다. 접착력이 약한 그의 접착제는 결국 대중이 널리 사용하는 제품이 됐다. 인공 심박 조율기는 윌슨 그레이트배치Wilson Greatbatch가 심박 측정기를 만들려다가 시제품을 잘못 만드는 바람에 탄생했다. 힐러리 클린턴Hillary Clinton의 백악관 입성 실패는 미국에서 기록적인 수의 여성들이 정계와 다른 분야의 지도자 자리에 출마해 선출되는 발판을 마련했다. 포스트잇과 심박 조율기, 미국 정치의 여성 입성 물결은 누군가의 실패에서 나온 부산물이 세상을 바꾸는 결과로 이어진 사례다.

실패의 재정의는 가장 까다로운 형태의 긍정적 재평가며, 이런 재정의가 실패와 상실의 고통을 덜어주지 않는다. 상실에서 회복하기 위해서는 따뜻하고 다정하게 자신의 슬픔을 들여다봐야 한다. 이와 더불어 실패가 야기한 스트레스 사이클도 완성해야 한다. 그러나 실패를 통해 의도치 않게 긍정적인 결과를 얻었다고 인정하는 것도 회복에 도움을 준다.

모니터에 도움이 되지 않는 방법들

계획적 문제 해결과 긍정적 재평가는 유연한 대처 전략으로 대개는 효과가 있으며 원치 않는 결과가 일어날 위험이 적다. 그러나 도움이 되지 않거나 심지어 파괴적인 영향을 미치는 전략도 있다. 이런 문제적 전략으로는 자멸적 대립과 스트레스 억누르기, 회피 등을 꼽을 수 있다. 스트레스 상황에서 속수무책으로 통제력을 잃고 필사적으로 통제력을 되찾으려 할 때 이런 전략에 의존하기 쉽다.

자멸적 대립은 "나는 버티고 싸웠어!"라고 하는 태도를 견지하는 것이다. 버티는 것은 원칙적으로 중요하다. 완전히 압도되지 않은 상황에서는 효과적일 수도 있다. 그러나 스트레스에 압도돼 통제력을 잃었을 때는 그렇지 않다. 이런 상태에서도 계속 싸운다면 용맹한 투쟁이라기보다는 사면초가의 상태에서 버티는 셈이다. 이럴 때는 도움을 청해야 한다.

스트레스 억누르기의 가장 전형적인 예는 "나는 그런 일에 흔들리지 않아"라고 하는 태도다. 당신에게 중요한 일이라면 어떻게 그 일에 흔들리지 않을 수 있겠는가! 그럴 때는 스트레스 반응 사이클을 활성화해야 한다. 스트레스는 인정하지 않으면 다스릴 수가 없다. 스트레스를 다스리면 어떻게 되는지는 이미 1장에서 살펴봤다. 몹시 괴로운 상황에서도 괜찮은 척하는 자신을 발견한다면 역시 도움을 청해야 한다.

회피는 두 가지로 나눌 수 있다. 하나는 "나는 기적이 일어나길 기다렸어"라고 하는 태도다. 이는 자신이 변화의 주체가 돼야 한다는 사실을 부인하는 셈이다. 다른 하나는 "나는 아무것도 느껴지지 않을 때까지 꾸역꾸역 먹었어"라고 하는 태도다. 이는 자신을 마비시키는 셈이다. 둘 다 스트레스나 걱정, 좌절, 분노, 절망에 짓눌렸을 때 임시방편으로는 유용할 수 있다. 가끔은 하겐다즈 아이스크림 통을 들고 넷플릭스를 보며 모든 것을 잊을 필요도 있으니까. 에밀리가 '사이클 완성하기'와 감정을 실제로 느끼는 일의 중요성을 가르칠 때 누군가가 이렇게 물은 적이 있다. "중병을 앓는 부모님을 돌보는 사람도 그럴 수 있을까요? 그런 사람이 가끔 모든 것을 차단하고 종일 〈오만과 편견〉만 보고 있으면 안 되지 않을까요?"

그렇지 않다. 때로는 문을 닫고 세상과 단절된 채로 편안하고 안전한 기분을 느낄 줄 알아야 한다. 물론, 항상 그렇게 사는 사람이 아니라면 말이다. 이것을 단기적인 생존 전략으로 활용해라. 이와 함께 계획을 세우고 자신이 겪는 어려움에 어떤 가치가 있는지도 생각해 보기 바란다.

고통에 대응하는 가장 문제적인 방법은 아마도 '반추'일 것이다. 때로 우리는 소가 되새김질을 하듯 끊임없이 고통을 되새김하며 마지막 한 방울까지 음미하려 한다. 만약 당신의 머리와 가슴이 끊임없이 고통으로 회귀한다면 도움을 청해라.

"사람들이 자신을 돌보다가 포기하는 데에는 그럴 만한 이유가 있어." 줄리가 베이커리 상자를 열어 찐득한 초콜릿 케이크를 꺼내며 어밀리아에게 말했다. 그러곤 크게 한 조각을 자르면서 말을 이었다. "방에서 가장 더러운 벽을 새로 칠하고 나면 다른 벽들이 더 지저분해 보이잖아. 네가 스트레스를 처리하라고, 그건 스트레스원을 해결하는 것과는 별개라고 했잖아. 그렇게 했더니 도움이 되더라. 그래서 지금은 이혼을 고민하고 있어. 엄밀히 말하면 너 때문이야.

자, 어서 먹어!" 줄리는 케이크 한 조각이 담긴 접시를 내밀었다.

"어떻게 된 거야?" 어밀리아가 케이크를 받으며 되물었다.

얘기를 들어보니 줄리는 1달 동안 자기 삶의 스트레스원을 인지하고 스트레스 반응 사이클을 완성했다. 그러고 나자 자연스레 자신의 고질적인 스트레스원이 남편 제러미였다는 사실을 깨달았다.

줄리가 말했다. "내가 남편의 기분을 달래느라 얼마나 노력하고 있는지, 남편의 스트레스 때문에 내가 겪는 스트레스 얼마나 많은지 깨달았지. 그러다 지난주에 다이애나의 가을 학예회가 있었어. 시간 맞춰 제러미한테 가자고 했더니 남편이 이렇게 투덜거리더라고. '또 그 꼬맹이들의 엉망진창 연주를 들어야 해?' 그래서 내가 비위를 맞춰주려고 했지. 솔직히 나도 내 인생의 귀한 3시간을 그런 일에 허비하고 싶지는 않은데 그게 우리가 해야 할 일이잖아. 그래서 어떻게든 긍정적인 쪽으로 생각을 돌리려고 이렇게 말했어. '특별한 날이잖아. 우리 딸이 무대에 오르는 건 봐야지.' 그랬더니 남편이 뭐라고 했는지 알아? '가라고 강요할 수는 있어도 학예회를 즐기라고 강요하지는 마.' 가라고 강요하다니! 즐기라고 강요하다니! 학예회에 가는 일도 양육에 포함되는 거잖아! 왜 내가 남편에게 양육을 강요해야 해? 그리고 왜 내가 남편 비위를 맞춰야 해? 내 비위는 아무도 맞춰주지 않고 나 혼자 해결해야 하는데! 나는 즐길 수 없는 것을 즐기는 법을 스스로 찾아야 해. 내가 싫어하는 일, 원치 않는 일에 대해 불평하지 않는 법도 스스로 찾아야 하고. 그래서 그날 밤에 그 일로 싸웠는데, 남편이 그러더라. '당신도 하기 싫은 일은 하지 마. 내 비위를 맞추려 하지도 말고. 긍정적으로 생각하게 하려고 애쓰지도 마. 불평하고 싶으면 불평하고!'

그래서 그렇게 했어. 평소 같으면 남편이 절대 하지 않는 일을 그냥 본능적으로 하거든. 설거지든 빨래든 싱크대 닦는 일이든. 그런데 손을 놓고 불평만 했지. 그랬더니 어떻게 됐는지 알아? 일주일 뒤에 남편이 그러는 거야. '당신 대체 왜 그래? 매일 불평하고 비판만 하고! 너무 부정적이잖아!' 내가 부정적이라니! 말이 되니? 그래서 내가 그랬지. '불평하고 싶으면 불평하라며? 당신 비위를 맞추지도 말라며? 당신 비위를 맞출 필요가 없으니까 식기세척기만 돌려놓고 부엌을 다 치웠다고 하면 안 된다고 솔직하게 말하는 거야.'

그랬더니 남편이 뭐라고 했냐면, 들으면 깜짝 놀랄걸. '당신이 원하는 대로 되게 하려면 직접 해야지.' 이러더라고."

"그래서 이혼을 생각하는 거야?" 어밀리아가 물었다.

"솔직히 가끔은 좋을 때도 있어. 좋을 때는 정말 좋지." 줄리가 말했다. 그녀는 잠시 말을 멈추고 케이크를 떠 넣은 뒤 흑맥주로 씻어 내리고 다시 말을 이었다. "슬롯머신이 사

람을 어떻게 홀리는지 알지? 대개는 돈을 왕창 버리고도 계
속 넣잖아. 하지만 가끔은 계속해야겠다는 생각이 들 만큼
돈을 내주기도 해. 내 결혼 생활도 그래. 그래서 그만하려
고. 뭘 그만하는지, 얼마 동안 그만할지 모르겠지만 그만하
려고. 초콜릿 케이크만 빼고 다 끊어버릴 거야."

변화가 어려운 것은 지극히 정상이다. 때로는 좋아지기
전에 더 나빠지기도 한다. 때로는 한 가지 문제의 해법이 다
른 문제를 낳기도 한다. 때로는 세상에 결혼 생활을 구제할
만큼의 충분한 제도와 긍정적 태도가 존재하지 않는다. 때
로는 줄리가 결국 깨닫게 되듯이, 자신을 구하면 결혼 생활
이 자연히 구제되기도 한다.

포기해야 할 때

모니터는 어느 지점에 이르면 당신의 목표에 대한 평가를 '달
성 가능'에서 '달성 불가능'으로 바꾼다. 어느 순간 당신은 계
속 밀고 나갈 것인지 포기할 것인지 즉, 좌절과 분노를 느끼며
"이 목표는 달성 가능하니까 방해물을 다 치우면 돼!"라고 할
것인지 속수무책 절망하며 "못하겠어. 포기할래, 다 끔찍해!"
라고 할 것인지 갈팡질팡하는 자신을 발견할 것이다.

감정은 그것에 이름을 붙여야 더 효과적으로 다스릴 수 있

다.[13] 우리 주변 사람들 모두가 이런 감정을 겪어봤지만 우리는 이 감정을 일컫는 적당한 이름을 찾지 못했다. 그래서 우리가 직접 이름을 붙였다. 바로 '뿡'이다.

원하는 이름으로 바꿔도 괜찮다. 하지만 우리는 이 바보 같은 이름이 좋다. 당신이 힘들게 직장 생활을 하고 있다고 가정해 보자. "난 여기가 싫어. 이 사람들이 지긋지긋해. 그만두겠어! 하지만 이대로 나갈 수는 없어. 돈이 필요하잖아. 새 직장을 구할 때까지 기다리는 수밖에. 난 이 구렁텅이에서 절대 벗어나지 못할 거야!" 당신은 '뿡' 마을에 갇혔다. 이런 일은 학교에서도 일어난다. "이번 학기를 마저 끝내야 해. 무엇도, 누구도 나를 막을 수 없어. 아무리 어려운 일이 있어도 끝낼 거야! 윽, 그런데 못하겠어. 포기할래. 난 낙오자야!" 이건 한 편의 '뿡' 드라마다. 인간관계에서도 이런 일이 일어난다. "난 이 관계를 되돌릴 수 있어. 더 열심히 노력하면 돼! 아아, 도저히 안 되겠어. 희망이 없어. 저 사람은 절대 바뀌지 않잖아. 난 그를 개선할 만큼 감정 조절에 익숙하지 않아. 하지만 그를 바꾸는 건 내가 할 일이 아니야. 나를 바꿔야지." 이건 최악의 '뿡'이다.

그렇다면 계획적 문제 해결이나 긍정적 재평가도 중단해야 할 때, 그러니까…… 포기해야 할 때를 어떻게 결정할까?

언제 떠나야 할지 과학이 어느 정도는 답을 알고 있다. 새로운 곳을 탐색해야 할지 아니면 지금 있는 곳을 활용해야 할지 결정하는, 이른바 '탐험이냐 활용이냐' 방식을 이용하는 것이다. 야생 동물은 이에 탁월한 재능을 가졌다. 예를 들어 작은 새나 다람쥐가 숲에서 씨앗이나 도토리를 찾고 있다고 가정해 보자. 어느 시점에 이르면 이 새나 다람쥐는 먹이를 찾는 데 예전보다 더 많은 시간을 투자해도 예전만큼 많은 수확을 거두지 못한다. 이미 근처에 있는 먹이를 대부분 먹어 치웠기 때문이다. 환경에 맞게 적응한 다람쥐의 모니터는 자연스레 다른 구역으로 옮겨 가라는 결정을 독려한다. 이 경우 다람쥐는 합리적이고 인지적인 결정을 내리는 것이 아니다. 다람쥐의 직감은 세상과 연결돼 있어 주변 환경을 읽고 변화의 비용을 고려한다. 새로운 구역으로 이주하는 일과 포식 동물의 위험 등이 비용에 포함된다.[14]

이 원리를 합리적으로 활용하고 싶다면 다음 네 가지 질문에 답해보자. 계속 나아간다면 어떤 편익이 따르는가? 포기한다면 어떤 편익이 따르는가? 계속 나아간다면 어떤 비용이 따르는가? 포기한다면 어떤 비용이 따르는가?

그런 다음 네 가지 항목의 답변을 훑어보고 편익을 극대화하되 비용은 최소화하는 방향으로 결정을 내리면 된다. 단, 장기적인 비용편익과 단기적인 비용편익을 모두 고려해야 한다. 계속 나아가기로 결심한다면 스트레스 반응 사이클을 완성하는 일도 계획에 넣기 바란다.

의사 결정표

_____ 을 유지할 것인가 그만둘 것인가.

(예를 들면 직장, 특정 인간관계, 다이어트,

신앙 또는 신앙 공동체, 약물 사용, 과도한 헌신 습관)

유지한다면	그만둔다면
즉각적인 편익:	즉각적인 편익:
장기적인 편익:	장기적인 편익:
즉각적인 비용:	즉각적인 비용:
장기적인 비용:	장기적인 비용:

그러나 합리적이고 명시적인 비용편익분석만으로 포기해야 할 때를 파악할 수 없는 경우도 많다. 때로는 새와 다람쥐처럼 조용한 직관으로 깨닫기도 한다. 내면에서 이런 목소리가 들리는 것이다. "네가 할 수 있는 건 다 했어. 이제 새 출발을 해야 해."

인간들, 특히 여자들은 이런 목소리를 무시하는 탁월한 재주를 지녔다. 우리가 사는 문화에서는 자제력과 투지, 끈기를 중시한다. 우리 중 많은 이가 목표를 바꾸는 것을 나약함이나 실패로 간주하도록 배웠다. 다른 문화에서는 오히려 용기와 강인함, 새로운 가능성에 대한 개방성으로 보기도 하는데 말이다. 우리는 목표를 포기하는 것이 실패와 다름없다고 배웠다.

그뿐만이 아니다. 우리는 어려움을 극복하고 엄청난 저항에 맞서 놀라운 일을 성취한 사람들의 이야기에서 영감을 얻는다. 그러나 이런 이야기들 가운데 상당수는 우리가 운명을 통제할 수 있다고 시사한다. 마치 우리가 숲의 도토리와 씨앗의 개수를 통제할 수 있는 것처럼. 따라서 목표를 이루는 데 실패하면 우리에게 문제가 있는 탓이다. 우리가 충분히 싸우지 않아서다. 우리가 '믿지' 않았기 때문이다.

우리가 가망 없는 것을 끈질기게 붙잡고 늘어지며 새 출발을 하지 못하는 것은 단순히 사회적 학습의 결과만은 아니다. 이런 믿음에 깔려 있는 스트레스(두려움, 불안 등등)도 우리의 의사결정에 영향을 미친다. 변화에 대한 스트레스가 클수록 변화를 추구할 가능성은 낮아진다. 다람쥐가 저쪽 나무숲에서 어떤 소리를 들었다고 가정해 보자. 다람쥐는 잠시 동작을 멈추고 귀를 기울이지만……. 아무 소리도 들리지 않는다. 하지만 다람쥐는 이제 경계하기 시작했다. 다람쥐의 스트레스 반응이 활성화된다. 나무숲에서 소리가 들렸다는 것은 포식자가 숨어 있다는 뜻일지도 모르니 새로운 곳으로 옮기는 일이 더 위험해졌다. 그래서 원래 살던 숲에서 계속 먹이를 찾는다. 저쪽 숲에 도토리와 씨앗이 아무리 많아도 그 안에 매가 숨어 있다면 잡아먹히고 말 것이다.

주변 환경의 자원이 얼마나 있는지도 떠날 것인지 남을 것인지를 결정하는 데 영향을 미친다. 자원이 풍부한 환경일수록 사람들은 더 빨리 그만두고 다음 기회를 탐색하기 시작한다. 새 출발의 위험이 낮기 때문이다. 만약 당신이 4개의 일자리를 제안받았다면 직장을 바꾸기가 한결 수월할 것이다. 만약 당신이 누구하고든 연인이 될 가능성이 높다면 기존의 골치 아픈 관계를 끊기가 더 수월할 것이다.

그만두기 어려운 이유는 수없이 많다. 따라서 우리가 무엇이 옳은 결정인지 말해줄 수는 없다. 그러나 결정을 미루게 하는 요인들은 정해져 있으니 이렇게 말하겠다. 현재 상황이 답답하고 막막하며 무력감과 고립감, 덫에 걸린 느낌이 든다면 또는 동굴에 숨고 싶다면 또는 그 상태로 하루를 더 보내느니 차라리 올챙이가 가득 찬 변기에 손을 넣겠다고 생각한다면 그만둬야 한다.

#그녀는끈질겼다

매사추세츠주 상원 의원인 엘리자베스 워런Elizabeth Warren은 상원에서 발언을 시도했다가 상원의 다수당 대표 미치 매코널Mitch McConnell에게 제지당한 것으로 화제 몰이를 했다. 매코널에게 제지당했을 때 워런 의원은 당시 상원 의원이었던 제프 세션스Jeff Sessions의 인종 차별적 재판 결과에 관한 코레타 스콧 킹Coretta Scott King(미국의 작가이자 시민운동가로 마틴 루터 킹 2세의 아내 ― 옮긴이)의 편지를 읽으려 했다. 그녀를 제지한 매코널의 발언은 이후에도 오래도록 회자되며 악명을 떨쳤다. "워런 의원은 분명히 경고를 들었다. 설명도 들었다. 그런데도 그녀는 끈질겼다."

상원 의원 톰 유돌Tom Udall과 셰러드 브라운Sherrod Brown, 버니 샌더스Bernie Sanders, 제프 머클리Jeff Merkley 등도 나중에 같은 편지를 읽었지만 아무도 견책을 받지 않았다.[15]

그렇다면 유돌 의원과 브라운 의원, 샌더스 의원, 머클리 의원과 비교했을 때 워런 의원은 무엇이 달랐을까? 유돌과 브라운처럼 워런도 자신이 속한 주의 원로 의원이었고 샌더스처럼 뉴잉글랜드 출신이었다. 혹시 그녀가 법학 학위를 가진 유일한 의원이었을까? 그것도 아니다. 유돌 역시 변호사이니까. 대체 이유가 뭘까?

매코널의 동기가 뭐였든 여성들은 그의 발언을 듣고 제각기 자기가 제지당한 경험을 떠올렸다. "그런데도 그녀는 끈질겼다"라는 발언은 제지를 당해본 수많은 여성 사이에서 삽시간에 슬로건이 됐다. 이를 계기로 말랄라 유사프자이Malala Yousafzai(2014년에 노벨평화상을 공동 수상한 파키스탄 여성 인권 운동가 ― 옮긴이)와 로자 파크스Rosa Parks(미국의 민권운동가 ― 옮긴이), 소니아 소토마요르Sonia Sotomayor(미국의 대법관 지명자 ― 옮긴이), 태미 더크워스Tammy Duckworth(미국의 정치가 ― 옮긴이), 배우 러번 콕스Laverne Cox를 비롯해 온갖 역경을 이겨내고 마침내 성공한 수많은 여성을 "#그녀는끈질겼다"라는 해시태그와 연관 지은 소셜 미디어 글과 블로그 포스트가 쏟아져 나왔다.[16]

매코널의 발언이 그토록 강렬한 반향을 일으킨 까닭은 끈질기게 버티는 것이 여성들이 매일 하는 일이기 때문이다. 우리는 다른 선택권이 없어서 끈질기게 버티는 경우가 많다. 우리는 아이들을 먹여야 하고 세상을 바꿔야 하며 그런 일이 너무 힘들다는 이유만으로는 멈출 수가 없다. 세상의 수많은 미치 매코널과 같은 장애물을 극복하는 것은 우리의 목표를 이루는 데 필요한 단계일 뿐 아니라 우리 성공의 한 부분이기도 하다! 만세!

하지만 이런 일에 지친 사람은 손을 들어보자. 그만두고 싶은 사람! '얼마나 더 해야 충분할까? 얼마나 더 나를 희생해야 할까? 얼마나 나를 연마해야 마찰 없이 부드럽게 세상을 헤쳐 나갈까?'라고 생각해 본 적이 있는 사람!

우리도 그런 사람이다. 여자들의 문제는 끈기의 부족이 아니다. 오히려 정반대다. 우리는 세상의 가능성을, 우리의 가능성을 끊임없이 주시하고 있다. 세상은 공정해질 수 있다. 우리의 공동체나 지역사회는 안전한 곳이 될 수 있다. 우리의 집은 깔끔하게 정돈될 수 있다. 우리 아이들은 학교 갈 시간이 되면 알아서 신발을 신을 수 있다! 하지만 우리와 이런 가능성의 실현 사이에는 깊고 넓은 균열이 존재한다. 이 균열 앞에서 우리가 자동적으로 보이는 반응은 그 균열을 넘기 위해 필요한 일이라면 뭐든 하는 것이다. 우리는 건너편에 도달할 때까지 무슨 일이든 하려고 매달린다. 하지만 그러다 결국 지친다. 우리 자신을 파괴하지 않고 원하는 일을 성취할 수 있을까 의문이 든다. 이제 포기해야 하지 않을까 하고 스스로에게 묻는다.

삶은 결코 완벽하지 않다. 우리의 바람이나 희망, 기대, 계획과 현실 사이에는 간극이 존재한다. 우리의 삶의 질은 완벽한 상태로 보낸 시간의 양으로 측정할 수 없다. 오히려 그 반대다. 비전을 가진 사람들은 현실과 당위 사이의 엄청난 간극을 보고 어차피 자신이 죽을 때까지 그 모든 가능성이 온전히 실현된 세상을 보지 못할 것을 알고 있다. 20세기와 21세기에 사회정의를 구현하기 위해 노력한 주요 지도자들을 생각해 보자. 현실이 완벽하지 않은 것은 비정상도, 역기능의 신호도 아니다. 오히려 정상적인 삶의 일부다. 앞에서 살펴봤듯 상황이 잘 풀리지 않을 때, 즉 새로운 도전 과제와 새로이 개발해야 하는 기술 그리고 개척해야 할 미개간지가 항상 존재할 때 모니터가 활발히 돌아간다. 우리의 삶의 질을 결정하는 것은 계속 머물러 있을지 떠날지를 선택할 수 있는 자유다. 이런 자유는 가망없는 것을 놓고 새로운 것으로 손을 뻗을 수 있을 만큼 안전하고 풍요로운 환경에서 나온다.[17]

자신의 전문 지식을 돈벌이로 전환한 소피의 전략은 가장 실용적인 형태의 계획적 문제 해결이자 긍정적 재평가다. 당신이 잘하려고 의도하지 않은 일인데도 세상이 잘한다고 평가한다면? 그렇다면 그것을 문제를 해결하는 사업 기회로 바꿔봐라!

유색인종과 여성, 장애인, 그 밖에 여러 이유로 부당한 대우를 받는 사람들은 힘든 시련이 개인의 성장에 가장 보탬이 된다고 믿으며 불가능한 좌절 앞에서 끈질기게 버텼다.

목표하는 변화를 끝내 보지 못하리라는 것을 알면서도 끈질기게 그 목표를 위해 투쟁하는 이유는 무엇일까? 우리가 다음 세대의 삶이 개선되기를 바라며 끈질기게 버티는 이유는 무엇일까? 그 답은 '자신을 넘어서는 의미'다. 다음 장에서는 이에 관한 과학을 다루려 한다.

목표가 삶 자체는 아니다. 하지만 목표는 우리가 매일을 살아가는 방식에 형태와 방향을 부여한다. 목표가 이루고자 하는 무엇이라면 '의미'는 그것을 이루고자 하는 이유다. 자녀를 키우는 사람들은 차라리 도망쳐서 서커스단에 들어가는 게 낫지 않을까 생각하면서도 계속 최선을 다해 자녀를 양육한다. 때로는 우리가 하는 일이 좌절을 안겨주지만 그것이 사람들의 삶을 개선할 거라고 생각하기에 끈질기게 버틴다. 생계와는 상관없는 예술을 끈질기게 추구하는 까닭은 그것을 그만두면 온전한 자신으로 살 수 없기 때문이다. 당신의 목표는 우리의 목표와 다를 테지만 모두의 목표를 공통으로 아우르는 중요한 주제가 있다. 목표는 우리가 자신보다 원대한 무엇, 이른바 이상과 관계를 맺고 있다는 느낌을 준다.

성공의 재정의: 달성할 수 없는 목표(예를 들면 '완벽') 또는 영원히 진행 중인 목표(예를 들면 '성공적인' 자녀 양육)에 따르는 좌절을 해소하려면 목표 '달성'의 기준을 재정의해야 한다.

당신에게 좌절을 안겨주는 목표는 무엇인가?

_____

이 목표에서 어떤 부분이 당신의 모니터를 좌절하게 하는가? 이룰 수 없는 목표인가? 목표가 모호하다고 느끼는가? 다른 사람이 정해준 목표인가? 무력감을 주는 부분이 있는가? 좌절을 안겨주는 불가피한 장애물이 당신과 '성공' 사이에 버티고 있는가?

당신의 모니터가 만족할 '성공'의 정의를 스무 가지 이상 떠올려 봐라. 실질적인 아이디어뿐 아니라 비현실적이고 터무니없는 아이디어도 함께 적어라. 브레인스토밍을 할 때는 아무것도 거르지 않아야 효과적이다! 어떤 사람들은 협업할 때 더 효율성을 발휘한다. 그런 경우라면 친구에게 도움을 청해라.

위에서 가장 마음에 드는 아이디어 세 가지를 골라 다음 기준을 토대로 얼마나 모니터를 만족시키는 목표인지 점수를 매겨보자.

당장: 성공을 언제 확인할 수 있는가? 인내하지 않고도 당장 이룰 수 있는 목표를 세워야 한다.

확실한: 성공을 얼마나 확신할 수 있는가? 당신이 통제할 수 있는 목표를 세워야 한다.

긍정적인: 이 일에 성공했을 때 어떤 점이 개선될 것인가? 단순히 고통을 피하는 목표가 아니라 기분 좋게 느껴지는 목표를 세워라.

명확한: 측정 가능한 목표를 세워라. 성공했다는 것을 어떻게 알 수 있는가? 객관적인 성공의 표지가 있어야 한다.

구체적인: 막연한 목표보다는 구체적인 목표를 세워라. 성공이 어떤 모습일지 구체적으로 그려볼 수 있어야 한다.

개인적인: 이 목표가 당신에게 왜 중요한가? 얼마나 중요한가? 당신에게 의미를 갖도록 목표를 맞춤 재단해라.

	당장	확실한	긍정적인	명확한	구체적인	개인적인
1.						
2.						
3.						

이 목표가 좌절을 안겨주는 이유를 다시 읽어봐라. 그런 다음 그 문제를 가장 적절하게 해결해 주는 새로운 '성공'의 정의를 선택해라!

마지막 잔소리

* 목표를 향해 나아가는 길이 예상한 것보다 힘들 때 좌절이 일어난다.

* 통제할 수 있는 스트레스원에는 계획적 문제 해결을, 통제할 수 없는 스트레스원에는 긍정적 재평가를 적용하면 좌절을 해소할 수 있다.

* 어려운 상황이 닥치면 좌절과 분노 또는 속수무책의 절망에서 갈등하는 지점에 이른다. 그럴 때는 언제 포기할 것인지 선택해야 한다. 당장 포기해야 할 수도 있고 끝까지 밀어붙여야 할 수도 있다. 어느 쪽을 택하든 선택하고 나면 당신은 다시 운전석에 앉게 된다.

* 우리의 뇌에는 그만둬야 하는 시점을 가늠하는 자체 메커니즘이 있다. 그 조용한 목소리에 귀를 기울여라. 혹은 의사 결정표를 작성해라. 그러면 결정이 한결 수월해진다.

3장

의미

초콜릿 케이크를 공략한 지 얼마 안 돼 줄리는 기분 전환
이 필요하다며 다시 어밀리아를 초대했다.

그러나 줄리는 아무 말도 하지 않고 영국 어린이 텔레비
전 프로그램을 몰아서 봤다. 그게 복잡한 생각을 잊게 해주
는 듯했다. 줄리는 멍하니 화면을 응시하다가 크레디트가
올라가고 음악이 나오자 입을 열었다. "제러미가 일주일째
소파에서 자고 있어. 앞으로 어떻게 될지 모르겠어." 어밀
리아가 대꾸하려 하자 줄리가 얼른 덧붙였다. "지금은 얘기
하고 싶지 않아."

두 사람은 말없이 14분짜리 어린이 프로그램을 한 편 더
봤다. 크레디트가 올라갔다. 화면이 검게 변하더니 줄리에
게 계속 시청할 것인지 묻는 메시지가 나타났다.

"나를 재려고 하지 마!" 줄리는 텔레비전을 향해 소리치
고는 '네'를 클릭했다.

세상만사를 잊게 해주는 에피소드를 한 편 더 본 뒤에 줄
리가 말했다. "예전에 식중독에 걸린 적이 있어. 아주 지독
했지. 왜, 있잖아. 팔로는 휴지통을 끌어 앉고 엉덩이는 변

기에 붙이고 있어야 하는 그런 식중독. 알지?"

어밀리아는 움찔하며 물었다. "지금 그런 느낌이야?"

줄리는 고개를 저었다. "훨씬 더 지독해. 식중독에 걸렸을 때는 왜 그런지 이유를 알잖아. 이유를 알면 받아들일 수 있지."

그것이 의미의 힘이다. 우리는 이유를 아는 고통은 받아들일 수 있다. 이유를 모른다면 그 자체가 깊은 고통을 안긴다.

"한번 적어봤어." 줄리가 어밀리아에게 글씨가 빼곡히 적힌 종이쪽지를 건네며 말했다.

거기에는 일련의 질문이 적혀 있었다. "이것이 가치 있는 일일까? 나는 이것이 가치 있는 일이기를 바라는가? 가치가 '있어야' 할까? 포기한다면 내가 어떻게 나를 존중할 수 있을까? 포기하지 못한다면 내가 어떻게 나를 존중할 수 있을까? 나는 어떤 사람일까? 사랑은 무엇일까? 정말 중요한 것은 무엇일까?"

"한 편 더 보자." 줄리가 리모컨으로 텔레비전을 겨누고 버튼을 누르자 화면 속에서 알록달록한 캐릭터들이 노래를 부르며 돌아다녔다.

"이 질문 가운데 몇 가지는 답을 알고 싶다." 어밀리아가 말했다. 그녀는 종이를 보며 하나를 골랐다. "정말 중요한 것은 무엇일까?"

이 질문에 대한 답이 바로 이 장의 주제다.

디즈니 영화의 여주인공들에게는 저마다 자신의 삶에서 결핍된 것을 묘사하는 '난 ……을/를 원해' 주제가가 한 곡씩 있다. 동명의 애니메이션 주인공인 모아나는 바다가 자신을 부른다고 느낀다. 〈공주와 개구리〉의 티아나 공주는 레스토랑을 열기 위해 돈을 모으면서 "행복이 코앞에Almost There" 있다고 노래한다. 〈미녀와 야수〉의 벨은 '저 넓은 세상 어딘가를 탐험'하고 싶다고 노래한다. 이런 전통의 원조는 "언젠가 나의 왕자님이 오실 거야"라고 노래한 백설 공주다. 디즈니 여주인공들의 주제곡을 살펴보면 미국 사회에서 여성들의 지위가 발전해 온 과정을 알 수 있다.

이런 노래들의 내용은 끊임없이 바뀌어도 변치 않는 것이 한 가지 있다. 바로 여주인공이 무언가의 부름을 받는다고 느낀다는 점이다.

사실 우리 중 대부분은 뜬금없이 노래를 부르지도 않지만(어밀리아처럼 가끔 그런 사람도 있다) 대개는 위대한 주인공의 삶을 살지도 않고 위험한 모험에 나서지도 않는다. 우리는 모아나처럼 반신반인의 영웅 마우이를 찾아서 테 피티의 심장을 되찾고 세상을 구할 인물로 바다의 선택을 받지 않았다. 솔직히 선택받는다고 해도 대부분은 하고 싶지 않을 것이다. 우리에게는 다른 역할이 주어졌다. 우리에게는 직장이나 학업이 있다. 아이들을 먹여야 하고 욕조를 닦아야 하며 메일함을 정리해야 한다. 게다가 소설을 읽고 영화도 봐야 한다.

하지만 영화 속의 여주인공들과 마찬가지로 우리 역시 자신보다 원대한 무언가의 부름에 답할 때, 통근이나 세탁, 개똥 치우기, "숙제 다 할 때까지 텔레비전은 안 돼!" 하고 잔소리하는 일이 단조롭고 반복적인 일상보다 더 큰 의미를 지닐 때 더 큰 힘을 발휘할 수 있다.

'삶의 의미'를 갖는 것이 우리에게 이롭다는 점은 지난 30년 동안 과학적으로 입증됐다. 삶의 의미는 녹색 채소나 운동, 숙면처럼 건강에 이롭다.

이 장에서는 당신이 내면에 품고 있는 '의미'를 살펴보려 한다. 그것은 번아웃에 저항하고 번아웃에서 회복하도록 돕는 힘이 된다. 여성에게나 남성에게나 '삶의 의미'가 필요하지만 남성과 달리 여성의 앞에는 이 의미를 의식하지 못하게 하는 장애물이 버티고 있다.

의미란 정확히 무엇일까?

예술과 오르가즘, 삶의 의미는 한 가지 공통점을 갖고 있다. 맞닥뜨리는 순간 바로 알 수 있고 다른 무엇과도 다르며 사람마다 다르게 경험한다는 것이다.[1]

연구자들이 의미에 접근하는 방식은 두 가지다. 마틴 셀리그먼Martin Seligman이 주창한 긍정 심리학에서는 건강한 사람들의 행복을 더욱 증진하는 주요 요소 가운데 하나로 "의미"를 꼽는다.[2] 다른 접근 방식은 의미를 질병이나 정신적 외상에서 회복 중인 사람들의 대처 전략으로 간주하는 것이다.[3] 그러나 이 두 관점에는 네 가지 공통점이 있다.

첫째, 의미가 언제나 "즐거운" 것은 아니라고 여긴다.[4] 의미를 행복 증진의 요소로 보는 관점에서는 "의미 있는" 활동을 단순히 "쾌락을 추구하는" 활동과는 반대되는 활동, 즉 "자신이 가장 잘하는 것을 활용하고 개발하는" 활동으로 간주한다.[5] 정신적 외상의 대처 전략으로 보는 관점에서는 의미에 만성 질환과 함께 사는 법을 배우는 것을 포함한다. 첫 번째 관점의 삶의 의미는 채소에서 얻는 건강한 영양분에 비유할 수 있고 두 번째 관점의 의미는 아프긴 해도 효과 좋은 주사로 얻는 영양분에 비유할 수 있다. 우리 대부분은 주사보다 채소를 선호하지만 때로는 주사가 유일한 선택지가 되기도 한다.

둘째, 두 접근법 모두 의미가 "한 개인의 삶이 보여줄 수 있는 최후의 긍정적 가치"를 제시한다고 간주한다.[6] 즉, 한 개인이 생을 마감하는 시점에 세상에 긍정적 기여를 한다면 그 사람이 살아생전에 그것을 누렸든 아니든 그것이 의미 있는 삶이 된다는 뜻이다. 의미는 자신이 보다 큰 맥락에서 중요한 사람이라고 느끼는 것이다. "누군가의 삶이 원대하고 지속적인 영향력을 미친다고 느껴진다면, 목적을 가졌다고 느껴진다면, 또는 혼돈에 흔들리지 않는 일관성을 가졌다고 느껴진다면 그

삶은 의미 있는 삶이라고 말할 수 있다."[7]

셋째, 의미는 항시적인 것이 아니다. 우리의 삶에는 매우 의미 있다고 느껴지는 순간도 있지만 의미 중립적인 순간도 있다. 예를 들어 필요한 볼일을 보거나 집안일을 할 때는 원대한 무언가와의 연결을 느낄 필요가 없다. 반면 의미의 부재를 강하게 자각하는 순간이 있는데, 이럴 때 우리는 의미를 모색한다. 때로는 의미를 의식하지 않고 오랫동안 지내다가 문득 삶이 뭘 의미할까 하는 의문을 갖기도 하고 삶의 의미를 모두 앗아가는 참혹한 일을 겪고 그 이유를 탐구하기도 한다. 이처럼 의미는 왔다가 가기도 하고 어느 순간 다시 찾아오기도 한다.

넷째, 삶을 더 윤택하게 해주는 요소로서든 정신적 외상에 대처하도록 돕는 요소로서든 의미는 우리에게 이롭다.[8] 삶의 의미와 목적에 대한 인식이 뚜렷할수록 더 건강한 삶을 살며 건강을 지키기 위해 예방적 보건 서비스에 접근할 확률이 더 높다.[9] "삶의 목적"과 건강 사이의 관계를 메타 분석한 결과, 목적의식이 높을수록 원인 불문 사망의 위험이 17퍼센트 더 낮은 것으로 드러났다.[10] 적극적인 개입으로 이런 이익을 얻을 수도 있다. 의미 중심 심리 치료에 참가한 사람들은 심리적 스트레스가 줄고 신체 건강이 좋아졌을 뿐 아니라 전반적인 웰빙과 관계, 희망도 개선됐다.[11] 중증 질환이나 시한부 질환을 앓는 사람들의 경우에도 삶의 의미를 강화하는 개입을 하자 우울증과 불안, 고통이 줄고 전반적인 삶의 질이 개선됐다.[12]

간단히 말해서 의미는 자신보다 원대한 무엇과 연결돼 있다고 느끼는, 영양가 풍부한 경험이다. 삶이 순조로울 때는 더 번영하도록 도와주고 힘들 때는 이를 적절히 극복하도록 도와준다. 그렇다면 의미는 어디서 나올까?

당신이 만든다

의미는 모색하거나 발견하는 것이라고 들었을지도 모르겠다. 때로는 그렇게 의미를 경험하는 사람도 있다. 어느 날 문득 저 위에서 내려온 계시를 받거나 수년 동안 지도를 따라간 끝에 보물을 발견하게 되는 경우도 있다. 하지만 길고 험난한 여정의 끝에서 의미를 발견하는 경우는 매우 드물다. 대부분에게 의미는 길고 험난한 여정의 끝에서 무엇을 발견하든 그 여정을 이어가도록 독려하는 무엇이다. 의미는 찾는 것이 아니라 만드는 것이다.[13]

연구에 따르면 의미를 만들기 위해서는 자신을 넘어서는 원대한 무엇, 이른바 이상과 관계를 맺어야 한다.[14] 이 '이상', 예를 들면 당신이 믿는 신이나 미래에 이루고자 하는 꿈은 의미의 원천이 된다. 이상이 존재하는 것만으로는 충분하지 않다. 녹색 채소도 그저 바라보기만 한다고 영양분이 되지 않듯이 말이다. 이상과 적극적으로 관계를 맺어야 한다. 녹색 채소가 있다면 먹어야 하는 것처럼. 이상과 관계를 맺어라. 채소가 그렇듯 이상 역시 당신의 접시에서 가장 매력적인 선택지는 아닐지도 모른다. 하지만 분명 영양가가 매우 높을 것이다. 채소와 달리 당신은 이상과 관계를 맺으라는 부름을 느낄 수도 있다. 디즈니 여주인공들이 모험이나 레스토랑 개업, 바다의 부름을 받듯이 말이다.

연구 결과 의미의 원천이 될 가능성이 가장 높은 것으로 드러난 세 가지는 다음과 같다.[15]

1. 후대에 유산을 남길 수 있는 야심 찬 목표를 추구하고 성취하는 일: 예를 들면, 'HIV 바이러스 치료법의 발견'이나 '세상을 아이들이 더 살기 좋은 곳으로 만들기'

2. 신 또는 다른 영적 소명에 복무하는 일: 예를 들면, '영적 해방과 시크교 신과의 합일에 이르기' 또는 '나의 말과 생각, 행동으로 하나님을 영광되게 하기'

3. 타인과 애정 어리고 친밀한 관계를 유지하는 일: 예를 들면, '자식들이 무조건 사랑받고 있다고 느끼도록 키우기' 또는 '나의 배우자를 진심으로 사랑하고 지지하기'

이 세 가지가 다양한 조합으로 섞여 있는 의미의 원천도 많다. 당신의 이상이 이 세 가지 중 어디에도 속하지 않는다고 해도 괜찮다. 당신의 개인적인 웰빙에 관한 한 옳고 그름을 따질

수 없다. 그저 당신의 삶이 긍정적인 영향을 미친다는 느낌을 주기만 한다면 그것으로 충분하다.[16]

당신의 이상은 무엇인가?

자신의 이상을 정확히 아는 사람도 있지만 어떤 사람들을 그것을 알아내기까지 수년이 걸리기도 한다. 어밀리아는 스스로 자각하지 못했을 뿐 어릴 때부터 자신의 이상을 알고 있었다. 그녀는 12살 때부터 합창단의 지휘자가 되고 싶었다. 결국 합주단을 지휘하는 데 필요한 학위 3개를 취득했으며 인상적인 지휘 경력을 갖게 됐다. 반면 에밀리는 학교를 졸업한 뒤 일을 하다가 다시 학교로 돌아가기를 반복했고 자신이 지나온 관문들을 돌아보다가 마침내 어밀리아보다 20년 늦게야 자신의 이상을 알아냈다. 에밀리의 이상은 여성들이 자신의 몸에 대해 자신감을 갖고 즐겁게 살아가도록 가르치는 것이다. 어밀리아의 이상은 예술이다. 우리는 다른 수많은 방식으로 세상에 기여할 수 있지만—세상의 요구는 끝이 없으니까—우리가 세상에 긍정적인 기여를 한다고 느끼게 하는 것은 이 두 가지다. 우리는 바로 이렇게 의미를 만든다.

우리의 경험에 빗대어 보면 사람들이 저마다 어떻게 의미의 원천을 찾을지는 예측할 수 없다. 그러나 한 가지 공통점은 잠시 멈추고 귀를 기울였을 때 들려오는 내면의 목소리가 힌트가 된다는 것이다. 이런 내면의 목소리는 누구나 갖고 있다.

들리는가? 가슴 속에서 일정하게 울리는 리듬 말이다. 어쩌면 좀 더 아래, 불룩한 배 속 어딘가에서 좀 더 느리게 고동치고 있을지도 모른다. 어쩌면 지혜의 광륜처럼 두개골을 에워싸고 있을지도 모른다. 1분만 멈춰보자. 말 그대로 잠시 책을 내려놓으란 뜻이다. 타이머를 맞춰놔도 좋다. 그리고 귀를 기울여라. 자신에게 물어봐라. '나는 무엇을 할 때 내게 운명적인 일을 하고 있다고 가장 강하게 느끼는가?'

영화배우 돌로레스 하트Dolores Hart는 이른바 '마음의 귀'로 그런 목소리를 들었다고 한다. 주요 영화 여러 편에 출연하고 엘비스 프레슬리의 상대역을 맡기도 했던 그녀는 1964년 브로드웨이 연극에 출연하던 중 휴식차 코네티컷주 베들레헴의 레지나 라우디스 수녀원을 찾았다. 당시 그녀는 24살이었고 세상이 가장 가치 있게 여기는 것, 즉 미모와 직업적 성공, 명성, 돈, 잘생긴 약혼자까지 모두 갖춘 떠오르는 스타였다. 그러나 내심 무언가 잘못됐다는 느낌, 무언가를 놓치고 있다는 느낌을 떨칠 수 없었다.

수녀원에 발을 들여놓는 순간 그녀는 마치 집에 온 듯 마음이 편안해졌다. 오래 지나지 않아 그녀는 순결 서약을 하고 신에게 자신의 삶을 바쳤다. 그 경험을 그녀는 이렇게 묘사한다.

"어떤 면에서 레지나 라우디스 수녀원에 가기 전까지
나는 스스로를 한 사람의 인간이라고 느끼지 않았다.
머물러 있는 것은 타협이 아니라 내 삶의 진짜 난관이
었다……. 나는 현실에서 도망쳐 책임을 회피하려 했
던 것이 아니다. 나는 모든 인류를 궁극적으로 구원할
수 있다면 그것은 개인의 헌신에서 시작돼야 한다고
믿었다." [17]

그녀가 수녀원에 들어간 까닭은 천주교에 그녀가 원하는 답이 있었기 때문이 아니었다. 로마 가톨릭 수녀회의 일원이 된 지금도 그녀는 이렇게 말한다. "종교가 내주는 답은 나를 쉽게 설득하지 못한다. ……나는 조금씩 조금씩 나의 답을 찾고 있다."

혹시 자신의 이상을 찾는 데 어려움을 겪고 있다면 도움이 될 만한 전략이 있다. 연구를 통해 밝혀진 전략 몇 가지를 소개한다. 자신의 부고를 써보거나 손자 또는 제자의 눈을 통해 자신의 삶을 요약해 봐라. 가장 가까운 친구들에게 당신의 진짜 모습, 당신의 성격과 당신의 삶에서 가장 훌륭한 점을 꼽아달라고 청해라.

당신에게 소중한 사람이 암울한 시기를 겪고 있다고 상상해 보자. 가령 가까운 사람을 잃고 무력감과 고립감에 시달리고 있다. 이 두 가지는 삶의 의미를 가장 빠르게 고갈시키는 감정이다. 최선을 다해 그 사람이 어려운 시기를 헤쳐나가도록 도

와주는 편지를 써봐라. 그런 다음 읽어봐라. 그것은 당신을 위한 편지다.[18]

마지막으로 의미나 목적을 강렬하게 인식했거나 무언가가 자신에게 꼭 맞는다고 강렬하게 느낀 적이 언제인지 생각해 봐라. 무엇을 하고 있을 때였는가? 무엇이 삶의 의미를 느끼게 했는가? 이 모든 접근법은 당신의 이상을 알려주는 진짜 내면의 목소리와 그것을 방해하는 목소리, 이름하여 베푸는 인간 증후군의 목소리를 구분하도록 도와준다.

베푸는 인간 증후군

머리말에서 우리는 철학자 케이트 맨이 주창한 '베푸는 인간'과 '존재하는 인간'의 개념을 설명했다. 존재하는 인간은 온전히 인간답게 사는 것을 도덕적 의무로 삼는다. 반면 베푸는 인간은 자신이 인간으로서 지닌 모든 것을 베푸는 일, 그것도 기꺼이 베푸는 일을 도덕적 의무로 삼는다. 우리는 이런 도덕적 신념과 연관된 행동 양식을 '베푸는 인간 증후군'이라고 이름 붙였다.

우리는 베푸는 인간 증후군을 존속 자체가 유일한 목표인 일종의 바이러스로 생각해야 한다. 당신은 세상에 태어나 처음 숨을 들이마시는 순간 이 증후군에 감염됐다. 광견병 바이러스가 개를 공격적으로 바꿔놓고 광우병이 소를 미치게 하듯이 베푸는 인간 증후군은 자신의 존속을 위해 인간의 행동을 변화시키고 그 과정에서 숙주 즉, 우리를 죽이기도 한다.

　다음과 같은 증상을 겪고 있다면 당신도 베푸는 인간 증후군에 감염됐다.

　* 예쁘고 상냥하며 얌전하고 관대할 뿐 아니라 남들의 필요를 배려하는 것이 자신의 도덕적 책무라고 믿는다. 즉, 배우자나 가족, 세상, 심지어 자신에게도 이런 책무를 반드시 이행해야 한다고 믿는다.

　* 예쁘고 상냥하며 얌전하고 관대할 뿐 아니라 남들의 필요를 배려하지 못하면 인간으로서 실패한 셈이라고 믿는다.

　* '실패'하면 벌을 받아야 마땅하다고 믿는다. 심지어 자신을 채찍질해야 한다고 생각하기도 한다.

　* 이 모든 것이 질병의 증상이 아니라 지극히 정상적인 사고라고 믿는다.

　마지막 증상이 핵심이다. 이 비유적 '바이러스'의 전염성이 그토록 강한 까닭은 제반 증상들이 스스로를 감추기 때문이다. 숙주가 자신의 존재를 인식하지 못하게 하면서 스스로 영속한다는 뜻이다. 다시 말해, 우리는 이 바이러스에 감염된 사람들에게 에워싸여 있다. 그리고 그 사람들도 베푸는 인간 증

3장　　의미

후군이 인간의 정상적인 행동인 것처럼 자신과 우리와 다른 모든 이들을 대한다. 이 때문에 그것이 질병이 아니라 정상적인 삶의 방식이라는 인식이 더욱 강화된다.

만약 당신이 베푸는 인간 증후군이 만연한 문화에서 자랐다면 예쁘고 행복하며 얌전하고 관대할 뿐 아니라 남들의 필요를 배려하는 일을 무엇보다도 우선시하라고 배웠을 것이다. 어쩌면 당신은 자신의 개인적인(이라 쓰고 '이기적인'이라고 읽는) 이상을 추구할 수도 있다. 단, 그러면서도 타인의 필요를 철저히 충족시키고 계속해서 예쁘고 얌전한 모습을 유지할 수 있다면 말이다.

표면적으로 베푸는 인간 증후군은 모종의 이상, 이를테면 봉사와 같은 이상을 추구하는 듯 보인다. 봉사는 베푸는 인간들이 어차피 해야 하는 일이며 역사적 위인들을 정의하는 중요한 특징이기도 하다.

오드리 로드Audre Lorde(미국의 시인이자 페미니스트, 인권 운동가 — 옮긴이)는 이렇게 말했다. "내가 용기를 내 강해진다면, 나의 비전을 위해 힘쓴다면 두려움 따위는 차츰 뒷전으로 밀려난다."[19]

말랄라 유사프자이는 이렇게 말했다. "내가 목소리를 높이는 것은 내가 소리치기 위해서가 아니라 목소리 없는 이들을 대변하기 위해서다."

셜리 치점Shirley Chisholm(1972년 흑인 최초로 미국 대통령 선거에 민주당 경선 후보로 출마한 정치가 겸 교육자 — 옮긴이)은 이렇게 말했다. "타인을 위한 봉사는 지구에서 당신이 차지하는 공간에 대해 지불하는 임대료다."

힐러리 클린턴은 이렇게 말했다. "가능한 한 모든 사람에게 가능한 한 모든 방법으로 가능한 한 오랫동안 당신이 할 수 있는 모든 선을 베풀어라."[20]

그러나 이 여성들은 모두 베푸는 인간의 역할에 위배되는 방식으로 봉사하고자 했다. 만약 당신이 그렇게 한다면, 즉 타인의 필요를 돌보지 않거나 예쁘고 얌전한 모습을 유지하지 않거나 베푸는 인간이 아닌 존재하는 인간이 정당하게 소유한 힘을 주장하며 그렇게 한다면 세상은 당신을 호되게 질책할 것이다. "대체 왜 그러는 거야?" 또는 이렇게. "네 자리로 돌아가." 이것은 앞으로 이 책에서 거듭 마주하게 될 주제다. 얌전하게 굴 것. 규칙을 따를 것. 그렇지 않으면……

베푸는 인간 증후군은 우리가 자신을 적과 맞서 싸우는 주인공으로 간주해서도 안 된다고 주장한다. 베푸는 인간은 자신의 필요를 주장할 수 없으므로 싸울 명분을 갖지 못한다. '영웅의 여정Hero's Journey'이라는 원형을 창시한 조지프 캠벨Joseph Campbell은 '여성 영웅의 여정'도 고려해야 한다는 제안을 이렇게 일축했다. "여성은 여정을 떠날 필요가 없다. 모든 신화의 여정에는 여성이 존재한다. 여성은 그저 자신이 사람들의 목적지, 즉 사람들이 도달하고자 하는 장소라는 사실을 깨달으면 된다."[21]

3장   의미

여성은 '장소'고 오직 남성만이 악당을 물리치며 여정을 이어가는 '사람들'이다. 여성의 보다 원대한 무엇, 즉 여성의 이상은 남성이다.

말랄라 유사프자이에게 그렇게 말할 수 있을까? 이라크전에 참전해 두 다리를 잃고 동양계 미국인 여성이자 장애 여성 최초로 미국 의회에 당선된 정치인 태미 더크워스에게도 그렇게 말할 수 있을까? 흑인 트랜스젠더 여성 최초로 카네기홀에서 연주한 토나 브라운Tona Brown에게도? 우주에 다녀온 최초의 라틴계 여성이자 지금은 존슨 우주 센터의 책임자인 엘런 오초아Ellen Ochoa에게도? 생계를 꾸리기 위해서 그리고 자식들이 추위에 떨지 않도록, 혹은 자식들이 제대로 교육받고 자기 분야에서 지도자가 될 수 있도록 공장에서 힘든 노동을 견디거나 일주일에 80시간씩 남의 집을 청소하거나 스트립 클럽에서 춤을 추는 여성들은 어떤가? 그들에게 이렇게 말할 수 있을까? "대체 왜 그러는 거야? 네 자리로 돌아가. 넌 나서지 않아도 돼. 그저 남자들의 목적지가 되란 말이야."

우리는 자신뿐 아니라 다른 여성들에게도 늘 그렇게 말한다. 베푸는 인간 증후군을 앓으면 모두가 어느 정도는 우리와 똑같이 희생해야 한다고 믿게 되기 때문이다. 그래서 누군가가 노력하지 않는 듯 보이면 우리는 분개한다. 타인이 불편해하지 않도록 감정을 억누르거나 외모를 가꾸지 않는 여성, 혹은 타인이 아닌 자신의 웰빙을 위해 시간과 노력, 돈을 쓰는 여성을 보면 우리는 '저 여자는 대체 왜 저러는 거야?' 하고 생각한다. "내가 규칙을 따라야 한다면 저 여자도 따라야지! 저 여자도 자리로 돌아가야지"라며 규칙을 따르지 않는 여자를 뚱뚱하다거나 거만하다거나 이기적이라고 비난한다. 마치 그것이 나쁜 일인 것처럼.

어떤 면에서 우리 이야기의 첫 번째 악당은 베푸는 인간 증후군이다. 모든 자원을 존재하는 인간에게 바칠 수 있도록 자신의 이상 따위는 무시하게 만드는 것도 바로 이 증후군이다. 그러나 우리가 이 악당을 피하거나 물리치지 못하는 한 가지 이유는 다른 여자들이 이 악당을 물리치지 못하도록 감시하느라 바쁘기 때문이다.

다행히 당신의 이상과 관계를 맺고 삶의 의미를 만든다면 베푸는 인간 증후군을 치유할 수 있다. 당신의 증후군뿐 아니라 주변 사람들의 증후군까지.

의미를 만들고 베푸는 인간 증후군을 치료해라

베푸는 인간 증후군은 과거 여성들에게 그들의 '유일한' 자리가 집이라고 일렀다(일부 지역에서는 여전히 이런 일이 벌어지고 있다). 베티 프리단Betty Friedan은 베풂이 어떻게 1950~1960년대 가정주부들을 조작하는 무기가 됐는지 기록한 바 있다. 그것은 가사가 여자로서 자아실현을 할 수 있는 (유일한) 이상이라고 주장하며 2차세계대전 동안 밖에서 일하던 여성들을 집안으로 밀어 넣었다. 베티 프리단은 만약 여성들이 "부엌 바닥을 닦으면서 오르가즘을 느끼지" 못한다면[22] 그것은 다른 누구도 아닌 바로 그들의 잘못이었다고 인상적으로 표현한다. 가사를 통해 자아실현이나 만족에 이르지 못하는 여성은 온전한 여성이 아니었다. 프리단이 이것을 "이름조차 갖지 못한 문제"라고 이름하기 전까지 수백만 여성들이 침묵 속에서 고통받았다.

두 번째 여성운동의 물결이 일면서 여성들은 가사가 아닌 다른 것 또는 더 많은 것을 추구하더라도 "대체 뭐가 문제냐"라는 말을 듣지 않게 됐다. 이로써 여성들에게 새로운 가능성이 열렸다. 그것은 개인적인 삶의 변화와 정치 행동, 문화의 변천을 이끄는 원동력이 됐고 이를 계기로 문화 자체가 바뀌었다.

반발도 있었다. 반발은 언제나 있기 마련이니까. 베푸는 인간 증후군은 이 병을 치료하려는 사람들을 벌한다. 따라서 많은 이들이 저항이나 반란의 대가를 치렀다. 그러나 장기적으로 세상은 점차 공평해지고 있다.

베푸는 인간 증후군은 당신이 의미를 추구하지 못하도록 방해할 것이다. 그래도 멈춰선 안 된다. 당신의 이상과 끊임없이 관계를 맺어라. 계획적 문제 해결을 활용해라. 스트레스 반응 사이클을 완성해라. #끈기있게버텨라. 물론, 때로는 쉽지 않을 것이다.

소피는 여러 방식으로 자신의 이상(모두를 위한 과학!)과 관계를 맺고 있다. 그중 한 가지 방식은 당연히 자신이 택한 일을 이어가는 것이다. 다른 하나는 이공계 젊은 여성들의 멘토가 되는 것이다. 또 하나는 유색인종 여성들이 이공계 분야에서 좀 더 편하게 일할 수 있도록 강연과 상담을 제공하는 것이다. 그녀는 종종 우호적이지 않은 환경에서 많은 시간 동안 열심히 일하며 진정으로 세상을 변화시키고 있다. 이미 수백 명이 그녀 덕분에 더 나은 삶을 살고 있다고 말한다.

소피에게 가장 즐거운 의미의 원천은 〈스타트렉〉 팬덤이다. 어린 시절 소피는 텔레비전에서 우후라 중위를 보고 자신도 흑인 여성 과학자나 탐험가가 돼 중요한 일을 할 수 있을 거라고 믿었다. 그것을 이룬 사람을 화면으로 보면서 무엇도 자신과 그 목표 사이를 가로막을 수 없다고 생각했다. 그 결과 그녀는 엔지니어가 됐다.

소피는 열혈 팬이다. 심지어 우후라 의상까지 갖고 있다. 조이 살다나Zoe Saldana가 연기한 우후라의 의상이나 1979년 판 〈스타트렉〉의 베이지색 작업복이 아니라 오리지널 시리즈에서 니셸 니컬스Nichelle Nichols가 입었던 의상, 즉 타원형의 깃과 금박을 두른 소매에 강렬한 빨간색이 인상적인 미니 드레스 말이다. 그녀는 그 드레스를 입고 해마다 열리는 〈스타트렉〉 컨벤션에 가서 누구나 엔지니어나 탐험가가 될 수 있는 낙관적 미래를 꿈꾸는 동료 팬들과 교류한다. 그녀에게 코스프레는 그런 미래가 존재하는 세상에 살아보는 예행연습과도 같다.

어떤 면에서 보면 그것은 이미 존재하는 미래다. 그녀의 내면에 존재하기 때문이다. 정강이까지 오는 송아지 가죽 부츠와 정수리를 한껏 부풀린 가발을 착용해 195센티미터가 된 소피는 온몸으로 〈스타트렉〉이 꿈꾸는 세상을 표현한다. 그것은 마틴 루터 킹 주니어 박사가 우후라 중위 역을 그만두려는 니셸 니컬스를 설득할 때 공유한 비전이기도 하다.[23] 니컬스는 이렇게 설명한다. "처음으로 세상이 우리를 올바른 방식으로 보고 있다. 마틴 루터 킹은 나에게 '나와 아내 코레타가 우리 아이들에게 밤늦은 시간에도 시청하도록 허락하는 유일한 프로그램일 겁니다'라고 말해줬다."

각종 특권을 설명하거나 여성과 유색인종이 '우연히' 제외당한 이야기를 들려주는 것도 세상을 모든 과학자에게 더 살기 좋은 곳으로 바꾸는 방법이다. 그러나 빨간색 미니 드레스를 입고 아이라이너를 진하게 그리는 것도 방법이 될 수 있다. 〈스타트렉〉 컨벤션에 도착한 소피가 차에서 내려 주차 요원에게 열쇠를 건네면 모두가 고개를 돌리고 그녀를 우러른다. 모두가 그녀와 사진을 찍고 싶어 한다.

그러다가 소피가 실제로 현실판 엔지니어라는 사실을 알게 되면 사람들은 경탄을 금치 못한다. 우후라는 성이고 이름은 니오타Nyota다. 스와힐리어로 별을 뜻하는 말이다. 그러니까 우리가 지향하는 대상인 셈이다.

힘겨운 상황에서 의미를 만드는 일

삶이 안정직일 때는 딱히 의미를 의식히지 않아도 잘 지낼 수 있다. 우리는 주기적으로 이상과 관계를 맺을 수 있다. 그리고 우리 뇌는 그 경험을 적절하게 소화해 세상이 제대로 돌아가고 있고 우리 존재에게 목적이 있음을 끊임없이 느끼게 해줄 것이다. 만세!

하지만 가끔은 삶이 불안정해진다. 비행기를 타고 가다가 갑자기 난기류를 만나는 상황을 생각해 보자. 당신은 좌석 팔걸이를 붙잡을 것이다. 그러고 있으면 비행기가 안정되기라도 할 것처럼. 물론 당신의 머리는 아니라는 사실을 알고 있어도 당신의 손은 무엇이든 붙잡으려 할 것이다. 무언가를 붙잡고 있다는 사실 자체가 난기류를 견디도록 도와준다.

우리의 삶이 난기류를 만나면, 예를 들어 실직해서 미래가 불확실해지거나 죽음을 마주하거나 우리가 하는 일이 의미 없다고 느끼거나 우리가 어디에도 속해 있지 않다고 느낀다면 우리의 뇌는 이상을 붙잡는다. 그러고 있으면 우리의 삶이나 세상이 하늘에서 추락하는 것을 막을 수 있기라도 한 듯. 그것은 실제로 효과가 있다.[24] 난기류를 벗어나 다시 순항하게 될 때까지 불확실성이나 인간의 유한성, 무력함, 외로움 따위를 받아들이도록 도와준다.

하지만 때로는 난기류가 너무 오래 지속되거나 비행기가 추락해 버리기도 한다. 당신은 생존하나 의미를 잃고 "실존적 공허existential vacuum" 상태에 빠진다.[25] 끔찍한 일이 일어나서 덫에 걸린 듯 무엇을 해도 상황을 바꿀 수 없을 것 같은 느낌에 사로잡힌다. 이런 위기의 상황에서는 비행기를 수리해야만 다시 여정을 이어갈 수 있다. 그러려면 따뜻하고 다정한 시선으로 내면의 힘든 감정을 들여다봐야 한다.

공주들이 포부를 실현하는 디즈니 영화 속 이야기에서는 주인공이 위기를 만나 잠시 시간을 갖고 내면을 들여다보게 되는 사건이 어김없이 일어난다. 모아나는 배를 수리해야 하는 상황에 처한다. 백설공주는 긴 잠에 빠져 진정한 사랑의 입맞춤을 기다린다. 티아나는 개구리로 변하는 바람에 꿈을 좇을 수 없게 되지만 "조금 더 노력해서digging a little deeper"(영화 〈공주와 개구리〉의 사운드트랙 'Dig a Little Deeper'에서 따온 표현 — 옮긴이) 문제를 해결하자 꿈에 더 가까워지는 동시에 왕자비가 된다. 우리의 마음과 정신, 신체, 공동체의 상처를 따뜻한 시선으로 들여다보면 역경에서 회복되면서 삶의 의미를 더 확실하게 느낄 수 있다. 그렇게 문제를 해결할 수도 있고 나아가 더 큰 번영을 이룰 수 있다.

예를 들어, 정신적 외상(트라우마)을 겪은 미국의 퇴역 군인 3000명 이상을 대상으로 조사한 결과 외상 후 스트레스 장애(PTSD) 증상을 겪는 사람들은 그렇지 않은 사람들에 비해 외상을 이겨낸 뒤 성장하게 될 가능성이 높은 것으로 드러났다. 여기에는 자신의 강인함("내가 생각보다 더 강하다는 것을 깨달았어", "이제 내가 어려움을 극복할 수 있다는 것을 더 잘 알게 됐어")과 삶의 가치("나는 내 삶의 가치를 더 높게 평가하게 됐어")를 더 확실하게 느끼는 과정이 포함됐다.[26]

어떻게 그럴 수 있을까? 어떻게 하면 참혹한 상황에서도 끊임없이 자신의 이상과 관계를 맺을 수 있을까? 심지어 이상과 분리될 만큼 참혹한 상황을 겪고도 이상을 놓지 않은 까닭은 무엇일까?

힌트: 이상을 당신과 분리할 수 없다. 왜냐면 이상은 당신의 내면에 존재하니까.

기원 이야기

참혹한 상황을 뜻밖의 기회로 바꾸고 싶은가? 당신의 이상과 관계를 맺고 의미를 만드는, 그런 기회로 전환하고 싶은가? 그렇다면 역경 속에서 얻은 교훈과 강점에 초점을 맞춰 경험담을 다시 써보자.[27] 우리는 이것을 당신의 '기원

이야기'라고 부르겠다. 부모의 비극적인 죽음을 겪고 슈퍼 히어로가 된 배트맨의 기원 이야기처럼 말이다. 혹은 숨겨진 데미스키라 해안에서 시작된 원더우먼의 기원 이야기처럼.

30분쯤 시간을 내서 다음 질문에 답하며 당신의 이야기를 써봐라.

1. 당신이 겪은 역경에서 스스로 통제할 수 없는 부분은 무엇이었는가? (예를 들면, 타인, 타인의 선택, 문화 규범, 당시의 개인적인 상황, 나이와 경험, 날씨……)

2. 역경에서 살아남기 위해 당신은 무엇을 했는가? (힌트: 당신이 역경을 이기고 살아남은 것은 확실하다. 지금 이 책을 읽고 있으니까)

3. 역경을 겪은 뒤에도 계속 살아가기 위해서 당신은 어떤 자원을 사용했는가? 구체적으로 적어보자. (돈이나 정보 같은 실질적인 자원, 친구 등의 사회적 자원, 도움을 모색하는 능력과 도움을 받아들이는 아량, 사회적 영향력, 끈기나 자기 위안 또는 낙관주의 같은 감정 자원을 모두 고려해라)

당신의 이야기를 완성했다면 잠시 시간을 갖고 당신이 사용한 자원이 이후의 어려움을 극복하는 데에도 도움이 됐는지, 그랬다면 구체적으로 어떻게 도움이 됐는지 써봐라.

다음과 같이 정리할 수 있다.

나는 _____ 를 통제할 수 없었지만(역경) _____ 을 할 수 있었고(성공 전략), 그리고 나서 _____ 를 이용해(자원) 힘을 길렀다. 그 후 나는 _____ 를 할 수 있었다(기술/승리/통찰력).

기원 이야기를 써보면 과거의 경험 가운데 생존을 위해 활용한 부분이 무엇이었는지 파악할 수 있으므로 당신의 이상을 찾는 데도 도움이 된다.[28] 의미를 만드는 것은 당신이 겪은 참혹한 일이 아니라 그것을 이겨내고 생존하는 데 사용한 방법이다.

이 과정은 괴로울 수도 있다. 그러나 그렇기에 더욱 효과를 내는 것이다. 이 활동을 통해 당신의 몸은 과거의 상처를 다시 한번 경험하면서 그것이 위험하지 않다는 사실을 깨닫게 되고 수년 전에 활성화된 스트레스 반응 사이클을 마침내 완성할 수 있다.[29] 그러기 위해서는 먼저 불편한 느낌을 감수하고 당신이 부정적으로만 여겼던 경험에 집중하며 편견 없이, 호기심을 갖고 심지어는 따뜻한 시선으로 그것을 들여다봐야 한다.

이상은 내면에 있다

　모아나의 이상은 바다다. 모아나는 바다가 자신을 부른다고 느낀다. 바다가 임무를 맡길 사람으로 자신을 선택했다고 마우이에게 말하기도 한다. 그러나 아무도 모아나에게 동조하지 않는다. 가족은 모아나가 집에 머물며 섬의 추장이 되기를 바란다. 마우이는 항해도 하지 못하고 "공주도 아닌 곱슬머리 소녀"를 바다가 선택할 리 없다고 여긴다. 그러다 끔찍한 일들이 일어나면서 모아나는 절망의 구렁텅이에 빠진다. 심지어 바다에게 다른 사람을 선택하라고 소리치기도 한다.

　그러나 항상 모아나를 믿어준 친할머니이자 '마을의 이상한 여자'의 영혼이 나타나 모아나에게 자신이 누구인지 다시 한번 생각하도록 독려한다. 모아나는 무엇이 자신을 이 운명의 순간으로 이끌었는지 곰곰이 생각하다가 (노래의 형태로) 깨닫는다. "부름은 저 밖에서 오는 것이 아니야 / 그것은 내 안에 있는 거야!"

　부름은 밖에서 오는 것이 아니라 그녀의 가슴에서 나오는 것이었다. 모아나가 선택받은 자가 된 것은 밖에 있는 존재가 멀리서 그녀를 선택하고 불렀기 때문이 아니라 자기 가슴에 있는 존재가 불렀기 때문이다. 자신도 모르게 자신을 선택한 것이다. '모아나'는 마오리어로 바다를 뜻한다. 디즈니는 매우 적절하고 직설적인 교훈을 준 셈이다.

당신을 부르는 것이 무엇이든, 바다든 예술이든 가족이든 민주주의든 저 밖에 존재하는 것이 아니다. 그것은 당신의 내면에 있다. 이 책에서 우리가 설명한 모든 사이클과 리듬이 그렇듯 부름도 어느 날 찾아왔다가 불현듯 가버리기도 하고 강해지거나 약해지기도 하며, 사라졌다가 다시 나타나기도 한다. 마치 당신의 내면에 존재하는 파도처럼. 그러나 당신을 반대하는 힘이 무엇이든, 베푸는 인간 증후군이든 자연재해든 혹은 개인적 상실이든 그 무엇도 당신의 이상을 가로막을 수 없다.

당신의 이상은 당신의 내면에 살고 있다. 때로는 주변 사람들이 모두 동조하지 않을지도 모른다. 당신의 가족은 당신이 집에 머물기를 혹은 집을 떠나기를 바랄지도 모른다. 당신의 멘토조차도 당신을 믿어주지 않을지도 모른다. 마을의 미친 여자만이 당신에게 동조해 줄지도 모른다. 하지만 베푸는 인간 증후군의 소음 속에서도, 폭력과 부당함의 괴롭힘 속에서도 당신에게는 그 소리가 들릴 것이다. 당신은 알고 있다. 당신의 가슴에서 들려오는 부름을 듣고 있다.

줄리는 심호흡을 하고 텔레비전을 응시하며 자신에게 정말 중요한 것이 무엇인지 생각해 봤다. "내 딸은 당연히 중요하지." 그녀는 눈물과 콧물이 범벅된 얼굴로 말했다. "내 딸 다이애나. 아이들을 가르치는 일도 중요해. 그것도 정말 중요하지만 그것을 잃어도, 아니, 다른 모든 것을 잃어도 다이애나만 있으면 괜찮을 것 같아."

그녀는 한참 동안 울었다. 자신이 내뱉은 진실의 고통이 잦아들 때까지. 그것으로 충분했다. 그 순간, 진실을 상기한 그 순간이 그녀의 삶에서 가장 힘든 시기를 조금 더 견딜 수 있게 해줬다.

얼마 후 그녀가 다시 입을 열었다. "난 도움이 좀 더 필요해. 우리는 같은 일로 끊임없이 싸우고 있지만 남편은 내 말을 듣지 않았고 아무것도 변하지 않았어. 더는 못 하겠어. 견딜 수가 없어. 견딜 힘을 잃었어. 내가 모든 일을 도맡아 하면, 그러니까 남편의 비위도 맞추고 집안일도 하고 나머지까지 모두 다 하면 너무 지치거든. 그런데 하지 않으면 남편의 더러운 기분을 마주해야 하니 괴롭고 할 일은 그대로 남아 있잖아. 정말 피곤해. 내가 남편을 아래층으로 내려보낸 건 화낼 힘도 없었기 때문이야. 너무 지쳐서 소리칠 힘도 없었어."

그녀는 아직 자신의 웰빙을 지킬 수 있는 단계에 이르지 못했다. 좀 더 확실한 경보가 울린 뒤에야 마침내 돌아서서 좀 더 포괄적이고 장기적인 웰빙을 위해 싸우게 된다. 그러나 때로는 그저 하루를 견디는 것만으로도 충분하다. 계속 버틸 이유가 있다고 느끼는 것만으로도 충분하다.

2차세계대전 당시 나치를 피해 숨어 있던 이름 모를 유대인

은 지하실 벽에 다음과 같은 글귀를 새겨놨다.[30]

> *나는 태양이 빛나지 않아도 그 존재를 믿는다.*
>
> *사랑이 느껴지지 않아도 그 존재를 믿는다.*
>
> *신이 침묵하고 있어도 그 존재를 믿는다.*

이 시는 홀로코스트의 '의미'와는 상관이 없다. 대량 학살이 희생자와 생존자에게 무슨 '의미'가 있겠는가? 이 시는 처참한 상황을 견디는 방법을 보여준다. 억압이나 추방, 절망에서 벗어날 수 있다고 믿을 수는 없어도 의미를 만들면 상상할 수 없이 참혹한 상황을 견딜 수 있다.

삶의 의미는 당신의 내면에서 당신을 기다리고 있는 이상, 당신을 세상과 연결하는 이상과 관계를 맺을 때 만들어진다. 삶의 의미를 만드는 데는 많은 것이 필요치 않아도 삶이 평탄할 때 삶의 의미가 확립되면 어떤 역경이 닥쳐도 견딜 수 있도록 도와주는 발판이 된다. 어떤 어려움이 있어도 내면의 평정, 세상이 제대로 돌아가고 있다고 여기는 그 평정에 귀를 기울이면 버틸 수 있다.

세상에는 수많은 역경이 있다. 그것이 다음 4장과 5장의 주제다. 그러나 우리는 당신이 내면의 무기와 그 활용 기술로 충분히 무장하고 역경에 맞서기를 바란다. 당신은 스트레스 반응 사이클과 그 사이클을 완성하는 방법을 배웠다. 모니터와 계획적 문제 해결, 긍정적 재평가를 배웠다. 이상도 지니고 있다. 이런 것들이 당신을 역경에서 보호해 줄 것이다. 역경의 여파를 치유해 줄 것이다.

그러니 이제 내적 경험의 은신처에서 벗어나 밖으로 나가야 한다. 이제 일어나서 적의 얼굴을 마주해야 한다. 어두운 시간이 기다리고 있다. 하지만 당신은 준비됐다.

마지막 잔소리

* '삶의 의미'는 우리에게 이로운 것이다. 이상을 찾으면 의미를 만들 수 있다. 이상은 야심 찬 목표가 될 수도 있고 종교에 귀의하는 일이 될 수도 있고 사랑하는 관계가 될 수도 있다.

* 의미는 삶이 순조로울 때는 더 행복하게 살도록 도와주고 힘들 때는 삶을 구원할 수 있다.

* 베푸는 인간 증후군이란 특정한 사람들이 예쁘고 상냥하며 얌전하고 관대할 뿐 아니라 타인의 필요를 배려하는 데서 '삶의 의미'를 찾아야 한다고 주장하는 일련의 개인적·문화적 신념 및 행동 양식이다.

* 스트레스 반응 사이클과 모니터, 의미는 모두 당신이 진짜 적과 맞서 싸울 때 꼭 가져가야 하는 자원이다.

2부

진짜 적

4장

게임이 조작됐다

소피는 돈을 (꽤 많이) 받고 기업들에게 직원 다양성을 포용하는 일터를 조성하는 방법을 주제로 강연하고 있었다. 그녀는 에밀리의 교육 노하우를 배우기 위해 에밀리 앞에서 몇 가지 강연 초안을 시연했다.

"저게 뭐예요?" 에밀리가 파워포인트 슬라이드에 나타난 생소한 단어를 가리키며 물었다.

"고바야시 마루." 소피가 대꾸했다. 에밀리가 어리둥절한 표정을 짓자 소피가 설명을 덧붙였다. "스타플릿 함선의 훈련생들이 하는 모의 훈련이에요. 절대 이길 수 없는 시나리오를 주고 훈련생들의 성격을 테스트하는 훈련이죠. 이기는 건 불가능하기 때문에 영광스럽게 패배하는 것이 훈련의 목표예요."

"〈스타트렉〉에 나오는 거군요?" 에밀리가 물었다.

"맞아요. 체계적 편향을 게임으로 만든 거예요." 소피가 대꾸했다. 그러고는 다음 슬라이드로 넘기며 말을 이었다. "사람들은 자기가 아는 사람, 같은 학교에 다닌 사람을 고용하거든요." 소피는 통계 그래픽을 가리킨 뒤 다음 슬라이

드로 넘어갔다. 암묵적 연상 검사Implicit Association Test자료
들이 가득한 슬라이드가 나타났다. "자신과 비슷한 모습의
사람들을 선호하는 무의식적 편향 때문이에요." 그다음 슬
라이드는 영화와 텔레비전 프로그램, 비디오게임, 만화책
의 영상들로 뒤덮여 있었다. "그들이 소비하는 미디어 하나
하나가 모두 그런 편향을 강화하죠. 그리고……." 다음 슬
라이드로 넘어가자 수많은 주인공이 나타났다. 모두 백인
남성 영웅이었다. 번쩍이는 갑옷을 입은 기사들, 망토를 두
른 남자들, 초능력을 가진 돌연변이들, 마법사들, 탐정들,
마법사 탐정들……. "사람들은 백인이 가득한 곳이 정상일
뿐 아니라 더 나은 곳이라고 생각해요."

이윽고 그녀는 〈스타트렉〉 얘기가 나오면 늘 그렇듯 들뜬
말투로 다시 입을 열었다. "그러니까 저는 중립지대에서 우
주선을 구하려 노력하고 있고 클링온 족이 공격할 거예요.
저는. 어차피. 죽어요. 시험에 들 때마다 내가 어떤 사람인
지 보여주는 게 승리죠."

"그럼 그들이 승리할 수 없는 시나리오를 만들고 있다고
대놓고 얘기할 거예요?"

소피는 고개를 끄덕였다. "과학에 따르면 이름을 붙여야
좋잖아요." 그 과학이 이 장의 주제다.

폭력 사건이 일어나면 가장 먼저 할 일은 출혈을 멎게 해서

피해자의 목숨을 구하는 것이다. 하지만 그러고 나면 다시 돌아가서 출혈이 어떻게 시작됐는지 파악해야 한다. 그래야 같은 일이 되풀이되지 않을 테니까. 칼과 그 칼을 휘두른 사람에 대해 논의해야 한다.

1부에서 제시한 도구들은 출혈을 멎게 하는 것, 즉 당장 도움을 주는 도구들이었다. 그것들은 말 그대로 당신의 목숨을 구해준다. 인간이라면 누구나 스트레스 반응 사이클을 완성할 수 있고 자신의 모니터를 관리할 수 있으며 자신의 이상과 관계를 맺을 수 있다. 이상의 원천은 우리 내면에 존재하니까. 이 모든 것은 당신이 어디에 가든 어떤 문화에 살든 언제든 이용할 수 있다.

그러나 어째서 피를 흘리게 됐는지도 간과해선 안 된다. 칼과 그것을 휘두른 적을 파악해야 한다. 만약 당신이 산업화된 서구 사회에 사는 여성이라면 특정한 유형의 적과 맞서야 한다. 그들은 당신을 거듭 깎아내리려 하고, 그러면서도 당신을 '돕기' 위해 그러는 것이니 고마워해야 한다고 말한다. 우리는 태어날 때부터 그들을 마주한 탓에 그들의 말을 그저 믿어버린다.

쥐 실험을 예로 들어 설명해 보겠다. 도움이 될 것이다. 쥐 두 마리가 있다고 상상해 보자. 쥐 1은 영화배우 레이프 파인스Ralph Fiennes의 이름을 따서 레이프라고 부르겠다. 쥐가 아니라 진짜 레이프 파인스를 떠올려도 좋다. 그가 상자 안에 들어가 있다. '왕복 상자'라고 부르는 이 상자의 바닥에는 주기적으로 전기가 흐른다. 고통스럽지는 않지만 불편하다. 레이프는 감전되기 싫어서 전기가 흐를 때마다 상자에서 나가기를 원한다. 다행히 감전이 시작된 뒤 잠시 작은 문이 열린다. 그는 그리로 나갈 수 있다! 그는 탈출한다! 그의 모니터는 금세 전기 충격을 피하는 일이 달성 가능한 목표라는 것을 깨달았고 그와 함께 도파민이 2배로 치솟는다! 그는 역경을 극복했고 언제든 상황을 개선할 수 있다는 사실을 배웠다.

쥐 2는 콜린이라고 부르겠다. 콜린 퍼스Colin Firth를 떠올려도 좋다. 그는 상자가 아니라 수조 안에서 '강제 수영 실험'을 받고 있다(이름만 들어도 지독한 실험 같지 않은가?). 대부분의 쥐가 그렇듯 콜린은 수영할 줄 안다. 실제로 콜린 퍼스는 〈오만과 편견〉과 〈싱글맨〉에서도 수영을 했다. 그러나 그는 수영을 좋아하지 않는다. 가능한 한 빨리 물에서 나가고 싶다. 그래서 헤엄치고 헤엄치고 또 헤엄치지만……. 육지가 나오지 않는다. 거듭 실패하자 그는 좌절하고, 그런 뒤 절망에 빠진다! 뽕! 결국 콜린의 모니터는 그의 목표에 대한 평가를 달성 가능에서 달성 불가능으로 바꾼다. 도파민이 절반으로 줄어든다. 무력감에 빠진 콜린은 육지가 보일 때까지 힘을 아끼려는 필사의 노력으로 그저 물에 떠 있다.

이제 이 시나리오에서 가장 슬픈 부분을 소개하겠다. 우리가 콜린을 물에서 꺼내 물기를 닦아준 다음 왕복 상자에 넣는다면 그는 전기가 통한 뒤 문이 열려도 도망치려 하지 않을 것이다.[1] 탈출할 수 있는데도 시도하지 않는다는 뜻이다. 콜린의 뇌는 시도해 봐야 소용없다는 것을, 무슨 짓을 해도 상황이 나아지지 않는다는 것을 배웠고…… 그래서 시도할 힘을 잃었다.

이런 상태를 '학습된 무력감'이라고 부른다. 인간을 포함한 모든 동물은 나쁜 상황에서 탈출할 수 없다는 사실을 거듭 확인하고 나면 기회가 와도 탈출 시도를 하지 않는다. 학습된 무력감에 빠진 동물은 좌절을 넘어 곧장 절망의 구렁텅이로 떨어진다. 이는 합리적 선택의 문제가 아니다. 그들의 중추신경계는 무슨 짓을 해도 괴로운 상황을 개선할 수 없다는 사실을 학습했다. 자신이 무력하다고 학습했다. 그들이 스스로를 보호하기 위해 할 수 있는 유일한 방법은 아무것도 시도하지 않는 것이다.

수백 건이 넘는 이런 연구 사례를 읽으면 당신은 쥐에게 가서 비밀을 알려주고 싶을 것이다. "콜린, 이건 조작된 실험이야! 의도적으로 너를 속여서 네가 어떻게 반응하는지 보려고 조작한 실험이라고."

인간을 대상으로 학습된 무력감을 실험하는 연구자들도 바로 이런 방식을 사용한다. 일례로 연구자들은 참가자들을 두 그룹으로 나눠 성가신 소음에 노출시키되 한 그룹은 소음을 끌 수 있도록 했고 다른 한 그룹은 끌 수 없게 했다. '무력한' 그룹의 참가자들 가운데 많은 이가 쥐들과 똑같이 그저 포기하고 문제 해결 시도를 중단했다. 그러나 연구자들은 참가자들이 절망의 구렁텅이에 빠진 채로 실험을 끝내도록 두지 않았다. 그들은 "무력한" 그룹의 참가자들에게 "소리가 조작됐거나 문제 해결이 애초에 불가능했다고" 알려줬고 그러자 참가자들의 증상이 금세 사라졌다.[2] 게임이 조작됐다는 사실을 알게 되는 것만으로도 당장 기분이 한결 나아진다는 뜻이다. 그것이 이 장의 목표다.

디스토피아 영화 시리즈 〈헝거 게임〉에서 주인공 캣니스 에버딘은 다른 아이들을 죽여야만 살아남을 수 있는 '게임'에 강제로 참가한다. 이 게임은 전체주의 정부가 그 지역을 통제하기 위해 만든 의식이다.

게임을 시작하기 전에 캣니스는 멘토에게 이런 말을 듣는다. "진짜 적이 누구인지 잊지 마."

우리의 최대 적은 우리가 아니다. 게임의 다른 참가자들도 아니다. 우리의 적은 바로 게임 자체다. 하지만 이 게임은 자신이 적이 아닌 척하고 있다. 이제 시작해 보자.

가부장제(꿍)

우리도 안다. '가부장제'라는 말만 들어도 많은 사람이 불편해한다는 것을. 그래도 괜찮다. 이 말을 받아들이지 않아도, 사용하지 않아도, 그 안에서 겪는 증상들을 인정하지 않아도 괜찮다. 가부장제의 메시지들은 마치 익숙한 노랫가락처럼 우리 머릿속에 너무도 오랫동안 각인된 탓에 우리는 그것을 딱히 자각하지 못하고 어릴 때부터 몸에 익혔다는 사실도 인정하지 않는다.

아기가 태어나는 날(때로는 그 전부터) 어른들은 "아들이다!" 또는 "딸이다!" 하고 선언한다. 아들과 딸을 서로 다르게 대하지 않는다면 아이의 양육 방식을 결정하는 데 생식기는 별다른 영향을 미치지 않을 것이다. 그저 다른 신체 부위와 똑같은 의미일 뿐. 하지만 아기는 마치 어떤 장난감을 좋아할지, 어떤 기술을 습득하게 될지, 커서 누구를 사랑하게 될지, 어떤 사람이 되고 싶을지 등이 모두 이미 정해져 있는 듯 양육된다.

남자아이와 여자아이를 다르게 기르는 경향은 차츰 줄고 있다. 아버지들은 딸들이 '전통적으로 남성의 전유물이라고' 간주되는 특징들, 즉 독립성이나 강인함을 갖추는 것에 찬성한다. 물론 자기 아내나 여자 친구가 그런 특징을 보이면 딱히 좋아하지 않지만 말이다. 그러나 여전히 우리는 남자아이와 여자아이에게 제각기 다른 것을 기대한다. 여아용 장난감 코너와 남아용 장난감 코너만 봐도 그 차이가 얼마나 큰지 알 수 있다. 이런 차이는 결코 중립적이지 않다. 남자아이로 양육되면 커서 비교적 쉽게 힘과 권력의 위치를 차지할 수 있다. 이것이 가부장제의 본질이다. 가부장제는 수많은 형태로 나타난다.

노골적 여성혐오: 대표적인 예로, 텔레비전 리얼리티 프로그램에 출연한 한 남성이 자신은 유명인이라 원한다면 언제든 여성의 '성기'를 차지할 수 있다고 떠들어대자 언론은 아무렇지도 않게 우후죽순 보도했다.('탈의실에서 흔히 나누는 얘기죠') 만약 그가 (혹은 어떤 여성이) 자신은 원한다면 언제든 남자의 음경을 차지할 수 있다고 말했다면 어땠을까?

다른 예로, 많은 사람을 죽이거나 해치며 광란의 살육을 이어간 청년은 여자들에게 섹스를 거부당해서 범죄를 저질렀다고 해명했다. 자신을 비자발적 순결자라고 밝힌 살인광에 대해 《뉴욕 타임스》는 "섹스의 재분배" 즉, 남성이 여성을 대상으로 하는 섹스의 재분배가 마치 합리적인 일인 것처럼 진지하게 주장하는 기명 칼럼을 게재했다.[3] 이 칼럼의 논지는 여성들이 위험한 남성의 성적 욕구를 충족시켜 주기만 했어도 죽음을 면할 수 있었다는 것이었다.

이 책을 쓰고 있는 현재 기준으로 미국에서 남성 또는 소년이 저지른 대규모 총기 난사 사건은 무려 15건에 달하며, 그중 여러 명이 여성이나 소녀의 감정적 거부나 성적 좌절, 질투를 범행 동기로 꼽았다.[4] 총기 난사범 가운데 절반 이상이 자신의 파트너 또는 모친이나 아내, 여자 친구, 자식을 포함한 가족을 살해했다.[5]

성폭행과 데이트 폭행: 성폭행은 구조적으로 남성보다는 여성을 대상으로 하는 경우가 훨씬 더 많다. 여성이 피해자인 경우는 남성이 피해자인 경우의 3배에 달하며 성범죄자의 95퍼센트는 남성이다. 미국 여대생 가운데 대학 재학 중에 성폭행 또는 성폭행 시도를 당한 사람은 5명에 1명꼴이다.[6] 세계적으로 여성을 강간한 남성들은 여성의 의사와 상관없이 자기들이 여성의 신체에 소유권을 갖고 있다는 믿음을 주요 범행 동기로 꼽는다. 관련 연구에서는 이것을 "성적 권리 의식sexual entitlement"이라고 부른다.[7] 행동이나 태도로 '남성을 어떻게 유인했는지'를 근거로 여성에게도 책임이 부과되지만 가해자가 기소되는 확률은 매우 낮다. 게다가 성폭행으로 고소된 공직자들은 고소인이 강간하기에는 외모가 매력적이지 않다는 뉘앙스로 자신을 변호하기도 한다.

심각한 육체적 폭행 및 성폭행의 위협과 더불어 여성들은 매일 성별에 따른 고질적인 스트레스원을 마주해야 한다. 이런 식의 가부장제 경험은 대도시의 자동차 소음과도 비슷하다. 대도시에 사는 사람들은 소음에 워낙 익숙해서 자각하지 못하지만 그렇다고 소음이 줄어드는 것은 아니다. 이런 소음의 예를 몇 가지 들어보겠다.

신체상: 이 주제는 5장에서 포괄적으로 다룰 예정이니 여기서는 한 가지만 짚고 넘어가겠다. 신체이형증(자신의 신체적 특징을 결함으로 여기고 강박적으로 집착하는 정신 질환 ― 옮긴이)과 섭식

장애는 구조적으로 남성보다는 여성에게 훨씬 더 많은 영향을 미치며 이런 역학은 초등학교에서부터 시작된다. 만 6세의 소녀들 가운데 자신이 너무 뚱뚱하다고 걱정하는 아이들은 절반에 달한다. 섭식 장애가 모든 정신 건강 문제를 통틀어 치사율이 가장 높다는 점도 간과해선 안 된다. 신체상은 허영의 문제가 아니다. 그것은 여성들의 목숨이 걸린 문제다.

발언의 기회: 이 역학도 초등학교에서부터 시작된다. 남자아이들이 발언하고 대답을 외치는 횟수는 여자아이들의 8배에 이른다.[8] 성인의 경우, 남성이 다수인 모임에서 여성이 발언하는 시간은 남성의 3분의 1에 불과하다. 여성의 수가 남성보다 많은 경우에만 여성이 남성과 같은 양의 발언을 한다.[9] 버락 오바마 대통령의 첫 임기 동안 그의 여성 참모들은 자기들의 발언을 관철하기가 너무 어려운 나머지 '증폭' 전략을 사용했다. 한 여성이 중요한 주장을 하면 다른 여성들이 첫 발언자를 인용하며 그 주장을 되풀이하는 전략이다. 자칭 페미니스트인 오바마 대통령조차 성별의 균형을 맞추기 위해서는 이처럼 적극적인 개입이 필요했다.

쥐 실험에서는 이처럼 만연해 있는 문제들을 "가벼운 만성 스트레스"라고 부른다. 실험에 사용된 쥐들은 예측할 수 없는 그러나 위험할 만큼 길지 않은 기간 동안 음식과 물을 빼앗기거나 몇 시간 동안 45도 기울어진 우리에 있거나 잠자리가 물에 젖어 있거나 몇 시간씩 경고등이 깜빡거리는 상황에 놓인다. 이처럼 소소한 어려움을 겪는 상황에서 쥐들은 생존할 수는 있지만 날마다 무력감에 조금씩 잠식된다.[10] 인간에게 빗대면 연구자들은 쥐들에게 지긋지긋한 문제의 연속인 환경을 만든 셈이다.

21세기 서구 사회의 많은 여성이 이처럼 지긋지긋한 문제의 연속 속에서 살아가고 있다. 통제할 수 없는 가벼운 수준의 스트레스원이 끊이지 않고 이어지는 것이다. 스트레스원 하나하나는 그저 성가신 수준에 불과하지만…… 이 모든 것이 점차 누적된다.

물론, 삶은 누구에게나 힘들다. 남자나 소년들도 이처럼 성가신 문제들과 싸워야 한다. 기업들이 점차 남성들에게 복근이나 왕성한 성기능을 갖춰야만 가치 있는 인간이 된다고 주입함으로써 이익을 창출할 수 있다는 사실을 깨닫고 있다. 그 결과 남성도 점차 좁아지는 기준에 자신을 끼워 맞춰야 한다는 압박에 시달린다. 대학살이 벌어지면 살인자 자신을 포함해서 성별과 관계없이 많은 사람이 목숨을 잃는다. 게다가 남성은 자학을 포함해 폭력으로 죽을 확률이 여성보다 높다. 여성혐오는 여자들만 죽이는 것이 아니다.

하지만 그런 문제는 이 책에서 다룰 사안이 아니다. 우리가 다룰 문제는 여성이 남성에 비해 집에 돌아갔을 때 잠자리가 젖어 있는 것을 발견할 확률이 더 높은 환경에 살고 있다는 사실이다.

'낮은 수준의 만성 스트레스'로 규정되는 여성의 삶은 실제로 뜯어보면 훨씬 더 복잡하다. 이유는 두 가지다. 첫째, 여성과 남성은 이런 스트레스에 대해 생물학적으로 서로 다른 반응을 보일 가능성이 높기 때문이다. 강제 수영 실험에서 가벼운 만성 스트레스원에 노출됐을 때 수컷 쥐들은 곧바로 강제 수영 시간을 절반으로 줄였다. 그리고 6주 뒤에 수영 시간을 다시 그 절반으로 줄였다. 반면 암컷 쥐들은 3주 뒤에야 헤엄치는 시간을 절반으로 줄이고 6주 뒤에는 변화를 보이지 않았다. 가벼운 만성 스트레스원에 노출된 암컷 쥐들은 수컷 쥐들보다 더 끈기 있게 버틴다는 뜻이다. 어려움에 직면했을 때 암컷 쥐들은 수컷 쥐들보다 더 열심히 노력하며 암컷의 뇌가 무력감으로 전환되는 데 걸리는 시간은 수컷의 뇌의 2배에 달한다. 암컷은 쥐들조차도 #끈기있게 버티는 모양이다.

둘째, 우리가 겪는 스트레스원 가운데 하나는 더 이상 여성이 남성과 다른 스트레스에 시달리거나 남성보다 더 많은 스트레스에 시달리지 않는다는 이야기를 끊임없이 듣고 있다는 사실이다. 현대 서구 사회 가부장제(究)의 한 가지 특징은 바로 가부장제가 더는 존재하지 않는다고 주장하는 것이다.

가스라이팅

영화 〈가스등〉을 기억하는가? 이 영화에서 주인공 잉그리드 버그먼Ingrid Bergman의 남편은 가스등을 일부러 어둡게 해놓고 아내가 어둡다고 말하자 착시라고 말한다. 아내의 가방에 시계를 넣어놓고 아내더러 그것을 훔쳤다고 덮어씌우기도 한다. 죽은 숙모의 보석을 찾기 위해 다락을 돌아다닌 뒤 아내가 발소리가 들린다고 말하자 환청이라고 주장한다. 그러면서 아내가 다른 사람을 만나지 못하게 하고 신경이 불안정한 그녀를 위해 그러는 것이라고 설득한다. 고립된 채로 갇힌 그녀는 그저 그의 말을 믿을 수밖에 없다.

결국 매력적인 경찰 조지프 코튼Joseph Cotten이 집으로 찾아와 "맞습니다. 가스등이 어둡네요. 당신이 미친 게 아니에요" 하고 말하자 그제야 잉그리드 버그먼의 정당성이 입증된다.

이 이야기는 세대를 거듭해 영화 팬들에게 강렬한 인상을 남겼고, 그 결과 '가스라이팅'은 여성이나 소외 집단에게 모든 것이 그들의 착각이라고 세뇌하는 현상을 일컫는 용어가 됐다. 혹시 당신이 차별받고 있는데 사람들은 그저 착각일 뿐이라고 말하는가? 그들은 당신을 가스라이팅하는 것이다.

누군가가 당신을 가스라이팅하고 있다고 느끼지만 그 사람의 말이 맞을지도 모른다고 걱정하는가? 당신이 과민 반응을 보이는 것인지도 모른다는 생각에 섣불리 나서지 못하고 있는가? 당신이 느끼기에는 가스라이팅이 분명하지만 자신의 느낌을 믿을 수 없는가? 가스라이팅을 당하고 있다면 정확히 이런 기분이 든다. 의심과 두려움, 분노, 배신감, 고립감, 혼돈이 한 꺼번에 밀려든다. 뭔가 잘못됐는데 무엇이 어떻게 잘못됐는지 설명할 수 없다. 내가 오해한 것이 아닐까 걱정되면서도 이의를 제기할 수 없는 현실이 부당하게 느껴진다.

친구를 찾아가서 무슨 일이 있었는지, 당신이 어떻게 반응했는지, 왜 그렇게 반응했는지 설명하기도 어렵다. 가스라이팅을 인지하지 못하면 상황을 털어놓기가 망설여질 것이다. 가스라이팅은 자신의 신뢰성과 온전함을 의심하도록 설계됐기 때문이다. 그래도 확신을 가져라. 당신이 틀렸거나 멍청한 것이 아니다. 당신은 가스라이팅을 당하고 있는 것이다.

텔레비전에 나오는 전문가들은 성차별이 더 이상 존재하지 않으니[해시태그를 예로 들면, #모든남자가그렇진않다#NotAllMen, 여기에 덧붙여 인종 차별도 더 이상 존재하지 않는다는 뉘앙스의 다음과 같은 해시태그도 있다. #모든생명은소중하다#alllivesmatter(흑인 생명도 소중하다는 뜻의 표어 'Black lives matter'를 비튼 해시태그 — 옮긴이)] 우리가 함께 일하는 남자들과 (혹은 백인들과) 똑같은 급여를 받지 못한다면 그것은 우리가 그만큼 일을 하지 않았기 때문이라고 말한다. 나아가 남자들은 원하는 것을 당당하게 요구하니 우리도 요구하면 받을 수 있다고 말한다. 만약 우리가 요구했는데도 받지 못하면 제대로 요구하지 않았기 때문이다. 잡지에서는 우리가 하루에 그

4장   게임이 조작됐다

린 스무디를 10잔씩 마시면 컨디션이 좋아지고 외모도 나아질 뿐 아니라 우리 아이들이 존댓말로 '고맙습니다' 하고 인사할 것이고 상사가 우리를 승진시켜 줄 거라고 말한다. 그렇지 않다면 우리가 그린 스무디 10잔을 마시지 않았기 때문이라고, 결코 체계적인 편향 때문이 아니라고 말한다.

이런 메시지는 고질적이고 끈질기다. 잘못된 것이 있다면 '당신 탓'이다. 세상 전체가 잘못됐거나 미쳤을 리는 없으니 당신이 잘못됐거나 미친 것이다. 당신이 충분히 열심히 노력하지 않은 탓이다. 당신이 옳은 일을 하지 않은 탓이다. 당신이 필요한 것을 갖추지 못한 탓이다. 그렇다면 우리는 그들의 말을 믿을 수밖에 없지 않은가?

가스라이팅은 덫에 걸린 듯 불편한 느낌을 주는 동시에 그것이 스스로 자초한 일이라고 믿게 만든다. 그리고 그런 믿음이 더 큰 분노와 슬픔, 절망을 낳는다. 의도적으로 가스라이팅을 하는 사람들도 있다.[11] 그들은 당신의 손을 붙잡고 그 손으로 당신을 때리며 "자신을 때리지 마! 자신을 때리지 마!"라고 연호하는 못된 인간들이다.

그러나 가스라이팅을 하는 사람들이 모두 다 이렇게 못된 인간은 아니다. 그중에는 우리가 '가부장제 맹목patriarchy blindness'이라고 이름 붙인 증상에 시달리는 사람들도 있다. 우리는 이 비이성적 믿음의 원인 두 가지를 찾았다. 하나는 베푸는 인간 증후군이고 다른 하나는 '맞바람/뒷바람 비대칭'이다.

가부장제 맹목 1: 베푸는 인간 증후군

베푸는 인간 증후군의 중심에는 여성이 타인을 위해 모든 것을, 삶의 모든 순간과 자신이 가진 모든 에너지를 내줘야 한다는 암묵적 가설이 깊이 박혀 있다. '자신을 돌보는 것'은 이기적인 일이다. 개인의 자원을 타인이 아니라 베푸는 인간 자신의 웰빙을 증진하는 데 사용하기 때문이다.

베푸는 인간 증후군은 '두 번째 근무second shift(1989년 앨리 혹실드Arlie Hochschild가 동명의 저서에서 주창한 용어로, 직장에서 유급의 노동을 하고 돌아온 뒤 집에서 하게 되는 노동을 일컫는 말 — 옮긴이)'의 토대를 이룬다. 양육과 가사에 투자하는 시간과 노력의 남녀 간 불균형은 점차 줄고 있지만 여전히 사라지지 않았다. 전 세계적으로 여성이 양육 및 가사에 투자하는 시간은 일주일에 40시간에 달한다. 반면 남성이 투자하는 시간은 1시간 30분에 불과하다.[12] 미국과 영국, 캐나다와 같은 가장 평등한 국가들에서도 여전히 여성이 이런 무급 노동에 50퍼센트 더 많은 시간을 투자한다.[13] 예를 들어 2016년 기준 영국에서 여성의 주당 가사 노동 시간은 26시간이었고 남성은 16시간이었다.[14]

이보다 심각한 문제는 베푸는 인간 증후군이 성폭력의 토대가 된다는 점이다. 구체적으로, 남자는 여성의 몸에 대해 권리를 갖고 있으며 여성이 매력적으로 보이거나 남자가 여성을 통제할 수 있는 위치가 되면 그 권리를 주장할 수 있고 가능한 것은 모두 얻을 권리를 소유한다는 기본적인 믿음이 이런 토대의 틀을 이룬다. 게다가 이런 믿음은 감정적·문화적 역학에서 그치지 않는다. 과거부터 지금에 이르기까지 법리적으로 허용되는 현실이기도 하다. 영국에서는 오랫동안 결혼한 여성과 그 여성의 모든 소유물이 합법적으로 남편의 재산에 귀속됐다. 최근에야 결혼한 여성도 자신의 재산을 소유할 권리와(1882년) 이름을 소유할 권리(1924년), 남편에게 강간당하지 않을 권리(1991년)를 갖게 됐다.[15]

베푸는 인간 증후군은 우리 문화에 너무도 깊이 뿌리박힌 탓에 통계와 확실한 연대를 들이대야만 불균형과 부조리를 인지할 수 있다. 대규모의 객관적 정량과 역사관을 활용하지 않으면 익숙한 불균형에 안주하기 십상이다. 베푸는 인간은 무엇에 대해서도, 심지어 자신의 몸에 대해서도 소유권이나 통제권을 갖고 있지 않다. 그런 탓에 우리는 남성에게 성희롱이나 성적 학대, 성폭행을 당한 여성의 이야기를 들었을 때 그런 혐의가 남성의 전도유망한 경력에 걸림돌이 되겠다며 걱정하고 고소한 여성은 자기 무덤을 팠다는 식으로 이야기한다. 고소인은 죽음의 위협에 시달리고 피고소인은 법정에 선다.

간단히 말하면 우리가 진실을 직시하기 어렵다는 것이다. 우리뿐 아니라 다른 사람들도 진실을 똑바로 보게 하려면 어떻게 해야 할까? 우리는 대학생들에게 존재하는 인간과 베푸는 인간의 개념을 가르칠 때 이렇게 묻는다. "해결책이 뭘까요?"

당신은 어떻게 생각하는가? 학생들이 가장 먼저 내놓는 답은 대개 이렇다. "모든 사람을 존재하는 인간으로 키우면 되죠!"

잠시 생각해 보자. 모든 사람이 경쟁심과 소유욕, 권리 의식을 가진 존재하는 인간으로 자란다면 세상이 어떻게 될까? 한 철학과 학생은 곰곰 생각한 뒤 토머스 홉스Thomas Hobbes를 인용해 대답했다. 인간은 끊임없이 자신을 타인과 비교하고 명예와 존엄을 위해 경쟁하며 기쁨을 얻는 존재기 때문에 만인의 만인에 대한 투쟁이 인간의 자연 상태고, 따라서 결국 '고독하고 빈곤하며 험악하고 거칠고 단명할' 세상이 될 거라고.

만약 우리가 모든 사람을 존재하는 인간으로 키운다면 우리는 영원히 투쟁에 시달려야 할 것이다. 또는 홉스의 논리대로 전체주의 정부를 감당해야 할지도 모른다. 어쩌면 둘 다일 수도 있다. 굉장하지 않은가! 사실 많은 학생이 자동으로 존재하는 인간, 즉 남성을 기본적인 존재로, 베푸는 인간, 즉 여성을 부차적인 존재로 상정한다는 사실 자체가 베푸는 인간 증후군의 한 증상이다. 이것이 바로 가부장제 맹목이다.

그렇다면 만약에, 그러니까 만에 하나 우리가 모든 사람을 베푸는 인간으로 키우면 어떻게 될까? '모든' 사람에게 타인의 필요를 배려하고 아량을 베푸는 도덕적 책임이 있다고 상정한다면? 누구도 자신이 원하는 것을 타인에게서 빼앗을 자격이 없고 모두가 가급적 타인을 도와야 한다고 상정한다면?

그렇다면 번갈아 가며 한 사람은 베풀고 다른 한 사람은 그 사이에 휴식을 하자고 사전에 상호 협의하지 않은 이상, 한 사람이 저녁 식사를 차리고 설거지를 하는 동안 다른 한 사람은 텔레비전을 보며 빈둥거리는 일은 없을 것이다. 타인의 몸에 대해 통제권을 허용하는 법도 존재하지 않을 것이다. 애초 누구도 그런 권리를 기대하지 않을 테니까. 가스라이팅을 하는 사람도 없을 테니 가스라이팅으로 의심과 배신, 슬픔, 분노에 시달리는 사람도 없을 것이다. 누군가가 절망의 구렁텅이에 빠지면 주변의 베푸는 인간들이 비판 없이 너그러운 온정을 베풀 것이다. 가부장제(꿍)가 사라지면 베푸는 인간이 더 안전하게 살 수 있다.

베푸는 인간 증후군은 워낙 깊이 뿌리박혀 있어서 시간과 노력을 들여야 박멸할 수 있다. 성폭력 예방 및 대응 분야에서 오랫동안 일한 에밀리도 여전히 주기적으로 베푸는 인간 증후군의 증상을 자각한다. '이 여자는 왜 그의 방에 들어갔을까?' 또는 '이 여자는 왜 떠나지 않았을까?'라는 생각이 언뜻 머릿속을 스치는 것이다. 이런 생각을 통째로 뿌리 뽑기보다는 가급적 일찍 자각하는 것을 목표로 삼아야 한다. 작을수록 뿌리 뽑기가 수월할 테니까. 에밀리는 베푸는 인간 증후군이 가부장제 맹목을 야기할 때 이를 빨리 자각할 수 있도록 간단한 테스트를 한다. 예를 들면, 이렇게 자문하는 것이다. "만약 이 자리에 여자가 아닌 남자가 들어갔다면 혹은 그 반대라면 나는 어떻게 생각했을까?"

또는 이렇게 자문하기도 한다. "나는 이 여성에게 예쁘고 상냥하며 얌전하고 관대할 뿐 아니라 타인의 필요를 배려할 도덕적 의무가 있다고 생각하나?", "나는 이 남성에게 경쟁심과 물욕을 갖고 타인이 어떻게 되든 자신이 가질 수 있는 것은 모조리 빼앗아야 할 도덕적 의무가 있다고 생각하나?"

베푸는 인간 증후군은 성별에 따른 차별과 불균형, 부조리를 부당하다고 인식하는 능력을 제한하기 때문에 가부장제(꿍)맹목을 야기할 수밖에 없다. 그러나 우리의 시야를 가리는 것은 그뿐만이 아니다.

가부장제 맹목 2: 맞바람/뒷바람 비대칭성

에밀리는 장거리 사이클링을 할 때면 집에서 나갈 때보다 집으로 돌아올 때 길이 더 평평하다고 느꼈다. 당신은 이렇게 생각할 것이다. "어떻게 그럴 수 있지? 어떻게 같은 길이 북쪽으로 갈 때보다 남쪽으로 갈 때 더 평평하겠어?"

사실, '평지' 구간은 완벽한 평지가 아니라 아주 살짝, 1도도 안 되게 기울어져 있다. 평평하게 보이지만 실제로 평평했다면 나갈 때나 돌아올 때 똑같은 평지로 느꼈거나 오히려 돌아오는 길에 더 힘들다고 느꼈을 것이다. 이미 30킬로미터 넘게 자전거를 타고 달린 뒤라 다리가 지쳐 있을 테니 말이다. 하지만 분명 집으로 돌아올 때가 더 수월하게 느껴졌다. 가장 이상한 점은 이 구간이 평평하게 보이기 때문에 그녀의 뇌와 다리가 남쪽으로 갈 때 빠르게 나아가는 느낌은 당연하게 받아들이는 반면 북쪽으로 갈 때 느끼는 긴장은 도무지 이해할 수 없는 느낌으로 해석했다는 것이다.

이런 편향을 '맞바람/뒷바람 비대칭성'이라고 부른다. 사람들은 앞으로 나아가기를 방해하는 맞바람은 쉽게 자각하지만 뒤에서 밀어주는 뒷바람은 자각하지 못하는 경향이 있다. 이런 현상은 어떤 상황에서든, 어떤 사람에게든 나타날 수 있다. 연구에 따르면 미국인들은 일반적으로 대통령 선거의 선거인단과 선거운동 자금 시스템이 증거와 관계없이 자신이 싫어하는 정당에게 부당한 이익을 준다고 믿는다. 마찬가지로 스포츠 경기에서는 자신이 좋아하는 스포츠 팀이 다른 팀보다 더 불리한 여건에서 경기를 치렀다고 믿는다. 심지어 부모와 형제자매의 관계에서도 이런 현상이 나타난다. 사람들은 형제자매가 어떻게 생각하든 부모가 자신보다 다른 형제자매와 더 사이가 좋았다고 응답한다.[16] 우리는 대개 다양한 방식으로 자신이 누린 혜택은 무시하거나 잊어버리고 자신이 극복한 장애물만 오래 기억하는 경향이 있다. 장애물을 극복하는 데는 수월한 구간을 달릴 때보다 더 많은 노력과 에너지가 들어가기 때문이다.

맞바람/뒷바람 비대칭성은 특권 의식과는 다르다. 특권 의식을 가진 자들은 특별한 권리를 누리지 못하고 남들과 공정하게 대우받을 때 불평한다. 그러나 예를 들어 여자가 남자보다 힘들지 않다고 주장하는 경우는 대개 맞바람/뒷바람 비대칭성에 해당한다. 미국 공영 라디오(NPR)에서 남성 의사들은 동료 여성 의사를 "닥터 아무개"라고 소개할 확률이 절반에 불과하다는 새 연구 결과를 다루자,[17] 페이스북에는 "여자라면 누구나 알고 있는 사실을 왜 굳이 연구를 동원해서 입증하냐"라는 여성들의 댓글과 "그럼 남자는?" 하는 남성들의 댓글이 가득 달렸다.[18] 이런 남성들이 특권 의식을 가졌다고 말할 수는 없다. 그들은 그저 자신을 밀어주는 뒷바람을 의식하지 못할 뿐이다.

백인들은 유색인종에 대해 맞바람/뒷바람 비대칭성을 갖고 있다. 그들은 길이 평평하게 '보이는데' 어떻게 유색인종들에게는 기울어져 있냐고 묻는다. 틀림없이 흑인들이 자전거를 잘 타지 못하거나 게으르거나 권리의식에 빠져 있을 거라고, 길에는 아무 문제가 없다고 그들은 생각한다. 백인들이 모두 특권 의식을 가진 것은 아니다. 그보다는 대부분 맞바람/뒷바람 비대칭성에 빠져 있다.

부유한 사람은 가난한 사람을, 시민권자는 이민자를, 비장애인은 장애인을 이런 편향으로 괴롭힌다. 우세한 집단의 사람들은 모두에게 길이 평평하다고, 다른 집단 사람들에게만 평평하지 않을 리가 없다고 믿는다. 그들은 자기들이 아주 열심히 일한다는 사실만 알고 있다. 그러나 이런 인지 편향을 자각하고 지양하도록 도와주는 간단한 방법이 있다.

줄리는 결혼 생활 문제와 씨름하는 사이에 같은 학군의 고등학교로 일자리를 옮겼다. 그녀에게는 큰 발전이었다. 이전 학교와 비교해 관리자들이 더 체계적이고 급여도 더 높으며 더 유동적이고 더 이름 있는 학교였다. 게다가 그녀는 연극 프로그램을 맡게 됐다. 오랫동안 꿈꾸던 일이었다.

어밀리아가 새 학교는 어떠냐고 이메일을 보냈을 때 줄리는 이렇게 답장했다. "아주 좋아. 정신을 못 차릴 지경이야. 머리가 들떠 있고 속이 아파. 그렇지만 정말 운이 좋았어. 세상에, 글쎄, 내가 여자 교사로는 최초로 이 학교에서 연극 프로그램을 맡게 됐다니까. 굉장하지?"

줄리가 고교 연극 연출을 맡은 것은 난생처음이었다. 대학에서 연극 대본 몇 편을 썼고 기본적인 연극 교육을 받긴 했지만 이번처럼 극단을 온전히 맡은 적은 없었다.

많은 결정을 내려야 했고 해야 할 일도 많았다. 일에 치여 죽을 지경이었다. 시간이 부족했고 연습할 때 인내심도 점점 고갈되는 듯했다. 그녀는 연극의 음악 감독을 맡은 악단 지휘자에게 고충을 털어놨다. 그는 그녀가 전임자보다 더 많은 일을 하고 있다는 것을 이미 눈치챘다.

그가 물었다. "왜 혼자서 그렇게 많은 일을 합니까? 무대 매니저와 조연출, 무대 스태프에게 나눠주세요. 선생님이다 하실 필요는 없어요."

"하지만 아이들이 도와달라고 했거든요."

"그야 당연하죠. 이제 막 둥지에서 첫걸음을 떼는 아기 새들이잖아요. 그래도 스스로 모험을 하게 해야죠."

그녀는 아기 새들이 둥지에서 떨어질지도 모른다는 생각에 자기도 모르게 움찔했다. 어느새 자신을 어미 새와 동일시하고 있었던 것이다. "어떻게 그렇게 해요?" 그녀가 물었다.

그는 어깨를 으쓱하며 대꾸했다. "그냥 하면 되죠."

줄리는 자신이 '어미 새 노릇'을 하려고 한 것이 문제였다는 사실을 깨달았다. 어미 새가 되자 학생들의 필요뿐 아니라 그들의 바람과 열망, 전반적인 안위를 모두 자신의 일과 온전한 삶보다 우선시하기 시작한 것이다. 문득 '아비 새 노릇'이라는 것도 있을까 궁금했다. 줄리는 자신이 그런 역할을 만들기로 했다. 아이들의 책임을 모두 떠맡기보다는 아이들에게 스스로 할 수 있다고 말해주거나 도움을 줄 수 있는 사람을 소개해 주기 시작한 것이다. 몇 주 동안 그렇게 한 뒤 지휘자에게 의견을 묻자 그는 그녀의 새로운 방식이 전임자의 방식과 더 비슷하다고 대꾸했다.

그러나 모두가 만족할 수는 없었다. 학생들은 불평하기 시작했다. 관리자들은 그녀에게 왜 연극을 완전히 책임지지 않느냐고 추궁했다. 그녀는 이렇게 대답했다. "책임지고 있어요. 전임자가 하던 일, 다른 학교 책임자들이 하는 일을 모두 하고 있다고요. 학생들에게 자발적으로 하도록 독려하고 있죠."

"글쎄요, 학생들은 선생님이 도와주지 않는다고 생각하던데요." 그녀가 전임자와 똑같은 역할을 하는데도 학생들이 다르게 느끼는 이유는 무엇일까? 어밀리아는 이렇게 설명했다. "베푸는 인간 증후군 때문이야. 여자들에게는 남자들과는 다른 기대치가 부과되거든. 아무도 말하지 않을 뿐이지."

"그럼 어떻게 해?"

"잘하고 있으니까 그냥 하던 대로 해. 그러면 함께 일하는 사람들도 네가 인간이라는 사실, 한 개인이자 그저 책임자라는 사실에 익숙해질 거야. 그들의 낡은 기대는 네 능력으로 날려주면 돼."

줄리는 그렇게 했다. 도움이 됐다. 아비 새 노릇은 성별에 따라 달라지는 기대를 순탄하게 헤쳐 나가도록 도와줬다. 그러나 결국 그것도 충분하지 않았다.

'키 큰 나무' 공정성 테스트

우리는 우리의 삶을 모양 짓는 여러 이득과 불이익을 나무의 성장 형태를 결정하는 자연환경에 빗대어 생각해 볼 수 있다. 넓고 평평한 벌판에서 자라는 나무는 태양을 향해 곧게 자란다. 산허리에서 자라는 나무도 태양을 향해 자랄 것이다. 이는 곧, 비스듬한 각도로 자란다는 뜻이다. 산이 가파를수록 나무도 더 가파르게 자랄 테고 이 나무를 고른 벌판으로 옮기면 처음부터 그 벌판에서 자란 나무와는 완전히 다른 모습일 것이다. 두 나무는 각자 자란 환경에 적응한 상태다. 우리는 나무의 모양을 보고 나무가 어떤 환경에서 자랐는지 유추할 수 있다.

백인 남성은 넓게 트인 평지에서 자란다. 이런 벌판은 여성을 위한 곳이 아니기 때문에 백인 여성은 그보다 훨씬 더 가파르고 울퉁불퉁한 지형에서 자란다. 유색인종 여성은 비탈이 아닌 바다 위 절벽에서 풍파에 시달리며 자란다. 자신이 자라는 지형을 선택하는 사람은 없다. 우연히 바다 위 절벽에서 싹을 틔웠다면 그곳에서 버티거나 바다로 떨어지거나 둘 중 하나를 택해야 한다. 가파른 산허리와 절벽에서 생존한 사람을 평지로 옮기면 평지에서 자란 사람들은 그 생존자를 보고 왜 사람들과 각종 시스템, 심지어 자신의 신체 감각조차도 믿지 못할까 하고 의아해할지도 모른다. 저 나무는 왜 저렇게 휘어지고 울퉁불퉁할까?

그야 물론, 그녀가 싹을 틔운 곳에서는 그렇게 성장해야만 살아남을 수 있었기 때문이다. 가파른 절벽에서 푸르고 튼튼하게 자라기 위해 바람과 중력, 부식과 맞서 싸운 나무는 고른 운동장으로 옮겨지면 주변과 어우러지지 않고 별나게 보일 것이다. 바다 위의 절벽에서 풍파를 맞은 울퉁불퉁한 나무는 우리가 생각하는 일반적인 나무의 모습과는 다르지만 자신이 나고 자란 환경에서는 잘 버틸 수 있다. 곧게 뻗은 나무는 절벽으로 옮겨 심으면 버티지 못할 것이다.[19]

한 가지 시련을 예로 들어보자. 백인 부모들 가운데 자녀들에게 양손을 주머니에 넣고 다니지 말고 경찰이 부르면 "네, 경찰관님"이라고 대답하라고 노골적으로 가르치는 부모가 얼마나 될까? 그러나 미국의 흑인 부모들에게는 양육의 기본적인 과정이다. 흑인 부모들이 자녀를 다르게 키우는 것은 그들이 나고 자란 환경이 그렇게 요구하기 때문이다. 경찰이 유색인종을 대하는 방식과 백인을 대하는 방식이 사뭇 다르기 때문에 백인들은 흑인들이 터무니없이 경찰을 무서워한다고 생각하기 쉽다. 백인들에게는 아찔하게 펼쳐진 바다가 보이지 않기 때문에 흑인들이 "우리는 바다에 떨어지지 않으려고 그러는 거야"라고 말해도 이해하지 못한다. 하지만 보이지 않는다고 해서 존재하지 않는 것은 아니다. 그렇다면 어떻게 알 수 있을까? 나무의 모양을 보면 알 수 있다. 비스듬한 나무는 산비탈에서 자랐다. 경찰을 두려워하는 사람은 경찰이 위협이 되는 세상에

서 자란 것이다.[20]

길이 평평해 보인다고 실제로 평평한 것은 아니다. 바다가 보이지 않는다고 바다가 없는 것은 아니다. 우리는 사람들의 모습으로 그들이 자란 환경을 유추할 수 있다. 저들은 왜 고른 운동장에서 견디지 못할까 생각하기보다는 그 운동장이 어떻게 바뀌어야 모두가 잘 살 수 있을지 생각해 보자.

동정 피로증

가부장제(끙)는 우리에게 직접 영향을 미칠 뿐 아니라 우리가 다른 사람을 돌볼 때 간접적으로도 해를 입힌다. 우리는 타인을 도우면서 스트레스를 겪으면 대수롭지 않게 여기거나 '비합리적'이라고 여기며 무시해 버린다. 베푸는 인간들은 수년 동안 타인의 필요를 돌보면서도 타인의 필요를 목격하는 데서 오는 스트레스는 무시하곤 한다. 그 결과 우리 몸에는 완성되지 않은 스트레스 반응 사이클이 켜켜이 쌓인다. 이런 축적은 '동정 피로증'으로 이어지며, 베푸는 인간들, 특히 남을 돕는 직업(교육, 사회복지, 보건 등 주로 여성들이 많이 종사하는 직업)을 가진 사람들이 번아웃을 겪는 주요 원인이 된다. 동정 피로증의 증상은 다음과 같다.[21]

* 감정의 단락을 겪는다. 공감해야 마땅하다는 것을 알면서도 아무런 감정이 들지 않아서 공감하는 척 연기한다.

* 극심하지 않은 고통은 축소하거나 외면한다. "노예제/집단 학살/소아 성애/핵전쟁도 아닌데 불평하지 마." 이렇게 말이다.

* 무력감이나 절망에 시달리면서도 내심 무언가를 더 해야 한다고 느낀다.

* 직장이나 인간관계 등의 상황이 좋지 않아도 사명감 때문에 벗어나지 못한다. "내가 하지 않으면 누가 하겠어."

정신적 외상을 견디고 살아가는 사람들을 생존자라고 부른다.

그들을 사랑하고 도와주는 사람들은 '공동 생존자'다. 생존자에게 지원과 보살핌이 필요하다면 공동 생존자에게도 똑같은 지원과 보살핌이 필요하다. 지원과 보살핌을 받지 못하면 번아웃에 빠지거나 포기하거나 적응하지 못할 수도 있다. 세상을 바꾸고 싶다면 변혁의 주체들이 보살핌을 받을 줄 알아야 한다.

다행히 이 책의 3부에서 배우게 될 전략, 즉 사회적 연결과 휴식, 내면의 비판자와 친구 되기 등은 동정 피로증을 예방하거나 이겨내는 데에도 도움이 되는 것으로 입증됐다.[22]

우리에게 문제가 있다고, 우리가 미친 거라고 세상이 떠들어 대지 않는다면 더없이 좋겠지만 세상이 바뀔 때까지 기다릴 필요는 없다. 이제부터는 그런 느낌을 당장 날려줄 방법을 다룰 것이다.

가장 먼저 게임이 조작됐다는 사실을 인지해야 한다. 즉 세상의 규칙은 일부 사람들을 불공평하게 대우하도록 그리고 우리가 이런 불공정성을 바로 보지 못하도록 만들어졌다는 사실을 인지해야 한다.

두 번째 단계는 1장과 2장, 3장에서 다룬 방법을 적용하는 것이다. 정리해 보면 다음과 같다. (1) 사이클을 완성해서 스트레스를 해소한다. (2) 계획적 문제 해결과 긍정적 재평가를 활용해 모니터를 끊임없이 만족시킨다. (3) 자신의 이상과 관계를 맺으며 베푸는 인간 증후군을 치유한다.

사이클 완성하기: 가부장제와 연관된 감정

글로리아 스타이넘Gloria Steinem은 이렇게 썼다. "진실은 당신을 자유롭게 해줄 것이다. 하지만 그 전에 먼저 당신을 열받게 만들 것이다." 조작된 게임을 목격하는 것은 결코 중립적인 경험이 아니다. 당신은 세상을 헤쳐 나가면서 이런저런 방식으로 게임이 조작됐으며 세상이 그것을 숨기고 있다는 사실을 발견할 때면 특정한 감정에 시달릴 것이다. 이 불편한 감정이 강렬해지면 외면하거나 포기하고픈 유혹에 빠진다. 그것이 번아웃이다. 그러니 외면해선 안 된다.

분노는 중요한 감정이다. 베푸는 인간 증후군은 우리에게 상냥하고 얌전한 태도를 유지해야 한다고, 우리의 분노로 남들을 불편하게 해선 안 된다고 가르친다. 이 때문에 우리 중 많은 사람은 수십 년 치의 완성되지 않은 스트레스 반응 사이클을 끌어안고 살아간다. 몸을 움직여라. 노래해라. 소리 질러라. 글을 써라. 나무를 잘라라. 분노를 몰아내라. 사이클을 완성해라.

슬픔도 중요한 감정이다. 여성이 100퍼센트 온전한 인간이고 남성이 타인의 필요를 돌봐야 한다고 믿는 세상에 태어났더라면 우리가 어떤 삶을 살았을지, 어떤 사람이 될 수 있었을지 상상해 보자. 우리는 그 가능성의 상실을 애도한다. 그러나 이 불공평한 세상이 우리를 온전하게 대우하지 않았는데도 많은 이가 꽤 놀라운 사람이 되지 않았는가? 물론, 완벽하진 않다. 세상에 완벽한 사람은 없으니까. 하지만 지금도 당신은 놀라운 존재다. 우와.

슬픔은 어떻게 해소해야 할까? 터널을 지나야 한다. 슬픔이 당신을 관통하게 해라. 매번 최고의 자아, '우와!' 하고 감탄하게 만드는 당신의 일부가 슬퍼하는 당신과 함께 있어줄 것이다. 설사 아직은 그것이 어떤 모습일지 모른다고 해도. 그 사람이 바로 터널 끝에 보이는 빛이다.

마지막 감정은 절망이다. 절망은 슬픔과 다르다. 우리의 모니터가 목표를 포기할 때, 목표를 달성할 수 없다고 판단할 때 느끼는 무력감과 좌절감이 절망이다. 다행히 과학이 절망을 해소하는 일을 도울 수 있다.

무력감 해소하기: 무언가를 해라

단편적인 실험 상황에서는 무력한 참가자에게 게임이 조작됐다고 귀띔해 주는 것만으로 문제를 해결할 수 있었다. 그러나 학습된 무력감이 평생동안의 경험을 통해 쌓인 것이라면? 그렇다면 당신의 신경계에 당신이 무력하지 않다고 가르쳐줘야 한다. 어떻게?

무언가를 해야 한다. 무엇이든 상관없다. 가부장제(꿍)는 우리가 포기할 때까지 거듭 우리를 좌절하고 절망하게 하는 완벽한 왕복 상자인 셈이다. 하지만 앞에서 설명한 왕복 상자 실험에서 무력감을 해소할 수 있다는 사실이 입증됐다.

개 실험을 예로 들어보자. 실험자들은 먼저 개들에게 학습된 무력감을 유도한 뒤, 개들을 왕복 상자의 담장 너머 안전한 쪽으로 끌고 가기를 거듭 되풀이했다. 그러자 결국 개들은 육체적 노력을 통해 상황을 바꿀 수 있다는 사실을 배웠다.

인간의 무력감도 이런 방식으로 해소할 수 있다. 1장에서 우리는 스트레스원을 해결하지 않고도 스트레스를 해소할 수 있다고 배웠다. 무력감도 마찬가지다. 덫에 걸렸다는 느낌이 들 때 무엇으로부터든 자신을 해방시키면 우리의 몸은 무력하지 않다는 사실을 배운다.

예를 들어 국제 정세에 관한 뉴스를 본 뒤 무력감과 절망이 밀려온다면? 그 뉴스에 빠져 있거나 멈춰 있지 마라. 무언가를 해라. 마당이나 정원에 나가 작은 밭을 돌봐라. 의기소침해 있는 사람에게 음식을 가져다줘도 좋다. 개를 데리고 공원에 가라. 흑인 인권 시위에 참여해라. 지역 의원을 찾아가도 좋다. 훌륭한 방법이다. 그것도 일종의 참여니까. 당신은 무력하지 않다. 목표는 지방정부를 안정화하는 것이 아니다. 그건 당신의 일이 아니니까(만약 공교롭게도 그것이 실제로 당신의 직업이라면 스트레스뿐 아니라 스트레스원도 해소해야 한다!). 당신의 목표는 자신을 안정화하는 것이다. 그래야 자신이 무언가를 할 수 있다는 확신을 유지할 수 있다. 그래야 가족과 공동체가 당신에게 요구하는 중요한 일을 할 수 있다. "모든 것을 할 수 있는 사람은 없지만 누구나 무언가를 할 수 있다"라는 속담을 명심해라. 여기서 '무언가'가 무엇이든 상관없다.

무력감에 빠지는 것은 합리적이지 못해서라거나 과민해서라는 얘기를 들어본 적 있을 것이다. 정신 상태가 문제라고, 나약하기 때문이라고, 어쨌든 전반적으로 당신의 잘못이라고 들었을 것이다. 당신은 남자들과 똑같이 잘해야 하고 그러지 못하면 당신에게 문제가 있는 것이라고 들었을지도 모른다. 그렇지 않다. 그렇게 말하는 것은 가스라이팅이다. 사실 당신은 '무력한' 상황을 수없이 겪으며 무력감을 학습했을 가능성이 높다.

무엇이든 하면, 즉 몸을 움직이면 무력감을 해소할 수 있다. 산책을 해라. 베개에 대고 소리를 질러라. 혹은 캐리 피셔Carrie Fisher가 말했듯 "상처 입은 마음을 추슬러 예술로 승화해라." 뭔가를 '할' 수 있는 환경을 만들어 무력감의 영향을 밀어내라.

애니메이션 영화 〈니모를 찾아서〉에서 단기기억상실증을 앓는 다정한 물고기 도리를 떠올려보자. 엘런 디제너러스Ellen DeGeneres의 목소리 연기로 유명한 도리는 친구들에게 상황이 어려울 때는 "그냥 계속 헤엄쳐라"라고 조언한다. 심지어 노래를 부르기도 한다. 후속작인 〈도리를 찾아서〉에서 우리는 도리가 이런 태도를 갖게 된 이유를 알게 된다. (스포일러 주의!) 그것은 단기기억상실증을 앓고 있더라도 언제든 어려움을 헤쳐 나갈 수 있다고 가르쳐준 부모님의 영향이었다. 계속 헤엄치면 길을 찾을 수 있다. 육지가 보이지 않는다고 당신의 뇌가 포기하고 싶어 해도 계속 헤엄쳐라. 원하는 곳에 가기 위해서가 아니라 그저 자신이 헤엄칠 수 있다는 것을 스스로에게 입증하기 위해서 말이다.

깨부수기

당신은 사이클을 완성하고 있다. 몸을 움직여서 스스로에게 자신이 무력하지 않다는 것을 일깨워주고 있다.

세 번째 단계는 가부장제를 깨부수는 것이다. 산산이 부숴버려라. 가부장제를 깨부수려면 의미를 만들어야 한다. 베푸는 인간 증후군을 치유하는 방식으로 당신의 이상과 관계 맺어야 한다.

가부장제 깨부수기 계획표

* 나의 이상은 _____
_____ 이다.

* 나의 이상과 관계를 맺는 동시에 가부장제를 깨부수기 위해 내가 하는 일은 _____
_____ 이다.

* 나는 _____ (당장 확인할 수 있는 확실하고 긍정적이며 명확하고 구체적이고 개인적인 목표)를 이뤘을 때 내가 가부장제를 깨부쉈다고 판단할 것이다.

주의: "가부장제를 끝장낸다"라는 목표를 세우지 마라. 어차피 당신은 성별이나 인종에 따른 불평등이든 다른 어떤 불평등이든 완전히 사라지는 것을 목격할 수 없다. 그보다는 지난

100년 동안 그랬듯 그저 진전을 목격할 것이다. 그러니 예를 들면 다음과 같은, 당장 확인할 수 있는 확실하고 긍정적이며 명확하고 구체적이고 개인적인 목표를 세우자. '친구들의 생일 선물을 무조건 여성이 운영하는 상점에서 구입할 것', '어떤 회의에서든 여성이 가장 먼저 발언하게 할 것', '내 아들에게 베푸는 인간이 되는 법을 매일 가르칠 것' 또는 그저 '매일 깨부술 것'이라는 목표를 세워도 괜찮다. 달력에 적어놔라. 오늘도 깨부쉈는가?

소피는 에밀리 앞에서 절대 승리할 수 없는 게임을 설명하는 시연을 하고 있었다.

"사람들이 1시간만 제가 돼볼 수 있다면 이런 교육은 필요 없을 거예요. 사람들은 저의 머리카락이 진짜냐고 물어봐요. 제 주치의는 제가 너무 뚱뚱해서 맥박이 안 잡힌다고 하더라고요. 길을 걷고 있으면 10대 아이들이 차를 타고 지나가다가 저한테 쓰레기를 던지기도 하고……."

"그런데도 아직 건물을 폭파하지 않았다니 진정한 슈퍼히어로네요." 에밀리가 말했다.

"맞아요." 소피가 공감하며 말을 이었다. "인종 차별, 성차별, 외모 차별, 미묘한 공격, 노골적인 공격…… 정말 잔혹한 시스템인데 이길 방법이 없어요. 진짜 고바야시 마루라니까요. 우리 중 누구도 살아서 나갈 수 없죠. 하지만 제가 어떤 사람인지 보여주는 게 저에겐 승리랍니다. 그러면서 제가 얼마나 강해졌다고요. 똑똑해지기도 했고요." 그녀는 자신을 가리키며 덧붙였다. "게다가 이렇게 '핫'해졌잖아요."

에밀리는 고개를 끄덕였다. "그런 게 새로운 '핫'함이죠."

다음 장에서는 에밀리가 말한 '핫'함을 다루려 한다.

조작은 믿을 수 없을 만큼 대규모로 광범위하게 일어나고 있다. 무섭고 분노가 치밀 뿐 아니라 기가 막힐 지경이다. 사람들이 '가부장제'라는 말을 싫어하는 것도 이상한 일은 아니다. 오랫동안 깊이 뿌리박힌 고통의 원천을 드러내는 말이니까. 그래서 우리는 그저 외면하거나 삶이 원래 그렇다는 듯이 넘어가는 법을 배웠다. '자기 계발서'들은 대개 우리의 기운을 북돋고 자신감과 삶에 대한 통제감을 심어주기 위해 이 부분을 누락한다. 여러 막강한 사회적 세력들이 주위를 에워싸고 있다는 사실을 인정하는 것은 딱히 기운 나는 일도, 자신감이 샘솟는 일도 아니니까.

하지만 그것은 기후와도 같다. 말하자면 당신이 살아가는 환경이다. 기후처럼 피할 수 없다는 뜻이다. 그저 아주 조금씩 바꿀 수 있을 뿐. 계획을 세우지 않으면 언제 씨를 뿌리고 언제 추수해야 할지 알 수 없다. 인정하지 않으면 변화를 알아차릴 수 없다. 당신의 세상이 산 채로 조리되고 있는데 당신은 그것을 바로잡지 못한다는 사실도 알아차릴 수 없다.

　게다가 여기서 끝이 아니다. 다른 적, 당신이 매일 마주하는 적이 하나 더 있다. 당신의 친구인 척하면서 서서히 당신을 죽이는 적. 다음 장에서 그 적을 만나보겠다.

마지막 잔소리

* 게임은 조작됐다. 여성과 소녀, 특히 유색인종 여성과 소녀들은 정부를 비롯한 권력의 제도에서 체계적으로 배제되고 있다. 그것이 바로 '가부장제'(꿍)다.

* 가부장제(꿍)는 스스로 더는 존재하지 않는다고 말한다. 우리가 힘들어한다면 그것은 우리가 '충분히 잘하지' 않아서라고 말한다. 그것이 가스라이팅이다.

* 당신에게는 어떤 희생이 따르더라도 인간다움의 마지막 한 방울까지 쥐어짜서 타인을 도울 도덕적 책임이 있다는 전염성 강한 믿음을 '베푸는 인간 증후군'이라고 부른다. 이 증후군은 마치 습한 지하실에서 곰팡이가 기승을 부리듯 가부장제에서 기승을 부린다.

* 해결책은? 깨부숴라. (계획표를 참조할 것!)

5장

비키니 산업 단지

줄리는 스트레스를 관리하기 위해 열심히 노력했다. 그녀는 몸이 썩 좋지 않았음에도 꽤 들떠 있는 상태였다. 하지만 들뜬 기분도 오래가지 않았다. 며칠 동안, 아니, 어쩌면 몇 주였는지도 모른다. 어쨌든 속이 좋지 않았는데 거울을 보면 멀쩡한 모습이라서 대수롭지 않게 여겼다. 한동안 그 감각을 무시하고 있던 줄리는 어느 날 무시할 수 없는 통증 때문에 한밤중에 잠에서 깼다.

마침 그녀의 가족이 새집으로 이사한 참이었다(이사는 언제나 지치는 일이다). 그러나 그녀는 새집에서의 첫날 밤을 침대에 웅크리거나 욕실 바닥에 눕거나 낯선 변기에 앉은 채로 보냈다. 심각한 상태는 아니었다. 그저 식은땀과 오한이 날 뿐. 그리고 손쓸 수 없게 조금씩…… 그러니까…… 변이 새 나왔다. 인터넷으로 증상을 검색해 보니 당장 병원에 가 보라고 했다.

3시간 뒤 줄리는 응급실에서 검사를 받고 있었다. 의료진이 복부를 누르자 경련이 일고 조이는 느낌이 들더니 다시 변이 새 나왔다. 줄리는 창피함도 느끼지 못할 만큼 괴로웠지만 그들이 위험 요인에 관한 질문을 하는 동안 머릿속엔 온통 창피하다는 생각뿐이었다. 식습관이 안 좋았나요? 앉아서 하는 일을 하시나요? 크론병을 앓고 있나요? 최근에 복부 수술을 받은 적이 있나요? 아편제를 사용하나요? 아뇨, 아뇨, 아뇨, 아뇨, 아뇨. 심한 스트레스에 시달렸거나 일과가 크게 바뀌었나요? 줄리는 몸이 오그라지고 얼굴이 화끈거렸다. 그러다 결국 울음을 터트렸다. 새 직장과 남편과의 갈등……. 그런 일은 누구나 겪지 않나? 그렇게 흔한 일로 응급실에 온다고?

정밀 검사가 이어진 뒤 그들은 진단을 내렸다. '매복'이 들어가는 병명이었다. 다행히 단독성이라 퍼내는 손쉬운 처치로 치료할 수 있다고 했다. 그런 뒤 장 재훈련이라는 방식의 사후 관리를 이어가야 한다고 했다.

그녀는 너무나 창피했다. 똥 때문에 응급실에 온 것도 딱히 체면이 서는 일은 아니었지만 그뿐만이 아니었다. 그녀는 실패자가 된 기분이었다. 지극히 정상적이고 평범한 삶의 스트레스에도 이처럼 과민하게 반응하다니. 수준 미달의 몸이 된 것 같았다.

다음날 어밀리아는 전화로 이렇게 말했다. "아니야. 과민 반응이 아니야. 너는 상황의 심각성을 몰랐지만 네 몸은 알았던 거지. 몸을 믿어야 해."

"그건 마치…… 그러니까……." 줄리는 머뭇거리며 말을 이었다. "내 몸은 다 알고 있었다고? 몸을 믿으라고? 대체 무슨 뜻이야?"

"네 몸이 스트레스를 품고 있었던 거야." 어밀리아가 아리송하게 설명했다.

"어째서 내 몸은 지극히 정상적인 수준의 스트레스도 처리하지 못하는 거야?"

"지극히 정상적인 수준? 넌 직장을 옮기고 이사한 데다 곧 이혼하게 될지도 몰라. 서구 산업 사회에서 최악의 스트레스원으로 알려진 세 가지를 한꺼번에 겪고 있다고. 네 몸이 어떻게 하길 기대했니?"

그러고 보니 줄리는 자신의 몸에게 그릇된 기대를 품고 있었다. 그녀는 겉모습으로 웰빙을 확인할 수 있다고 생각했다. 그럴 수밖에. 우리 모두 그렇게 배웠으니까.

이 장에서는 줄리가 왜 몸에게 그릇된 기대를 품었는지, 그것을 바로잡으려면 어떻게 배웠어야 했는지 다루려 한다.

갓 세상에 태어난 여자아이는 운이 좋다면 올록볼록한 몸과 쪼글쪼글한 손가락, 울긋불긋한 피부, 작은 몸 곳곳에 난 솜털까지 모두 사랑해 주는 사람들에게 둘러싸인다. 아이의 작은 몸은 여러 가지가 필요하다. 먹여주고 재워주고 기저귀를 갈아주고 안아줘야 한다. 어른들은 잠이 부족해도, 바빠도, 절박한 느낌이 들어도 아랑곳하지 않고 아이의 몸이 보내는 불편의 신호에 일일이 귀 기울인다. 때로는 기꺼이 필요를 정확하게 충족해 주기도 한다.

우리 대부분은 태어나는 순간에 우리 몸을 소중히 안아주고 어루만져 주는 사랑과 보호의 손길에 에워싸인다. 그 순간 우리는 티 없이 아름다운 존재다. 문제는 그다음이다.

그다음부터 우리는 여자아이들을 베푸는 인간, 즉 예쁘고 얌전하며 관대할 뿐 아니라 타인의 필요를 돌보는 인간으로 키우고 남자아이들은 야망을 갖고 경쟁하며 강인하고 무결한 인간으로 자라도록 밀어붙이는 베푸는 인간 증후군에 감염된다.

갓 태어난 여아를 떠올려보자. 혼자서는 아무것도 할 수 없지만 아름답고 생기 넘치며 사랑하는 부모와 살을 맞대고 있다. 정말 아름답지 않은가? 완벽한 존재다. 그 아기가 바로 당신이다.

베푸는 인간 증후군은 당신에게 한 가지 비밀을 감추고 있다. 그것은 바로 아무것도 변하지 않았다는 사실이다. 아름답고 완벽하게 태어난 날부터 이 책을 읽고 있는 지금까지 당신의 몸이 어떻게 변했든 당신은 여전히 아름답고 완벽한 존재다. 그리고 여전히 여러 가지가 필요하다.

그럼에도 여자아이들은 6살이 되면 절반가량은 "살이 찔까봐" 걱정한다.[1] 11살이 되면 3분의 2가, 사춘기에 이르면 거의 모두가 모종의 "체중 조절" 행동을 시작한다.[2] 사춘기 청소년 4500여 명을 대상으로 실시한 최근의 연구에서는 92퍼센트에 이르는 거의 모든 소녀가 모종의 체중 조절 행동을 하며 그 가운데 건강에 해로운 방식을 사용하는 비율은 44퍼센트로 거의 절반에 가까웠다.[3]

언제나 그랬던 것은 아니다. 어디서나 일어나는 일도 아니다. 그것은 우리 문화가 만들어낸 현상이다. 1994년 피지섬에는 텔레비전이 없었고 섭식 장애도 없었다. 1995년 피지섬에 영국과 미국의 텔레비전이 유입됐다. 1998년에 이르자 이곳 소녀들의 29퍼센트가 중증 섭식 장애 증상을 보였다. 13퍼센트는 텔레비전이 도입되고 1달 내에 이런 증상을 보이기 시작했다.[4]

그러나 한편으로는 오래전부터 있었고 어디서나 일어나는 현상이기도 하다. 어떤 문화에나 나름의 이상적인 미적 기준이 존재하고 여자들은 이를 따라야 한다는 압박에 시달린다.

우리 할머니에게 들은 1930년대 이야기를 생각해 보자. 그 시절 할머니의 가족은 찢어지게 가난한 탓에 아버지가 손수 지은 집에서 살았다. 다행히 변기는 있었지만 배관이 집안 한가운데 설치돼 프라이버시는 꿈도 꿀 수 없었다. 할머니와 자매들은 굶주리며 자라다시피 했으므로 모두 마른 편이었다. 그럼에도 고교 시절 세 자매는 없는 돈을 모아서 1달 분의 '다이어트 보조제'를 샀다고 한다. 알고 보니 그 보조제는 사탕에 불과했고(당은 식욕 억제제 역할을 하므로) 세 자매는 반나절 만에 한 상자를 모두 먹어치웠다.

이것은 비단 백인이나 서구 문화에만 해당하는 이야기가 아니다. 식덤플링스킨닷컴thickdumplingskin.com(건강에 해로운 다이어트 경험을 공유하는 아시아계 미국인 커뮤니티 — 옮긴이)의 창립자인 대만계 미국인 첸린은 자신의 대만인 부모가 늘 "많이 먹고도 날씬해야 한다는" 기대를 노골적으로 드러냈고 그 기대 때문에 음식과 온전한 관계를 쌓을 수 없었다고 회고한다.[5]

게다가 이런 현상은 비단 마른 몸을 지향하는 사회에만 국한되지 않는다. 자메이카는 굴곡이 많은 몸을 이상적인 여성상으로 간주한다. 따라서 소녀들은 굴곡진 몸을 만들기 위해 가금류를 살찌우는 데 사용하는 약을 먹는다고 알려져 있다. 그러나 이 약에는 비소가 들어 있다.[6]

미의 이상향은 어디에나 있고 그것을 얻기 위해 기꺼이 건강을 담보로 삼는 사람들이 있다. 우리는 우리 몸이 보내는 고통의 신호, 음식과 수면, 포옹을 요구하는 절규, 그리고 줄리의 경우처럼 장 운동의 신호 따위를 전혀 듣지 못한 채 몸의 겉모습에만 신경 쓴다.

그러나 우리가 태어난 날에 느꼈던 기분을 어린 시절부터 사춘기까지 그대로 느낄 수 있는 문화에 살고 있다면, 소녀와 여자의 몸이 모두 정해진 모양과 크기에 부합해야 하며 그렇지 않은 여성은 어떤 대가를 치르더라도 거기에 이르려고 노력해야 한다는 생각을 끊임없이 강화하지 않는 문화에 살고 있다면 어떨지 상상해 보자. 우리 몸이 어떻게 변했든 그것이 자연스러운 몸이며 우리가 태어난 날과 똑같이 사랑스러운 몸이라고 받아들여진다면 어떨까? 나이를 먹고 몸이 변해도(물론, 운 좋게 그때까지 살아 있다면) 거울을 봤을 때 자신의 몸이 아름답게 보인다면, 세상에 처음 태어난 날 그랬듯 사랑받고 보호받을 가치가 있는 몸으로 보인다면 어떨까? 우리 몸의 형태가 우리와 몸 사이의 관계에서 그리 중요하지 않다면, 그것으로 음식을 먹거나 사랑을 받을 자격 여부를 평가하지 않고 그저 몸의 요구를 온정적으로 돌볼 수 있다면? 그러면 어떨까? 이 장에서 우리는 당신의 몸을 사랑하는 법을 가르쳐주려 한다.

비키니 산업 단지

비키니 산업 단지는 우리가 붙인 이름이다. 이룰 수 없는 이상향을 정해놓고 모두가 그것을 이룰 수 있으며 (반드시) 이뤄야 한다고 믿게 한 뒤 그것을 이루기 위한, 그럴듯해 보이지만 비효율적인 전략을 판매해 이익을 챙기는 수천 억 달러 규모의 산업군을 일컫는다.[7] 비키니 산업 단지는 카펫에 묻은 오래된 고양이 오줌에 비유할 수 있다. 존재감이 확실하고 곳곳에 냄새를 퍼트리며 매일 우리의 심기를 불편하게 하지만 눈에 보이지 않고 그것이 없던 시절을 기억할 수 없게 하는, 그런 존재라는 뜻이다. 지금부터 손전등을 켜고 정확히 어디서 냄새가 나는지 살펴보자.

우리는 미디어의 모든 것이 우리에게 '마름'이라는 이상향을 판매하려 한다는 사실을 이미 알고 있다. 단단한 복근을 내세운 운동기구 광고와 일기예보를 보려는데 뜬금없이 화면에 나타나는 '복부 지방을 빼는 단 하나의 놀라운 방법' 같은 광고 문구, '무결점'의 마른 여성들이 연기하는 텔레비전 속의 공주들을 떠올려보자. 비키니 산업 단지는 가장 아름다우면서도 가장 건강하고 생기 넘치는 모습의 이상향, 거의 아무도 이룰 수 없는 그 이상향을 이루기 위해 노력해야 한다는 거대한 압박이 되는 문화를 만드는 데 성공했다.

하지만 이러한 오해와 오도의 주역은 잡지 표지나 허구의 콘텐츠만이 아니다. 교과서와 정부 때문에 우리의 고교 보건 수업도 잘못됐고 의사들도 잘못 알고 있다. 거대 석유 회사와 거대 담배회사처럼 '거대 비키니 회사'도 자사 제품이 의회의 지지를 얻도록 정부 기관에 로비를 벌였다. 체질량지수(BMI)와 그에 따른 분류법(저체중, 과체중, 비만 등)은 겨우 9명의 평가단이 만든 것이다. 그 가운데 7명은 "체중 감량 클리닉에 고용된 상태로, 해당 시설을 이용하도록 독려하면 경제적 이익을 얻을 수 있었다."[8]

우리가 지금껏 배운 체중과 건강 사이의 관계는 모두 허위였다. 이 허위의 목적은 우리가 평생 체중 변화를 위해 노력하도록 만드는 것이다.

진실은 이렇다. 의학에서 정의하는 '정상 체중'보다 2킬로그램 적게 나가는 사람보다 30킬로그램 이상 더 많이 나가는 사람이 더 건강할 수도 있다. 흡연 경험이나 중병의 병력이 없는 사람 약 400만 명을 대상으로 한 연구 189건을 검토한 2016년 메타 분석 결과가 《랜싯The Lancet》에 발표됐다. 이 분석에서는 미국 질병통제예방센터(CDC)가 비만으로 규정한 사람들이 저체중인 사람들과 비교했을 때 건강상의 위험이 더 낮은 것으로 드러났다. 또한 질병통제예방센터 기준으로 과체중인 사람들이 미국 연방 정부와 세계보건기구가 규정한 건강한 범주 아래쪽에 위치한 집단에 비해 건강상의 위험이 더 낮은 것으로 드러났다. [9]

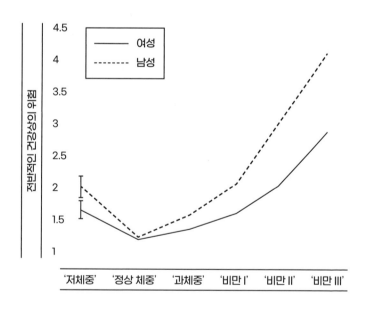

또 다른 메타 분석에서는 체질량지수상 과체중으로 분류된 사람들이 다른 어떤 범주의 사람들보다 수명이 더 길며, 사망 확률이 가장 높은 범주는 저체중 범주일 수도 있다는 결론이 도출됐다.[10]

"뭐라고?" 그렇다. 믿기 힘들 것이다.

"그렇다니까!" 우리의 대답이다.

"뭐라고?" 당신은 되물을 것이다.

"그렇다니까! 기가 막히지!" 우리의 두 번째 대답이다.

이 두 건의 메타 분석을 부인하고 그래도 과체중이 나쁘다고 주장하는 연구조차도 이렇게 시인한다. "인간을 대상으로 한 무작위 대조 시험에서는 비만인의 체중 감소를 위해 사용하는 수단들이 수명을 연장한다는 믿을 만한 데이터는 아직 얻지 못했다."[11] 번역하면, 그들이 판매하는 조언에 따라 체중을 감량하더라도 (이렇게 될 수 있다는 과학적 근거도 없지만) 수명 연장을 기대해선 안 된다는 말이다. 더 나아가서 최근의 연구는 의사들이 중년 이상 환자들의 체중 감량을 말려야 한다고 시사한다. 잦은 체중의 변동은 위험하며, 오히려 꾸준히 높은 체중을 유지하는 것보다 더 위험하다는 사실이 점차 확인되고 있기 때문이다.[12]

그러나 체중의 낙인은 워낙 뿌리 깊어서 건강과 체중을 연구하는 사람들조차도 과학적 체중 편견, 즉 마를수록 좋고 뚱뚱할수록 나쁘다는 불합리한 경험적 추정에 빠지기 쉽다.[13] 의사나 과학자들은 이렇게 쓰기도 한다. "어떤 방법으로든 체중을 감량하면 당뇨병 환자들에게 이로운 것은 확실하다."[14]

"어떤 방법으로든"이라고? 결핵에 걸려 체중이 줄어도 좋을까? 방사선 치료 때문에 체중이 줄어도? 포로수용소에 수감돼 체중이 줄어도? 신체 절단술로 체중이 줄어도 좋다는 말인가? 아아, 제발. 그러니까 체중과 건강, 이 둘은 서로 다른 문제다.

체질량지수와 건강을 일차원적으로 연관 지을 수 없는 이유 중 하나는 사람들의 타고난 신체 크기와 형태가 다양하기 때문이다. 올림픽 선수들의 신체 크기와 형태가 얼마나 다양하고 아름다운지를 보여준 사진작가 하워드 샤츠Howard Schatz의 2002년 사진집『운동선수Athlete』만 봐도 알 수 있다.[15] 체구가 가장 작은 체조 선수에서부터 가장 큰 역도 선수에 이르기까지 모두가 자기 분야에서 절정에 이른 사람들이다. 건강한 몸의 형태와 크기는 다양하다. 체질량지수가 비교적 낮을 때 가장 건강한 사람이 있는가 하면 체질량지수가 높을 때 가장 건강해지는 사람도 있다.

그러나 체질량지수와 건강을 바로 연관 지을 수 없는 다른 이유는 바로 체질량지수가 한 개인의 건강을 측정하는 지표로는 터무니없는 기준이기 때문이다. 사실 체질량지수는 키 대비 체중의 비율일 뿐이다. 에밀리의 학생 가운데 국제 무대에서 활약하는 프로 피겨 스케이팅 선수는 생리가 멈출 정도로 체지방이 적다. 그런데도 의사에게 과체중이라는 말을 들었다. 그녀는 근육이 많고 골밀도가 높아서 같은 키의 남성과 체중이 비슷했다. 그런가 하면 체지방이 위험하다고 전제하는 연구들조차도 체질량지수상 정상 또는 과체중에 속하는 사람들 가운데 비만 관련 질병의 위험을 가진 이들의 절반이 건강하다고 분류되는 오류를 인정한다.[16] 사람들은 몸집에 상관없이 건강할 수도 있고 아플 수도 있다. 겉모습으로는 판단할 수 없는 일이다.

체질량지수표에 이런 건강의 분류가 과학이 아닌 편향에 의존한다는 경고가 적혀 있던가?[17] 물론, 그렇지 않다. 체질량지수표는 과학을 외면한 채 그저 일부 사람들에게 건강하지 않다는 꼬리표를 붙이고는 의사들과 보험회사들에게 이 질병의 치료비를 거둬들여도 좋다는 정부의 승인을 내준다.[18] 우리 모두가 그것을 믿는 까닭은 우리 문화가 뚱뚱한 사람을 게으르고 이기적인 부류로 치부하도록 만든 탓이다. 그러나 그뿐만이 아니다. 이 문제는 그보다 훨씬 더 깊이 뿌리박혀 있다.

예를 들어, 어밀리아는 어린이 합창단을 지휘할 때 아이들에게 숨 쉬는 법을 따로 가르쳐야 한다. 10살, 8살, 심지어 6살짜리조차도 복부가 납작하고 단단해야 한다고 믿고 가급적 배를 집어넣으려고 애쓰기 때문이다. 복부의 긴장을 풀지 않으면 숨을 끝까지 들이쉴 수 없고 숨을 쉬지 못하면 노래를 부를 수 없다. 그래서 어밀리아는 아이들에게 숨 쉬는 법을 가르친다. 어밀리아의 어린 합창단원들은 비키니 산업 단지가 우리에게 음식과 사랑을 향한 욕구를 외면하라고 가르칠 뿐 아니라 숨을 깊이 쉴 수도 없게 만든다는 점을 여실히 보여주는 좋은 예다. 복부의 긴장을 풀어라. 배는 원래 둥근 모양이다. 비키니 산업 단지는 당신을 가스라이팅하고 있다.

그렇다고 비키니 산업 단지에 속한 기업이나 사람들이 당신을 공격한다는 뜻은 아니다. 솔직히 말하면 우리는 그들이 이처럼 비틀어진 시스템을 의도적으로 구축할 만큼 영리하다고 생각하지 않는다. 그러나 어쨌든 누군가는 터무니없는 자기 평가 기준을 만들어 이를 강요하면 돈을 벌 수 있다는 사실을 진작 깨달은 모양이다.

낙인은 건강을 해친다

비키니 산업 단지의 성공에는 어떤 비용이 따를까?

경제적 비용은 말할 것도 없다. 앞에서 말한 수천 억 달러 규모의 세계적 산업이 우리 몸에 대한 불만족을 이용해 돈을 벌고 있다. 그 산업은 우리 몸을 날씬하게 만드는 일의 효율성이 낮을수록 돈을 번다. 그래야 우리가 끝없이 유행을 좇으며 새로운 제품을 시도할 테니까.

다음으로 기회비용을 꼽을 수 있다. 우리가 몸의 형태를 걱정하거나 몸을 날씬하게 만드는 데 쏟아부은 시간과 돈을 다른 데 투자한다면 얼마나 많은 것을 성취할 수 있을까? 여기에는 또한 '자기 관리 피로'가 따른다. 이와 함께 음식 선택과 옷, 운동, 화장, 체모, '독소' 등에 신경 쓰고 의사 결정을 내리는 일, 그리고 다이어트 실패를 한탄하는 일에 허비한 인지 자원을 다른 데 투자한다면 얼마나 많은 것을 이룰 수 있겠는가?

그뿐만이 아니다. 이상적인 이미지들과 그것을 신봉하는 사람들로 가득한 환경을 헤쳐 나가려면 기울어진 우리와 번쩍이는 불빛을 견디는 쥐들과 마찬가지로 낮은 수준의 만성 스트레스에 시달려야 한다. 만약 당신이 이상적인 이미지 따위에 현혹되지 않는다면 사람들은 이렇게 말할 것이다. "신경 쓰지 않는다니 참 좋겠네요." 또는 "어머, 자신을 포기하지 마세요!" 또는 "건강이 걱정되지 않으세요? 보험료는 어쩌고요?" 해석하면 이런 뜻이다. "어떻게 신경 쓰지 않는다는 거야? 내가 규칙을 따라야 한다면 당신도 따라야지. '네 자리로 돌아가'란 말이야." 몸에 대한 고정관념을 깨려고 노력하는 운동가 제스 베이커Jes Baker는 이렇게 말한다. "젊고 뚱뚱한 여자, 즉 몸을 바꾸려고 노력하지 않고 우리가 그토록 열렬히 신봉하는 복음에 전혀 관심이 없는 여자가 일어서서 '난 행복해!'라고 말하면…… 우리는 몹시 분개한다. 그 여자가 방금 규칙을 위반했기 때문이다. 그 여자는 우리의 앞을 가로막았다. 자기도 모르게 우리를 뜯어먹었다. 그녀는 기본적으로 우리가 평생 쏟아부은 노력을 무의미하게 만든 셈이다."[19]

이 분개는 또 다른 비용을 낳는다. 그것은 바로 차별이다. 뚱 뚱한 사람들은 급여를 더 적게 받고 학교에서 아이들뿐만 아니라 교사들에게도 괴롭힘을 당하며 의사들은 이들이 겪는 증상을 가볍게 치부하거나 무시하기 때문에 실제로 병에 걸려도 적절한 진단이나 치료를 받기까지 더 오랜 시간이 걸린다.[20]

인간의 건강과 목숨도 중요한 비용이다. 다이어트 특히 체중의 감량과 증량 사이를 오가는 요요는 결국 뇌 기능에 변화를 일으켜 인슐린과 렙틴 저항성을 높이고 이는 다시 반복적인 체중 증가와 다이어트로 이어지며 질병의 원인이 된다. 게다가 섭식 장애는 모든 정신 질환을 통틀어 가장 높은 (우울증보다도 더 높은) 치사율을 보인다. 섭식 장애로 목숨을 잃는 사람은 해마다 25만 명에 달한다.[21] 마름의 이상향은 우리를 병들게 한다. 때로는 죽이기도 한다.

남성들 사이에서도 신체이형증을 겪는 비율이 점차 늘고 있으며(물론, '아빠 몸매'라는 말도 있지만) 남성의 신체에 관한 문화적 압박도 갈수록 커지고 있지만 여전히 이는 여성에게 치우친 문제로 남아 있다.[22] 더 나은 몸을 위해 끝없이 시간과 돈, 정신적 에너지, 기회, 건강, 목숨을 뺏기는 것은 주로 여성이다. 이런 현상은 우리가 어린아이의 '성별에 따라' 장난감을 쥐여주는 순간부터 시작된다. 아주 어린 나이부터 비현실적인 몸매의 인형에 노출된 여자아이일수록 마른 몸을 더 갈망한다.[23] 아이러니하게도《랜싯》의 메타 분석에서는 체질량지수와 연관된 건강의 위험이 여성들보다 남성들에게 (연구자들의 말을 그대로 인용하면) 훨씬 더 높은 것으로 드러났다. 그러나 남성과 여성 가운데 문화에서나 심지어 의사들에게서 체중에 관한 이야기를 더 많이 듣는 쪽은 어디일까? 당연히 여성이 남성의 2배에 달한다.[24] 왜 그럴까? 우리가 베푸는 인간이기 때문이다. 우리가 예뻐야 한다는, 즉 이상향을 따라야 한다는 도덕적 의무를 가진 쪽이기 때문이다.

그뿐만이 아니다. 신체 이상향은 비행기 좌석의 크기와 모양에서부터 체중에 따른 약의 복용량에 이르기까지 사회의 물리적 인프라에 깊이 뿌리박혀 있다. 우리의 한 친구는 병원 유방 촬영 기기의 최대 지지 무게가 113킬로그램이라는 이유로 검진을 받지 못했다. 미국의 40세 이상 여성 가운데 체중이 113킬로그램 이상인 사람이 5~10퍼센트에 달한다는 점을 감안하면 도무지 용인할 수 없는 일이다.[25]

이런 기괴한 차별은 이 세상에서 뚱뚱한 사람으로 사는 것이 실제로 위험하다는 의미가 된다. 체지방 때문이 아니라 일상적인 차별과 배격, 낙인 때문에 말이다.

합리적인 사람이라면 체중과 건강이 밀접하게 연관된다는 주장에 동조하지 않을 수도 있다. 그러나 낙인이 전혀 해롭지 않다고 합당하게 주장할 수는 없을 것이다. 바로 그래서……

5장　　비키니 산업 단지

마르면 좋겠다

마마스 앤드 파파스The Mamas and The Papas 밴드의 멤버 캐스 엘리엇Cass Elliot의 딸 오언 엘리엇Owen Elliot은 자기 어머니에 관해 이렇게 말한 적이 있다. "어머니는 자신을 있는 그대로, 즉 남자 친구가 끊이지 않는 섹시한 여성으로 받아들였다. 그래도 더 날씬해질 수 있었다면 그렇게 했을 것이다. 지금 나는 과체중이고 여전히 아름답다. 하지만 아, 날씬하면 좋을 것 같다. 어머니도 그렇게 생각했을 것이다."[26]

자신의 몸을 받아들이는 동시에 바꾸고 싶은 양가감정은 매우 흔할 뿐 아니라 지극히 합리적이다. 몸의 크기와 형태가 어떻든 건강하게 살 수 있다는 증거가 점차 늘어나고 있어도 몸의 형태를 둘러싼 낙인은 우리 삶의 모든 영역에 널리 퍼져 있다. 비만과 비만인을 향한 선입견과 편견, 그릇된 믿음, 낙인은 실제로 사람을 죽이기도 한다.[27] 비만이 질병이라는 잘못된 생각은 이런 형태의 차별이 용인을 넘어 표준으로 받아들여지는 데 큰 몫을 했다.

그러니까 그렇다. 날씬하면 좋을 것이다. 어떤 상황에서든 인간 대우를 받을 수 있는 특권을 얻게 되는 셈이니까. 날씬한 몸의 특권은 인종과 성별, 계층의 특권 못지않게 실질적이다. 유색인종 여성들은 백인이라면 좀 더 편하게 살 것이다. 트랜스젠더는 시스젠더(트랜스젠더와 대비되는 개념으로, 생물학적 성과 성 정체성이 일치하는 사람을 지칭하는 말 — 옮긴이)라면 좀 더 편하게 살 것이다. 자폐아는 뇌가 정상적으로 기능한다면 좀 더 편하게 살 것이다. 그리고 뚱뚱한 사람들은 날씬하다면 좀 더 편하게 살 것이다. 그러나 이들은 자신의 정체성을 선택하지 않았다. 그것은 선택의 문제가 아니다. 그들은 그저 자신을 있는 그대로 받아들이고 적대적인 세상에서 살아가려고 노력할 뿐이다. 그것이 유일한 선택지이기 때문이다.

'표준'이 아닌 몸으로 살다 보면 옷을 살 때 성가신 일이 일어나기도 하고 대중교통을 이용할 때 좌절하기도 하며 그저 장을 보려 해도 참견하는 사람들 때문에 지칠 수도 있다. 이 역시 집에 갔을 때 잠자리가 젖어 있는 것처럼 만성 스트레스원이 된다. 그리고 그 스트레스가 차곡차곡 쌓인다.

관습에 순응하려는 충동은 지극히 합리적이다. 게다가 비키니 산업 단지는 끊임없이 거짓말을 한다. 더 열심히 노력하면, 더 자제하면 관습에 순응할 수 있다고. 끝없는 헛소리를 듣다 보면 외부의 스트레스가 안으로 파고든다. 관습적인 이상향에 순응하는 사람들조차도 이런 스트레스를 겪는다. 더 날씬해져야 한다는 말이 필요 없을 만큼 날씬한 사람들은 복부나 팔, 엉덩이, 허벅지를 다듬거나 탄탄하게 만들어야 한다는 말을 듣는다. 그리고 몸집에 상관없이 누구나 찍어낸 듯한 이상향에 부합하기 위해 식이 요법과 운동, 뚱뚱해 보이는 옷 따위를 강박적으로 따진다. 우리는 우리 몸에 도덕성과 인간적 가치가 반영된다고 배웠다. 뚱뚱한 사람은 "게으르고 고집스럽고 탐욕적이며 부도덕하고 절제하지 못할 뿐 아니라 멍청하고 볼썽사납고 의지박약하고 원시적"이라고 간주한다.[28] 반면 날씬한 사람은 자제력이 강하고 깨끗하며 깔끔하고 영리하다. 관습을 따르는 데에는 아주 높은 판돈이 걸린 듯하다.

당신이 뚱뚱하다고 걱정하는 사람들은 당신의 건강을 걱정하는 것이라고 말한다. 심지어 실제로 그렇게 믿을 것이다. 그러나 뚱뚱한 것은 병이 아니다. 그들이 실제로 걱정하는 것은 당신의 사회생활이다. 당신이 당신의 문화에서 받아들여질지 걱정한다는 뜻이다. 그러니까 결국 마르면 좋겠다고 할 수밖에.

왜 마른 몸일까?

나오미 울프Naomi Wolf는 이렇게 말한다. "여성의 마른 몸에 집착하는 문화는 여성의 아름다움에 대한 강박이 아니라 여성의 순종에 대한 강박이다." 마른 몸은 바르게 처신하는 여성의 몸이기 때문이다.

21세기의 여러 해로운 규범이 그렇듯 마른 몸의 이상향 역시 산업 혁명의 부산물이다. 산업 혁명 이전에는 부드럽고 둥글둥글하며 통통한 몸이 미의 표준이었다. 오로지 부유한 집안의 여성들만이 노동에 얽매이지 않는 삶과 호화로

운 음식을 누리며 루벤스Rubens의 그림에 나오는 여성들처럼 풍성한 곡선을 얻을 수 있었기 때문이다. 그러나 19세기에 중산층이 부상하면서 남성들 사이에서는 연약해서 일할 수 없는 아내를 얻는 것이 유행이었다. 가정의 수입에 기여하지 않고 그렇게 할 수도 없는 아내를 두는 것은 남성의 지위를 보여주고 부를 과시하는 상징이었다. 이와 함께 '연약함'과 '여림'이 여성의 미덕이 됐다.

그렇지 않았더라면 여성은 정반대로 진화했을 것이다. 튼튼하고 강인하며 임신과 출산, 모유 수유뿐 아니라 다산도 할 수 있는 건강한 몸이 됐을 것이다.

친구들이여, 이것이 마른 몸이라는 이상향의 기원이다. 여성은 남성의 소유물이며, 남성의 지위를 보여주는 상징이라는 기본적인 전제에서 나왔단 말이다. 그리고 그 근원은 바로 가부장제(꿍)다.

소피에게는 두 종류의 의상이 있다. 우후라 의상까지 합치면 세 종류다. 두 가지 중 하나는 전문직 여성들이 주로 입는 의상이다. 소피는 이런 의상을 우후라 의상과 비슷한 코스튬으로 여긴다. 다른 한 가지는 레깅스와 과감한 글귀가 프린트된 각종 티셔츠다.

그래서 그녀가 컨설팅을 맡은 학과에서 만찬을 겸한 행

사에 초대됐을 때 우리는 함께 쇼핑을 하러 갔다.

소피처럼 성인이 돼서도 자신이 아름답다는 확신을 갖는 여성은 많지 않다. 그녀는 몸집이 크지만 자신감이 넘치고 자기 몸을 긍정하는 여성이다. 하지만 그녀도 바깥세상으로 나가 옷을 입어봐야 한다. 우리는 발레파킹과 무료 탄산수가 제공되는 고급 백화점으로 향했다. 소피는 여러 벌을 골라서 입어보기로 했다. 우리에게 고른 옷을 보여줬는데 그중 하나가 유난히 '핫'했다. 그런 다음 그녀는 다른 옷을 입어보러 갔다.

그때 탈의실 앞에서 웬 여자 둘이 이야기를 나누는 소리가 들렸다. 속닥거리는 목소리였지만 우리는 또렷이 알아들었다.

한 여자가 말했다. "신경도 안 쓰나 봐! 미안하지만 나는 매일 아침 5시 30분에 일어나서 엉덩이에 땀이 나도록 러닝 머신을 달리거든. 저 여자는 너무 게으르거나 자기를 소홀히 하는……." 에밀리는 화가 치밀었다. 맥박 소리가 쿵쿵거리며 머릿속을 가득 메웠다.

다른 여자의 말소리가 요란한 맥박 소리를 파고들었다. "솔직히 나는 저 여자 건강이 정말 걱정돼. 언제 심장마비가 올지 모르잖아!"

"게다가 우리 세금은 저 여자가 초콜릿 바를 먹으며 서서히 죽어가도록 보조하는 데 쓰이고 있다니까! 해시태그, 고마워요, 오바마 대통령!"

그들은 킬킬거렸다.

우리는 눈길을 주고받았다. 에밀리는 소피가 들어간 탈의실 문을 바라봤다. 어밀리아는 두 여자에게로 향했다. 그런 일은 늘 어밀리아의 몫이었다.

"다 들리거든요." 그녀가 말했다.

두 여자는 어리둥절한 얼굴로 어밀리아를 봤다.

"지금 우리 친구 얘기를 하고 있었잖아요." 어밀리아가 다시 말하자 물을 끼얹은 듯 정적이 흘렀다. 두 여자는 겸연쩍어하며 아무 말도 못 했지만 그리 신경 쓰는 눈치는 아니었다. 어밀리아도 날씬한 편은 아니었으니, 언제 심장마비를 일으킬지 모르는 게으른 여자였다. 그런 여자의 말을 중요하게 여길 이유가 없었을 것이다. 하지만 어밀리아는 흥분을 가라앉히지 못하고 몸집과 건강은 아무 상관이 없으며 몸집에 따른 차별은 사회적으로 묵인되는 마지막 구닥다리 편견이라고 장광설을 늘어놨다. 에밀리는 잠자코 서 있었다. 그저 눈앞의 광경이 기가 막힐 따름이었다.

어밀리아의 목소리가 사람들의 주목을 끌 만큼 높아지기 시작할 때 소피가 자기 옷으로 갈아입고 아주 '핫'한 드레스를 한쪽 팔에 걸쳐 든 채로 탈의실에서 나왔다.

"그만 갈까요?" 에밀리가 소피에게 물었다.

"네, 가요." 소피는 두 여자에게 들리도록 큰 소리로 대꾸한 뒤 에밀리에게 윙크하며 덧붙였다. "이 '핫'한 드레스부터 사고요."

소피는 천천히 세 번 심호흡을 한 뒤 물건을 계산했다. 우리가 뒤에 서 있고 심기 불편한 두 여자는 탈의실 옆에 서 있는 가운데 소피는 전표에 서명했다.

에밀리가 말했다. "몇 달 지나면 이것도 재미있는 이야기가 될 거예요."

"벌써 재미있는걸요." 소피가 말했다.

그녀는 아주 핫한 드레스를 입고 만찬에 가서 운명의 상대를 만나게 된다.

새로운 체중 감량 목표

"그냥 숫자를 알려줘요! 몇 킬로그램이면 될까요?" 당신은 이렇게 절규할지도 모른다.

그렇게 간단하다면 얼마나 좋을까? 앞에서 설명한 개인의 다양한 특징과 더불어 문제를 더 복잡하게 만드는 한 가지 주요 요인은 바로 '항상 체중defended weight'이다. 주로 밤에 활동하는 사람이 있는가 하면 아침형 인간도 있다. 우리 몸의 리듬은 이따금 바뀌기도 한다. 몸집이 큰 사람이 있는가 하면 작은 사람도 있고 몸집 역시 이따금 바뀌기도 한다. 성인이 된 후 우리의 몸은 신경 과학자 샌드라 아모트Sandra Aamodt가 이름 붙인 이른바 항상 체중을 유지한다. 이 항상 체중 때문에 우리 몸의 기본적인 크기와 형태는 크게 바뀌지 않는다. 어느 날 조금 많이 먹었다면 다음 날은 식욕이 줄어든다. 친한 친구의 결혼식에서 드레스를 입고 들러리를 서기 위해 3달 동안 굶었다면 그 후에는 3달 동안 굶은 사람처럼 먹는다. 그래서 결국 항상 체중으로 돌아가는 것이다. 항상 체중은 나이를 먹을수록 증가하며 줄어드는 경우는 거의 없다. 식이 요법과 운동으로 체중을 감량한 뒤 그 체중을 새로운 항상 체중으로 유지하는 사람은 극소수에 불과하다.[29]

이 얼마나 실망스러운 정보인가? 내심 목표 체중에 도달해야 한다고 믿으며 조금만 더 절제하면 그렇게 될 수 있다고 생각했는가?

2장에서 우리는 '포기해야 할 때'를 살펴봤다. 현재 목표를 계속 추구할 때 누리는 장기적 이익과 단기적 이익, 목표를 포기할 때 누리는 장기적 이익과 단기적 이익을 표로 만들라고 제안했다. 현재 당신의 신체 목표에 관해서도 이런 표를 만들어보자.

혹은 내면의 목소리에 귀를 기울여 보자. 틀림없이 당신의 내면의 목소리는 오랫동안 자비를 애원하고 있을 것이다.

그럼에도 계속 체중 감량을 해보기로 결심했다면? 당신의 몸이니 당신이 결정할 일이다. 이제 적어도 당신은 얼마나 오랫동안 얼마나 노력을 투자할 것인지 예상치를 조정할 수 있다.

문화가 만들어낸 미의 이상향을 더는 따르지 않기로 결심했다면? 역시 당신의 몸이니 당신이 선택할 일이다. 그러나 어려운 부분이 남았다. 1시간쯤 지나고 나면 비키니 산업 단지가 당신과 논쟁을 벌일 것이다. 당신을 비난하고 평가하며 자리로 돌아가라고 압박할 것이다.

이제부터 매일 이 비키니 산업 단지와 싸움을 치러야 한다. 당신의 웰빙과 우리 모두의 웰빙을 위해서. 이 싸움을 견디는 실전 전략 네 가지를 소개한다.

전략 1: 혼돈의 수용

지난 20~30년 동안 비키니 산업 단지와 맞서 싸우는 여러 가지 접근 방법이 확립됐다. 이런 방법이 건강을 개선하고 섭식 장애를 예방하며, 몸에 관한 자기비판에 따르는 기분 및 불안 문제를 줄여준다는 사실이 연구를 통해 입증되기 시작했다. 이들의 공통점은 다음과 같다. 바로 (1) 신체의 수용, (2) 신체의 다양성 포용, (3) 자신의 몸에 귀 기울이기를 독려한다는 것이다. 모두 이로운 방법이니[30] 시도해 보기 바란다.

그러나 우리가 만나본 여자들은 1명도 빠짐없이 자신과 몸과 이중적인 관계를 맺고 있다. 놀라운 일도 아니다. 비키니 산업 단지의 한복판에서 이상적인 신체상들과 "살 뺄 거지?" 하고 닦달하는 가족에게 에워싸여 있으니 말이다. 이런 곳에서 자기 신체를 있는 그대로 받아들이기란 쉬운 일이 아니다.

양가감정은 지극히 정상이다. 그러니 신체의 수용을 목표로 삼기보다는 혼돈의 수용을 실천해라. 시끄럽고 모순적인 여러 가지 생각과 감정의 혼돈을 따뜻하고 다정한 시선으로 돌아봐라. 이제 당신은 진실을 알았다. 몸집이 건강을 좌우하지 않으며 비키니 산업 단지는 우리의 건강을 신경 쓰지 않는다는 진실, 그리고 이 모든 것은 가부장제와 자본주의의 산물이라는 진실 말이다. 그러나 진실을 알았다고 해서 마법처럼 문제가 해결되지는 않는다. 진실을 알았다면 절반은 이긴 셈이지만 아직 절반이 남았다.

우리는 이미 신체 활동이 스트레스 반응 사이클을 완성하고 우리가 무엇이든 하도록 독려한다는 점에서 도움이 된다는 것을 배웠다. 그밖에도 신체 활동을 하면 사람들 대부분은 당신이 '체중 감량' 또는 '몸매 관리'를 위해 노력하고 있다고 여길 것이다. 어쩌면 당신은 실제로 체중을 감량하려 할 수도 있다. 어떤 경우든 괜찮다. 어쨌든 몸을 움직여라. 몸을 움직이는 것은 좋은 일이다. 그리고 미소로 혼돈을 포용해라. 어떤 날은 지옥처럼 혼란스러울 것이다. 또 어떤 날은 조용하고 명확할 것이다. 그 모든 날이 당신이 살고 있는, 몸에 매우 강박적인 세상의 일부일 뿐이다.

전략 2: 당신이 새로운 '핫'함이다

증거에 토대한 여러 접근 방법의 또 한 가지 공통점은 바로 '미'를 재정의한다는 것이다. 우리의 마음대로, 우리의 현재 모습을 포괄하는 정의로 미의 기준을 다시 정하면 우리 몸을 따뜻하고 다정한 시선으로 바라볼 수 있다. 물론, 말처럼 쉽지는 않다.

어밀리아는 자신이 지휘하는 모습이 찍힌 사진에 집착한다. 대개는 어쩔 수 없이 입을 크게 벌리고 있고 머리카락은 땀에 절어 있다. 에밀리는 텔레비전에 나온 자신을 보며 턱이 너무 뾰족하다고 걱정한다. 몇 년 전에 누군가가 그렇게 말한 적도 있다. 우리 둘 다 모델처럼 날씬해 본 적은 없다. 우리는 예전에 3.2킬로그램짜리 아기 둘을 한꺼번에 잉태하기 전에는 모델처럼 날씬했던 어머니가 화장대 거울에 비친 자신의 모습을 보며 우는 광경을 봤다. 그때 거울에 비친 어머니의 모습은 지금 거울에 비친 우리의 모습과 아주 비슷했다.

그래서 우리는 몸을 비판하지 않고 자신을 호의적으로 대하는 법을 배우기 위해 '새로운 핫함' 게임을 만들었다. 어느 날 어밀리아는 고급 부티크 탈의실에서 공연에 입고 나갈 드레스를 입어보고 있었다. 여성 지휘자의 의상을 구하는 일은 여간 어렵지 않다. 단정하고 프로페셔널한 인상을 주되 치렁치렁하지 않은 검은색 긴소매 드레스는 흔히 찾을 수 없는 조합이다. 게다가 '정상' 사이즈와 '플러스' 사이즈의 경계인 몸에 맞는 옷을 찾기란 더욱 어렵다. 그래서 고급 부티크에서 기막히게 어울리는 드레스를 찾은 어밀리아는 셀카를 찍어 에밀리에게 전송했다. 〈맨 인 블랙 2〉의 윌 스미스를 인용한 설명과 함께. "내가 새로운 핫함이야I am the new hotness."

이제 '새로운 핫함'은 사회가 만든 이상향과 상관없이 멋진 무언가를 문자로 전송할 때 우리가 사용하는 암호가 됐다. 재밌는 게임이니 해보기 바란다. 예전과 다른 모습이 됐거나 당신이 생각하는 목표와 다른 모습이라도 지금 그 모습이 바로 '새로운' 핫함이다. 그것은 옛 핫함보다 훨씬 더 좋다.

오늘 새 레깅스를 입었는가? 당신이 새로운 핫함이다.

머리칼이 길었거나 짧아졌는가? 머리 색이나 스타일이 바뀌었는가? 새로운 핫함이다.

아기를 낳고 뱃살이 늘어졌는가? 새로운 핫함이다.

학교에 다니는 동안 체중이 10킬로그램 늘었는가? 새로운 핫함이다.

1년 전보다 주름이 늘었는가? 새로운 핫함이다.

무릎 수술을 받고 흉터가 남았는가? 새로운 핫함이다.

전투에서 부상을 입어 팔이나 다리가 절단됐는가? 새로운 핫함이다.

유방암 때문에 유방 절제술을 받았는가? 새로운 핫함이다.

여기서 핵심은 스스로 자신의 언어로 자신의 몸의 가치를 정의하는 것이다. 따듯하고 다정한 시선으로 거듭 자신의 몸을 돌아봐라.

사랑과 애정을 갖고 돌아볼 필요는 없다. 사랑과 애정은 신체의 수용이라는 케이크의 설탕 옷과도 같다. 그러나 효과가 있다면 시도해도 좋다.[31] 당신의 몸이 요구하는 것은 그저 따듯하고 다정한 시선으로 바라보며 모순적인 감정과 믿음, 열망을 비판 없이 있는 그대로 받아들이는 것이다. 당신의 몸이 '아름다워야' 한다는 뜻이 아니라 당신의 몸은 이미 아름답다는 얘기다.

전략 3: 모두가 새로운 핫함이다

뚱뚱함을 긍정하는 운동에 앞장서는 작가 겸 코미디언 린디 웨스트Lindy West는 긍정적으로 표현된 뚱뚱한 몸 이미지들을 둘러보면서 자신의 새로운 핫함을 발견했다. 그리고 다른 여성들에게도 "인터넷에서 뚱뚱한 여성을 찾아보라"라고, "그런 사진이 불편하게 느껴지지 않을 때까지 계속 찾아보라"라고 권한다. 레너드 니모이Leonard Nimoy의 『풍만한 몸 프로젝트The Full Body Project』(풍만한 여성들의 나체 사진을 모은 사진집 ― 옮긴이)는 그녀에게 '선물과도' 같았다. 그것을 만나기 전까지 그녀는 자신처럼 뚱뚱한 여성의 몸이 농담이 아닌 아름다운 피사체로 전시되거나 풍자의 대상이 아닌 동경의 대상으로 비난 없이 제시되는 것을 본 적이 없었다. 이 사진집을 보고 그녀는 이렇게 자문했다. "그냥 내가 스스로 나 자신이 가치 있다고 결정하면 그렇게 되는 것이 아닐까?" 그녀는 그런 생각이 자신의 뇌를 바꾸고 있음을 느꼈다. 그 후 그녀는 사람들이 그저 특정한 몸의 유형에 노출되기만 해도 그 유형을 선호하게 된다는 연구 결과를 발견했다.

에밀리는 가끔 강연의 마지막 순서로 자신이 이름 붙인 '아름다운 활동'을 소개한다. 여성의 사진과 "그녀는 아름답다"라는 글귀가 적힌 파워포인트 슬라이드 50장을 준비해서 슬라이드를 1장씩 넘기며 청중에게 한 사람씩 사진을 보고 그녀는 아름답다고 소리 내 말하게 하는 것이다. 청중은 모두 돌아가며 같은 과정을 되풀이한다. 슬라이드 속에는 다양한 피부색과 머리칼을 가진 여성들의 사진이 있다. 겨드랑이에 털이 없는 여성, 겨드랑이에 털이 있는 여성, 휠체어를 탄 여성, 인공 팔다리를 가진 여성, 한쪽 또는 양쪽 유방을 절제한 여성, 트랜스젠더 여성, 양성인 여성, 부르카를 입은 여성 등등, 10대에서 90대 사이 다양한 연령과 다양한 몸집의 여성들이다.

이 활동의 취지는 강연의 참석자들이 자신과 비슷한 사람을 보면서 그 사람이 아름답다고 말하는 소리를 귀로 듣게 하기 위는 것이다. 그러나 막상 참가자들이 경험하는 부조화의 느낌은 훨씬 더 강렬했다. 그들은 지금껏 혐오의 대상으로 인지하도록 배운 몸을 보면서 아름다운 몸이라고 인식하기를 어려워했다. 에밀리는 대학생에서부터 경험 많은 상담 치료사와 의료 서비스 제공자에 이르기까지 다양한 부류의 사람들에게 이 활동을 시도해 봤지만 모두 똑같은 반응을 보였다. 처음에는 '이상적이지' 않은 몸을 비판 없이 바라보는 일이 얼마나 불편한지 깨닫고 놀랐다. 그러나 금세 그것이 기쁨의 원천이 된다는 사실을 깨닫고 눈물을 흘렸다.

당신도 이 장을 읽고 바깥세상으로 나가 주변 사람들의 몸이 얼마나 다양한지 살펴보면……. 이상향에 순응하지 않는 사람들을 자기도 모르게 비판하거나 이상향에 부합하는 사람들에게 질투와 경멸을 느끼고 있음을 발견할 것이다. 혹은 세상이 지적하는 당신의 부족한 점을 비난하고 꾸짖는 자신을 발견할지도 모른다. 공공장소, 즉 기차나 버스에 타고 있을 때, 또는 계산대 앞에 줄 서 있을 때나 파티에 참석했을 때, 직장의 회의나 교실에서 언제든 그런 일이 일어날 것이다. 다른 사람들의 몸을 의식하고 모종의 감정 반응을 보일 것이고, 그러고 나면 그 반응에 다시 감정 반응을 보일지도 모른다. "젠장, 그런 생각을 하면 안 되잖아!" 이렇게 말이다.

그런 모든 것이 혼돈의 일부다. 변화는 점진적으로 일어난다. 당신의 뇌는 수십 년 동안 비키니 산업 단지에 세뇌됐고 집에서 나올 때마다 다시 비키니 산업 단지로 들어간다. 텔레비전을 켤 때마다, 옷을 입거나 벗을 때마다 다시 비키니 산업 단지로 들어간다. 그것을 그저 공기 중에 떠다니는 먼지처럼 의식해라. 휘둘리지 말고 중립적인 입장이 되라는 말이다. 무언가를 할 필요는 없다. 혼돈을 마주하면 그저 다정하게 미소 지어라. 그리고 진실을 기억하면 된다. 모두가 새로운 핫함이라는 것. 당신은 새로운 핫함이다. 저기 저 여자도, 그들도, 우리 모두가 새로운 핫함이다.

전략 4: "안녕, 몸, 네에게 필요한 게 뭐니?"

마지막으로 거울과 다른 사람들의 몸에서 눈을 떼라. 그리고 당신의 몸이 그것을 어떻게 느끼는지 의식해라. 당신의 몸의 형태를 생각할 때 연습했듯이 따뜻하고 다정하게 그 느낌을 맞이해라.

젖먹이 아기가 불편해하며 몸부림치거나 울음을 터트리면 어른들은 어디가 불편한지 알아내야 한다. 그러면서 아기에게 몸의 여러 감각이 저마다 무엇을 의미하는지 가르친다.[32] 예를 들면 이렇게 말이다. "안녕, 아가. 왜 그러니? 뭐가 필요해? 배고프니? 피곤하니? 외롭니? 아, 배고프구나. 그렇지?" 그러면 아기는 그 순간에 느끼는 불편감이 '배고픔'이라는 것을 알게 된다. '축축한' 느낌이나 '외로운' 느낌도 같은 방식으로 배울 것이다.

그러나 아기들은 몸의 감각에 점차 익숙해지면서 몸의 여러 느낌에 대해 모순적인 메시지를 흡수한다. 예를 들어 어른들은 아기의 배를 보며 "어머, 저 불룩하고 귀여운 배 좀 봐! 배에 뽀뽀해야겠다!"라고 하면서 정작 자신의 배를 보면서는 이렇게 말한다. "윽, 이 불룩한 배 좀 봐. 끔찍해."

아기는 글이나 말을 배우기도 전에 광고를 보거나 슈퍼마켓에 꽂힌 여러 잡지의 표지 사진을 보게 된다. 아직 누군가와 그에 관해 얘기해 본 적은 없어도 아기는 벌써 자기 몸이 아름답지 않으며 그것을 아름답게 만들지 않으면 음식이나 사랑이나 휴식이나 건강을 누릴 자격이 없다는 생각을 자연스레 내면화한다. 베푸는 인간으로서 막 꽃피기 시작한 여아는 자기 몸이 자신보다는 다른 사람을 위한 것임을 배운다. 타인의 기쁨과 타인의 욕망, 타인의 수용 또는 거부를 위해 존재하는 것이라고 말이다.

우리 대부분은 어릴 때부터 배운 대로 자신의 욕구를 완전히 외면하는 어른으로 자랐다. 우리의 몸은 온갖 종류의 신호를 보내지만 우리는 목 위쪽, 즉 머리가 떠들어대는 소리만 들을 뿐 나머지 95퍼센트의 내부 경험이 보내는 소리에는 귀를 닫고 살아간다.

당신의 몸이 관심을 필요로 하는 누군가의 몸이라고 생각해라. 젖먹이 아기의 몸이라고 생각해 보자. 많은 여성이 처음에는 이상하고 불편하게 느낀다. 그래도 시도해 보기 바란다. 이제 우리는 몸의 형태와 크기만으로는 건강에 대해 아무것도 알 수 없다는 사실을 배웠다. 그저 겉모습만 '보고' 웰빙을 판단하지 말고 몸을 돌아보며 기분이 어떤지 물어라. "왜 그러니, 아가? 배고프니? 목마르니? 피곤해? 외롭니?" 이렇게 말이다. 당신이 귀를 기울이면 당신의 몸은 틀림없이 알려줄 것이다. 잠시 하던 일을 멈추고 바닥이나 의자에 앉아 천천히 심호흡을 한 뒤 몸의 감각에 집중하며 소리 내 물어봐도 좋다. "무엇이 필요하니?" 즉시 알 수 있는 대답을 듣게 될 수도 있지만 신체의 감각을 골똘히 해석해야 할지도 모른다. 혹은 마음의 소리로 듣게 될 수도 있다. 어쨌든 몸은 답을 내줄 것이다.

커가면서 몸의 세부적인 필요, 그러니까 언제 몇 시간을 자야 하는가, 누구의 애정 어린 관심을 필요로 하는가, 어떠한 음식을 먹어야 하는가 등은 변하지만 기본적인 요구는 변하지 않는다. 당신의 몸은 숨을 쉬고 잠을 자야 한다. 음식을 먹어야 한다. 사랑받아야 한다. 이런 것들이 없으면 몸은 죽는다. 그리고 몸이 무언가를 해야만, 어떤 모양이나 크기가 돼야만 음식이나 애정이나 잠을 누릴 '자격을 갖게 되는' 것은 아니다. 아프거나 부상을 당해도 몸의 잘못은 아니다. 당신의 몸은 처음 태어난 날 그랬듯 여전히 놀라운 존재다. 애정을 쏟는 사람들에게 기쁨을 주는 존재다. 당신의 몸은 당신의 것이다. 당신의 몸은 곧 당신이다.

줄리는 자기 몸이 어떻게 느끼는지 단 한 번도 생각해 본 적이 없다. 그녀는 몸의 겉모습에만 신경 썼고 대부분이 그렇듯 날씬해 보이기 위해 많은 시간과 노력을 투자했다. 어디선가 읽은 식이 요법을 따르고 피트니스 전문가들이 제안하는 운동을 하고 가로 줄무늬 옷은 되도록 피했다.

그러나 앞에서 말한 장 재훈련 때문에 어쩔 수 없이 몸의 겉모습이 아닌 몸의 느낌에 관심을 쏟게 됐다. 몸 긍정에 관한 강연들은 대부분 몸의 겉모습보다는 몸의 역할을 사랑하라고 강조한다. 그것도 좋은 얘기다. 그러나 줄리처럼 만성 질환이나 질병을 갖고 살아가는 사람에게는 그리 도움이 되지 않는다. 줄리는 자신의 몸이 겉으로 보기에 건강한 상태라고 생각했으나 사실은 아주 중요한 기능을 상실한 상태였다.

그래서 줄리는 처음부터 다시 시작해야 했다. 자기 몸이 정한 규칙에 따라 몸과 관계를 다시 쌓아야 했다. 음식에 관한 지침이 내려졌는데, 먹을 수 있는 음식과 먹을 수 없는 음식을 정해놓은 것이 아니라 다양한 음식이 저마다 몸에서 어떻게 느껴지는지 관심을 쏟으라는 것이었다. 시도해보니 몸이 기분 좋게 느끼는 음식은 지금껏 그녀가 실천한 식이 요법과는 완전히 달랐다. 수면 시간과 운동도 늘려야 한다는 지시를 받았다. 몸의 필요에 귀를 기울이는 동시에 삶을 유지하려면 어떻게 해야 할까?

그녀는 이 문제, 즉 몸의 요구와 삶이 균형을 맞추는 문제
가 병원행의 근본적인 원인이었다는 사실을 깨달았다. 제
대로 하려면 도움이 필요했다. 그것도 아주 많은 도움이.

몸은 불완전하며 때로는 우리의 기대에 못 미친다. 병에 걸
리기도 하고 손상되기도 하며 뜻밖의 혼돈에 빠지기도 한다.
우리 몸은 죄절을 안겨줄 수도 있고, 몸이 헤야 할 일을 하지
못하면 세상이 우리를 벌할 수도 있다. 그러니 우리는 "당신의
몸을 사랑하라"라는 뻔한 제안은 하지 않겠다. 그보다는 몸과
스스로 느끼는 몸의 감각에 인내를 가지라고 제안한다.

당신의 몸은 적이 아니다. 진짜 적은 비키니 산업 단지. 이
적은 당신이 문제라고, 당신의 몸이 적이며 몸이 제 기능을 하
지 못해서 당신이 실패자가 되는 거라고 당신을 속이려 한다.

어려움과 혼돈은 불가피하다. 이 장을 읽고 나서 친구들과
식사를 하면 틀림없이 칼로리와 지방에 관한 얘기가 오갈 것이
다. 그들은 자신이 디저트를 먹을 자격이 없다느니, 너는 뭘 먹
든 신경 쓰지 않아서 정말 좋겠다느니 떠들어댈 것이다. 옆에
서 가족 중 누군가가 '포기한' 자신이나 타인을 비판하고 있을
지도 모른다. 당신은 그들에게 맛있는 음식을 먹을 자격이라는
건 없다고, 우리 문화가 만들어낸 이상향에 가까워지려고 노
력하지 않는다고 해서 실패자가 되는 건 아니라고, 뚱뚱하다고
해서 건강하지 않은 것은 아니라고 설명하고 싶을 것이다. 실

제로 그렇게 얘기하기도 하겠지만 때로는 언쟁을 피하고 싶어서 아무 말 하지 않을 수도 있다. 어느 쪽을 택하든 괜찮다. 모두 혼돈의 일부다.

　우리가 겪은 혼돈의 이야기로 이 장을 마무리하겠다. 에밀리는 하필 이 장을 쓰는 동안 어느 대규모 행사에 기조연설자로 초청받아 체중 감량을 하고 있었다. 연구 자료와 경험을 통해 자신이 체중에 따라 다른 인상을 풍긴다는 사실을 알게 된 에밀리는 좀 더 날씬한 인상으로 기억되기를 바랐다. 어느 금요일 아침, 에밀리는 신체 수용에 관해 3시간 동안 글을 쓴 뒤 위층으로 올라가 체중을 점검했다. 그런 뒤 어밀리아에게 전화해 이렇게 말했다. "엉망진창이야! 이상향에 좀 더 가까워져야만 좀 더 진지한 전문가의 인상을 풍길 수 있는데, 그런 이상향에 부합하려고 노력하는 건 내가 전문가로 초청받은 행사에서 하게 될 연설과는 완전히 모순되잖아."

　"맞아, 혼돈 그 자체네." 어밀리아가 맞장구쳤다. 그러곤 덧붙였다. "하지만 그것도 새로운 핫함이야."

　1부에서 우리는 전투에 가져갈 자원, 즉 당장 피를 멎게 해줄 자원을 소개했다. 2부에서는 우리 편인 척하면서 뒤통수를 치는 음흉한 적의 속성을 설명했다. 3부에서는 승리하는 방법을 상세하고 구체적으로 다루려 한다. 좀 더 많은 지분, 좀 더 많은 평화를 누리기 위해 매일 치르는 전투가 어떤 모습이며 어떤 느낌을 주는지 살펴볼 것이다. 그리고 당신이 힘을 기르기 위해서 매일 실천할 수 있는 일을 구체적으로 알려줄 것이다.

마지막 잔소리

* '비키니 산업 단지'는 우리의 진짜 적으로, 자신의 정체를 숨기고 우리 몸이 적이라고 믿게 만드는 수천 억 달러 규모의 산업이다.

* 뚱뚱한 사람에게 뚱뚱한 몸보다 더 해로운 건 뚱뚱한 사람에 대한 편견이다. 그리고 우리가 몸을 변화시키기 위해 시도하는 수많은 방법이 우리의 건강을 악화시킨다.

* 당신의 몸을 있는 그대로 받아들이고 사랑하고 싶은 마음과 우리 문화가 만든 이상향에 맞게 몸을 바꾸고 싶은 마음이 공존하는 것은 지극히 정상적이고 오히려 보편적인 일이다.

* 해결책: 혼돈을 받아들여라. 당신이 '새로운 핫함'이라고 생각해라. 모든 사람을 '새로운 핫함'으로 보는 연습을 해라. 그리고 몸의 필요에 귀를 기울여라.

3부

왁스 칠하고
왁스 닦고

6장

연결

소피는 자신을 성숙한 여성이라고 생각했다. 경제적으로 자립했고 혼자 살고 있으며 누가 봐도 독립적인 여성이니까. 그녀는 스스로 모든 것을 해결할 수 있고 누구의 도움도 필요로 하지 않는다는 점에 자부심이 있었다. 가끔 가족이나 친구들과 어울리고 데이트의 로맨틱한 전율을 즐기기도 하지만 장기적으로 다른 사람과 삶을 공유하지 않았다. 그녀는 연애에 딱히 관심이 없었다.

버나드를 만나기 전까지는. 그를 만났을 때 소피는 명문 공과 대학에서 컨설팅을 제공하며 좀 더 포용적인 이공계 프로그램의 기획을 돕고 있었다. 만찬 행사에서 남아 있는 빈자리로 갔을 뿐인데 옆자리에 곱슬머리 남자가 앉아 있었다. "여기 앉아도 될까요?" 그녀가 물었다.

뭔가를 읽고 있던 그는 고개를 들어 그녀를 봤다. 그들의 눈이 마주치는 순간 그녀는 그의 말이 들리지 않았다. 그의 눈은 반짝거렸고 표정은 한없이 따뜻하고 다정했다. 얼굴에는 주근깨가 있었다. 소피는 발밑에서 지각변동이 일어나는 것을 느꼈다. 어느 순간 그녀는 새로운 땅에 서 있었다.

그가 빈자리를 향해 손짓하자 소피는 그 자리에 앉았다. 가슴이 마구 설렜다. "버나드라고 합니다." 남자가 악수를 청하며 말했다. 그의 손을 잡는 순간 소피는 짜릿한 전율을 느꼈다. 그러곤 자기도 모르게 키득거렸다. 성숙한 여자가 키득거리다니. 하지만 이미 늦었다. 이제 그는 그녀를 키득거리는 여자라고 생각할 게 분명했다. 소피는 목을 가다듬고 심호흡을 하며 마음을 가라앉혔다. 그러곤 자기 이름을 말해줬다.

"압니다." 버나드가 다정하고 따뜻하게 고개를 까닥였다. 나중에 들어보니 당시 그는 그녀가 감히 다가갈 수도 없는 상대라고 생각했다. 버나드는 그녀와 잘될 가능성이 있다고 생각했다면 초조해서 벌벌 떨었을 거라고 털어놨다.

식사가 끝나고 학교를 떠나기 전까지 소피는 홀에서 버나드와 마주칠 때마다 다정하게 손을 흔들며 미소 지었고 그때마다 짜릿한 전율과 설렘이 다시 밀려들었다. 소피는 버나드가 자식들을 키우는 이혼남이고, 새로운 상대를 만날 마음의 여유나 시간이 없다는 사실을 알게 됐다. 소피는 그런 사람을 만나고 싶지 않았다. 그녀는 그저 웃고 여행하며 가볍게 즐길 수 있는 상대를 원했다. "왜?" 그녀는 자신의 가슴에게 물었다. "왜 저 사람이야?"

그녀의 가슴은 아랑곳하지 않았다. "눈이 예쁘잖아!" 그녀의 가슴은 이렇게 열광했다. 결국 소피는 에밀리에게 솔직하게 털어놨다. "어떤 남자를 만났는데 설레더라고요. 기막힌 일이죠. 난 성숙한 여잔데. 그렇게 복잡한 사람이 내 삶에 들어오는 건 원치 않아요."

에밀리가 말했다. "글쎄요, 과학적으로……."

그러자 소피가 얼른 끼어들었다. "에밀리, 혹시 과학적으로 여자는 남자를 필요로 한다고 말하려는 건 아니죠? 페미니스트이고 성 상담가인 데다 과학에 열광히는 시람이 과학적으로 여자는 남자가 없으면 불완전한 존재라고 말해선 안 되죠."

"아이고, 당연히 아니죠!" 에밀리가 말했다.

"알았어요." 소피가 대꾸했다.

"하지만 가슴은 자신이 모르는 것을 알고 있어요."

이 장에서는 가슴이 아는 것을 얘기해 보려 한다.

"어릴 때 울면 누가 안아줬죠?" 상담 치료사이자 연구가인 수 존슨Sue Johnson은 자기 고객들에게 이렇게 묻곤 한다. 만약 그녀가 영양학자였다면 이렇게 물었을 것이다. "어릴 때 배고프면 뭘 먹었죠?" 먹을 것이 풍부한 집에서 죄책감이나 수치심 없이 영양분을 충분히 섭취하며 자란 사람이라면 기쁘게 대답할 것이다. 먹을 것이 부족한 집에서 자랐거나 영양분을 골고루 섭취하지 못했거나 죄책감과 수치심에 시달린 사람은 다르게 대답할 것이다. 그런 사람은 어린 시절을 생각하기만 해도 영양분을 충분히 섭취하며 자란 사람과는 매우 다른 감정을 느낄 것이다.

사회적 연결은 음식과 마찬가지로 일종의 자양분이다. 어린 시절의 섭식 경험이 오늘날 우리와 음식의 관계를 결정하듯 우리의 어린 시절에 얻은 연결의 경험이 오늘날 다른 사람과의 관계를 결정한다. 구체적으로 필요한 양분은 성장의 단계에 따라 달라지더라도 음식이 필요하다는 사실은 평생 변하지 않는다. 마찬가지로 성장의 단계에 따라 어떤 연결이 필요한지도 달라지지만 기본적으로 연결이 필요하다는 사실은 변하지 않는다. 우리 문화는 우리가 고를 수 있는 음식의 종류를 제한하고 있다. 이는 연결에도 적용된다.

아기가 혼자 있다면 아기는 그저 외롭기만 한 것이 아니라 생존할 수 없을지도 모른다. 단지 추위와 굶주림으로 죽거나 짐승의 먹잇감이 되기 때문이 아니다. 다른 필요가 모두 충족된다 해도 아기는 외로움으로 죽을 수도 있다.[1] 타인과의 접촉은 기본적인 생물학적 필요다. 외로움은 일종의 굶주림이다.

성인에게도 연결은 생리적인 영양분을 공급한다. 연결은 심장박동과 호흡수를 조절하고 뇌의 감정 작용에 영향을 미치며 부상이나 상처에 대한 면역 반응을 조정하고 스트레스 지수와 스트레스 반응을 조절하기도 한다.[2] 우리는 타인과 연결되지 않으면 실제로 병에 걸리고 죽음에 이르기도 한다. 2015년에 전 세계 300만 명 이상을 대상으로 실시한 70건의 다양한 연구를 메타 분석한 결과, 사회적 고립과 외로움은 요절할 확률을 25~30퍼센트 높이는 것으로 드러났다.[3] 어느 보험회사의 의료 총책임자는 외로움이 건강에 미치는 영향을 조사한 2018년의 연구 결과를 인용해 외로움이 "수명에 미치는 영향은 하루에 담배 15개를 피우는 것과 동일하다"라고 설명했다.[4] 그런가 하면 2018년 영국 정부는 외로움이 건강에 미치는 영향이 당뇨 같은 만성 질환의 영향과 유사하다고 규정하고 외로움 위원회를 조직하기도 했다.[5] 모든 성인의 가슴속에는 타인과 연결되지 않으면 사망에 이르는 젖먹이가 살고 있는 것이다.

그러나 상식적으로 우리는 의존적 삶에서 독립적 삶을 향해 일방적으로 나아가는 것이 발달이라고 생각한다. 인간 발달에 관한 이론을 확립한 초창기 심리학자들은 타인에게 의존하는 삶이 미성숙한 것이라고 결론 내렸다. 그들의 견해에 따르면 타인에게 전혀 의존하지 않는 사람이 가장 강인하고 적절하며 지혜롭고 성숙한 성인이다.

게다가 베푸는 인간 증후군은 이것이 모든 사람에게 해당하는 경로는 아니라고 주장한다. 남아를 상상해 보자. 그는 가장 먼저 말하는 법, 걷는 법, 먹는 법, 똥오줌 가리는 법을 배운다. 그런 다음 글과 셈, 화학을 배우고 나면 집을 떠나 독립하기를 원하고 이쯤 되면 그는 완전히 성숙한, 존재하는 인간이 된다. 반면 여아는 어느 시점까지 독립을 향해 나아가다가 결혼을 하고 아기를 낳고 나면 그때부터 완전히 성숙한, 베푸는 인간이 된다. 자주성을 토대로 형성된 정체성은 한층 더 강하고 우월하며 남성적인 것으로 간주되는 반면, 연결을 토대로 형성된 정체성은 비교적 약하고 열등하며 여성적인 것으로 간주된다.

건강한 사람이라면 파트너나 다른 사람의 인정, 가족이나 공동체의 지원 유무에 상관없이 100퍼센트 완전한 존재라고 느껴야 한다는 것이 여전히 통념으로 남아 있다. 사회적 연결은 웰빙의 필수 요소가 아니라 '보너스', 즉 주요소가 아닌 부차적인 요소로 간주된다. 첫 번째 여성운동의 물결이 독립을 이상향으로 여긴 것도 놀라운 일은 아니다.

그러나 진실은 다르다. 진실은, 타인 없이는 아무도 완전하지 않다는 것이다. 사회적 연결 없이 완전한 존재가 되는 것은 음식도 없이 양분을 얻는 것과 똑같다. 불가능한 일이라는 뜻이다. 우리는 누구나 배고픔을 느낀다. 누구나 외로움에 시달린다. 음식을 먹지 않으면 죽는다. 우리에게 남자나 다른 종류의 파트너가 있어야 한다는 뜻이 아니다. 그보다는 다양한 형태의 연결이 필요하다는 뜻이다. 아울러 평생에 걸쳐 자주성을 키우는 것은 연결의 욕구 못지않게 인간 본성에 내재돼 있는 특성이다. 우리는 연결과 자주성을 '모두' 필요로 한다. 그것은 모순이 아니다. 인간은 연결과 자주성 사이를 끊임없이 오가도록 설계됐다.

이 장을 시작으로 '3부: 왁스 칠하고 왁스 닦고'에서는 번아웃의 원인들, 즉 우리가 2부에서 적으로 규정한 것들과 싸우기 위해 일상에서 우리가 어떤 선택과 행동을 해야 하는지 살펴보려 한다.

영화 〈베스트 키드〉에서 미야기 씨가 대니얼 라루소에게 가르친 조언을 떠올려 보자. "왁스 칠하고 왁스 닦고, 숨 쉬는 것도 잊지 마라." 호흡은 또 하나의 사이클이다. 들이쉬고…… 내쉬고.

'연결'은 실질적이다

쌍둥이인 우리 자매에게는 연습이나 노력 없이 저절로 얻게 된 재능이 하나 있다. 바로 이인삼각이다. 운동회 날 둘씩 짝을 지어 한 아이의 왼쪽 발목과 다른 아이의 오른쪽 발목을 묶은 채로 운동장을 달리는 경주 말이다. 8살 때 우리는 이인삼각에서 모두를 제치고 먼지가 휘날리도록 달렸다.

운동장에서 우리가 발맞춰 달리게 해준 메커니즘은 스쿨버스에서도 작동했다. 누군가가 우리 중 한 사람을 괴롭혀서 울음을 터트리게 하면 다른 한 사람도 뜬금없이 울음을 터트렸다. 둘 중 누가 괴롭힘을 당했는지는 기억나지 않는다. 운동회 날처럼 둘이 끈으로 묶여 있지도 않았다. 그저 어떤 감정 조율이 우리의 기분을 발맞춰 달리게 했던 것이다. 그러나 그 감정 조율은 다리를 묶은 끈만큼이나 확실하고 실질적이었다.

이런 현상은 최근에야 과학적으로 측정할 수 있게 됐다. 2인

신경 과학Two-person neuroscience, 2PN은 이제 막 떠오르기 시작한 분야로, 뇌에서 일어나는 연결에 의한 동시 작용의 경험을 측정하는 확실하고 효과적인 방법을 여전히 모색 중이다. 그러나 벌써 놀라운 결과가 도출되고 있다.[6] 예를 들어 서로 모르는 사이라고 해도 함께 영화를 보는 사람들의 뇌에서는 동일한 반응이 일어난다. 그리고 그저 같은 공간에 있기만 해도 즉, 공존만으로도 심장박동이 동기화된다. 그뿐만이 아니다. 우리는 누군가와 이야기를 나눌 때 상대방의 얼굴 표정을 자동으로 따라하게 되고 이 표정에 수반되는 감정을 경험하며 자기도 모르게 몸동작과 목소리의 톤을 상대에게 맞춘다.[7] 또한 우리는 일상에서도 항상 상대와 공동으로 감정을 조절하며 자연스럽게 동시 작용을 하고, 때로는 그런 사실을 자각하지 못하기도 한다.[8] 당신의 내적 상태는 전염성이 강하며 집과 직장, 식료품점, 버스 등에서 마주치는 사람들의 내적 상태에 감염되기도 쉽다.

이런 상호적 조절은 우리 삶의 초창기부터 시작돼 우리의 뇌를 모양 짓는다.[9] 유아와 성인 보호자가 애정 어린 표정을 주고받으면 타인과의 유대를 강화하고 신경 연결의 성장을 촉진한다고도 알려진 신경 펩티드인 도파민이 분비된다. 이에 반해 유아와 보호자가 부정적인 표정을 주고받으면 신경 연결의 생성을 파괴한다고 알려진 스트레스 호르몬인 코르티솔이 분비된다.[10] 우리는 생애 첫 2년 동안 자신이 느끼는 것을 주변 사람들도 똑같이 느낀다고 가정한다. 주변 어른들을 보며 그들의 감정을 확인하고 그것을 자신의 감정으로 채택하는 것이다. 이는 선택이 아니라 본능에 따른 것이다. 자신을 안고 있는 어른이 평온한 상태라면 아기의 신경계는 자신도 평온함을 느껴도 좋다고 판단한다. 어른이 스트레스를 받고 초조한 상태라면 아기의 신경계는 불안 요인이 있다는 뜻으로 해석하고 자신도 그런 상태에 빠진다.[11]

생후 2~3년이 되면 여전히 혼자서는 생존할 수 없지만 다른 사람들이 자신과는 다른 내적 경험을 한다는 사실을 이해하기 시작한다. 사춘기가 되면 혼자 생존할 수도 있지만 많은 동물이 그렇듯 인간은 혼자 살아가지 않는다. 우리는 사회 집단에 머물며 동료들과 상호 연결을 구축한다. 이때 유아 시절 보호자와 연결된 방식, 더 정확히 말하면 애착을 쌓은 방식이 연결의 형태를 좌우한다.

다른 사람과 공간을 공유하는 것은 에너지를 공유한다는 뜻이다. 비유적인 의미가 아니라 실제로 그렇다. 연결은 원자 수준에서 우리를 움직인다. 우리를 구성하는 입자 하나하나는 우리가 상상할 수 있는 아주 작은 규모와 아주 커다란 규모로 끝없이 연쇄 작용을 하며 서로 영향을 주고받는다. 하나의 추 옆에서 똑같은 크기의 추를 흔들면 두 추의 리듬이 점차 같아지면서 동시에 같은 방향으로 진자 운동을 할 것이다. 우리는 에너지로 이뤄져 있다. 에너지는 서로 섞이고 퍼지고 연결되는

속성을 가졌다. 다른 사람과 한 공간에 있으면 서로의 에너지
가 영향을 주고받는다. 이것은 물리학이며 심리학이다. 그리고
피할 수 없는 놀라운 작용이다. 그것이 우리에게는 어떤 영향
을 미칠까?

"연결은 중요하다!"라는 말을 들으면 대개는 추상적인 개
념으로 해석하기 쉽다. 이를테면 주변 여자들이 당신을 응
원하거나 당신이 눈물 흘릴 때 배우자가 이야기를 들어주고
안아주거나 아이가 "사랑해"라고 말해줄 때 일어나는 감정
적 연결로 생각하기 쉽다. 실제로 그렇다. 연결은 감정적인
것이다. 그러나 연결은 또한 실질적인 것이다. 삶은 복잡하
고 돈과 시간이 많이 든다. 우리는 도움이 필요하다.

줄리에게도 도움이 필요했다. 장 재훈련(윽!)을 받으려면
다른 건 제쳐놓더라도 매일 30분을 변기에서(윽!) 보내야
했다. 매일 30분이라는 시간을 마련하려면 맡은 일의 일부
를 다른 사람에게 넘겨야 했다. 어쨌든 꼭 해야 하는 일이
었으니까.

줄리의 어머니가 나섰다. 어머니는 일요일에 음식을 푸짐
하게 만들어서 냉동실에 얼렸다가 가져다줬다. 다이애나 친
구들의 부모들도 나섰다. 그들은 카풀로 도움을 줬다. 줄리
의 친구들까지 나서서 도와주자 줄리는 감탄을 금치 못했
다. 한 친구는 다른 친구들이 번갈아 가며 음식을 가져다주

거나 다이애나를 돌봐줄 수 있도록 일정을 짜기도 했다.

그리고 한 사람이 더 나섰다. 줄리의 남편. 이쯤 해서 줄리의 남편 제러미를 소개하겠다. 제러미는 줄리와 마찬가지로 영어 교사다. E.M.포스터E.M.Forster에 관한 논문으로 석사 학위를 받았으며 긴 속눈썹과 이지적인 갈색 눈이 매력적인 남자다. 딸이 〈라푼젤〉에 빠졌을 때 그는 남자 주인공 플린 라이더의 '필살기' 표정을 연습해서 다이애나뿐 아니라 줄리까지도 즐겁게 해줬다. 어쨌든 제러미는 배관공이나 도급업자, 그밖에 집이 무너지는 것을 막기 위해 전화하고 예약해서 만나야 하는 사람들에게 연락하는 일을 늘 도맡았다. 그리고 줄리를 사랑했다. 그는 두 사람이 왜 그렇게 멀어졌는지 이해하지 못했다. 그저 도우려 할 때마다 비난이 돌아올 뿐이었다. 그래서 그는 더 이상 노력하지 않았다.

줄리는 장 문제로 병원에 다녀온 뒤 싸움의 위험을 무릅쓰고 남편과 마주 앉아 진지하게 대화를 나눴다. 그녀는 상황을 설명하고(장기적이고 친밀한 관계의 한 가지 장점은 어느 시점에 이르면 '똥' 얘기를 솔직하게 털어놓을 수 있게 된다는 점이다) 필요한 것을 부탁했다. 그녀에게 필요한 것은 시간이었다.

그는 이렇게 말했다. "어차피 집 청소는 해야지. 청소 도우미를 쓰면 이것저것 조율해야 하는데 그런 성가신 문제는 딱 질색이거든. 당신이 이래라저래라 하지 말고 내가 알아서 하게만 해준다면 내가 직접 할게."

연결이 언제나 따뜻하고 아늑하기만 한 것은 아니다. 하지만 줄리는 남편에게 동의했다. 그는 토요일을 청소하는 날로 정하고 청소를 딸과 함께 즐기는 놀이로 바꿨다. 첫 토요일 오후에 줄리가 치료를 받고 돌아와 보니 집이 깔끔하게 정돈돼 있었다. 줄리 자신이 청소한 것처럼 깨끗하지는 않았어도 다시 손댈 필요는 없었다. 그녀는 하마터면 울음을 터트릴 뻔했다. 오븐에는 음식이 들어 있었다. 요리할 필요도 없었다. 게다가 가장 사랑하는 사람들이 기다리고 있었다. 자기가 모든 것을 통제하려는 충동, 모든 것을 완벽하게 하려는 충동을 버리자 그들의 도움을 받아들일 수 있었다.

"다 있네."

때로 연결은 감정적 지원이다. 때로는 정보고 교육이다. 의료 전문가들이 그녀가 자신의 몸을 갖고 살아가는 법을 다시 배우게 해줬듯이 말이다. 때로는 요리고 카풀이며 설거지고 청소다. 때로는 물건을 제자리에 놓는 일이다. 공중 보건 이론에서는 이를 '도구적 지원instrumental support'이라고 부른다. 줄리에게 연결은 '아내가 생기는 일' 같았다.

좋은 관계는 건강에 이롭다

 사람들이 원하는 연결의 형태는 저마다 다르다.[12] 내향적이냐 외향적이냐에 따라 다를 수도 있고 사람들과 어울리는 데서 얼마나 즐거움을 느끼느냐에 따라 다를 수도 있으며 한편으로는 성격의 특성에 따라 달라지는 듯 보이기도 한다.[13] 이런 가변성은 "나는 강한 소속 욕구를 갖고 있다"라는 진술에 동의하는지 여부만으로도 간단히 평가할 수 있다.[14] 소속 욕구의 적정량은 없다. 그저 자신이 적절하다고 느끼면 그것이 적정량이다.

 자신에게 꼭 필요한 연결을 누릴 때 건강에는 어떤 이점이 따를까? 여기서 연결은 결혼과 같은 관계뿐 아니라 평생지기 친구와 절친한 친구, 가벼운 친구, 형제, 가족을 비롯해 다양한 종류의 긍정적인 관계를 모두 아우른다. 그러나 가장 흔하게 연구되는 관계가 배우자 관계이므로 연결이 우리 삶에 가져다주는 이점에 대해 가장 많은 증거를 제공하는 것도 배우자 관계다.

 예를 들어, 12개 국가의 7만여 명(모두 기혼 이성애자)을 아우른 최근의 메타 분석에서는 결혼 생활의 질이 떨어질수록 신체 건강이 나빠지고 수명을 단축할 뿐 아니라 정신 건강도 악화되는 것으로 드러났다.[15] 적절한 질의 기준은 그리 높지 않았다. "배우자에게 대체로 긍정적인 태도를 보이며 적대적이고 부정적인 행동을 많이 하지 않고 스스로 관계에 만족한다고 응답한다"라고 한다면 결혼 생활의 질이 적절한 것으로 판단했다. 간단히 이렇게 요약할 수 있다. "나는 배우자와의 관계에 만족하고 배우자를 좋아하며 우리는 전반적으로 서로를 지지하고 호의적으로 대한다." 그러나 이런 기본적인 수준의 만족이 굉장한 힘을 발휘한다. 결혼 생활의 질이 높을수록 부상이나 상처가 빠르게 치유되고 만성 통증으로 삶의 질이 떨어질 가능성이 낮아진다. 관계의 질은 건강의 저하를 예측하는 가장 강력한 지표에 속하는 흡연보다도 더 정확한 예측 지표로 드러났다. 또한 질 높은 관계는 남자보다 여자에게 훨씬 더 이롭다는 결과가 도출됐다.

연구자들은 관계에 대한 만족도가 클수록 자신을 더 잘 돌보는 경향이 있다는 점을 이런 결과의 한 이유로 꼽았다. 다시 말해 다른 사람을 돌보고 그 사람에게 돌봄을 받을 때 '자기 자신'을 돌보기가 더 쉬워진다는 뜻이다.

꼭 쌍둥이 형제자매에게만 가능한 일은 아니다. 바라건대 당신의 고통을 느끼고 당신과 함께 고통을 견뎌줄 만큼 교감하는 사람이 당신의 삶에 적어도 1명은 있을 것이다. 이렇게 에너지를 창출하는 연결을 우리는 '사랑의 버블'이라고 부른다.

사랑의 버블

영양가 높은 음식을 먹거나 심호흡을 하면 몸에 힘이 나듯 사회적 연결도 우리 몸에 연료를 제공한다.[16] 베푸는 인간 증후군이 바이러스라면 사랑의 버블은 면역력을 강화해 주는 환경이다. 이 버블 안에서 한 번에 한 사람하고만 연결되기도 하고 (에밀리처럼) 대규모의 협업 집단 속에서 연결을 가장 강하게 느끼기도 한다(어밀리아처럼). 친한 친구들과 있을 때 최고의 연결을 느끼는 사람이 있는가 하면 배우자나 같은 교회의 신도들, 반려견(그렇다, 인간이 아닌 다른 종과도 연결될 수 있다)과 함께 있을 때 최고의 연결을 경험하는 사람도 있다. 사랑의 버블은 저마다 다른 방식으로 나타난다. 롤러스케이트 경주 팀과의 연결에서 경험하는 느낌은 가족과의 연결에서 경험하는 느낌과는 다를 것이다. 또한 가족과의 연결은 예를 들면 반자본주의 여성주의 뜨개질 그룹과의 연결과는 다를 것이다. 그러나 에너지를 창출하는 모든 사랑의 버블은 두 가지 재료가 필요하다. 신뢰 그리고 연결된 인식이다.

버블 재료 #1: 신뢰

인간을 포함해 수많은 다른 종의 동물들은 누가 상대에게 무언가를 베푸는지 그리고 누가 이에 보답하는지를 따진다. 상대에게 무언가를 베풀었을 때 합당한 보답을 받을 수 있다고 믿는다면 두 사람 사이에는 신뢰가 존재하는 셈이다.

경제학이나 심리학 연구자들은 사람들이 신뢰를 받거나 받지 않을 때, 배신을 당하거나 당하지 않을 때 어떻게 반응하는지 알아보는 방법으로 신뢰 게임을 사용한다. 이 분야에 대해 좀 더 알고 싶다면 인터넷에 '신뢰 게임'을 검색해 봐라. 대개는 돈을 사용하지만 여기서는 컵케이크를 사용해서 설명하겠다.

실험 대상은 에밀리와 어밀리아다. 연구자들은 어밀리아에게 컵케이크 4개를 주고 모두 집으로 가져가거나 아니면 그중 일부를 에밀리에게 주라고 한다. 어밀리아가 에밀리에게 컵케이크를 준다고 결정하면 어밀리아가 정하는 개수의 3배에 해당하는 컵케이크가 에밀리에게 돌아간다. 즉, 어밀리아가 에밀리에게 컵케이크 1개를 주겠다고 결정하면 실제로 에밀리에게는 컵케이크 3개가 돌아가고 어밀리아에게는 3개가 남는다. 만약 2개를 주면 에밀리는 6개를 받고 어밀리아에게는 2개가 남는다.

에밀리도 컵케이크를 받은 뒤 선택을 할 수 있다. 그중 일부를 어밀리아에게 돌려줄 수도 있고 모조리 집으로 가져갈 수도 있다. 어밀리아가 에밀리를 신뢰한다면 컵케이크 4개를 모두 줘서 에밀리에게 12개가 돌아가게 할 것이다! 에밀리가 신뢰할 만한 사람이라면 그중 절반을 어밀리아에게 돌려줄 테고 그러면 둘 다 6개씩 가질 수 있다! 신뢰에 보답이 따른다면 최대치의 컵케이크와 평화로운 여왕국을 누릴 수 있다.

현실로 돌아와서 '컵케이크'를 관계에서 주고받을 수 있는 다른 무언가로 치환해 보자. 돈이 될 수도 있고 시간이나 관심, 진짜 컵케이크가 될 수도 있다. 마음이 힘들 때 기대하는 위로가 될 수도 있다. 사실 가장 중요한 컵케이크는 위로다. 우리가 슬픔이나 분노, 상처와 같은 괴로운 감정에 시달릴 때 누군가에게 기댈 수 있다면, 그리고 그 사람이 비판이나 거리낌 없이 우리와 교감할 수 있다면 우리는 괴로운 감정의 터널을 지나 다시 빛으로 들어갈 수 있다.

따라서 신뢰의 정의는 이런 질문으로 바꿀 수 있다. "필요할 때 내 곁에 있어줄 건가요?"[17] 신뢰할 만한 사람들은 서로의 곁에 있어줄 것이며 상호 신뢰와 신뢰성은 양쪽 모두의 웰빙을 극대화한다.

그러나 에밀리가 때마침 생리 전 증후군으로 식욕이 폭발해 컵케이크 12개를 저녁 식사로 먹어치우기로 했다면 어떻게 될까? 어밀리아에게는 1개도 남겨주지 않고 그 자리에서 12개를 게걸스럽게 먹어치운 뒤 내빼서 깊은 배신감을 안긴다면?

그러면 스트레스 반응이 활성화된다. 어밀리아는 복수심을 불태울 것이다. 그러나 현실적으로 복수는 그리 흔한 대응도, 생산적인 대응도 아니다. 에밀리의 배신에 대해 어밀리아가 택할 수 있는 가장 가치 있고 손쉬운 반응은 집에 가서 남편에게 에밀리가 컵케이크를 모조리 먹어치웠다고 투덜대는 것이다! 어밀리아의 자상한 남편은 컵케이크 12개를 구워준 뒤 친구들을 초대한다. 친구들은 컵케이크를 더 가져와서 생리 전 증후군으로 컵케이크를 모두 먹어치운 에밀리가 나빴다고 맞장구를 쳐준다. 얼마 후 호르몬의 안개에서 벗어난 에밀리도 정신을 차리고 컵케이크를 왕창 준비해 어밀리아의 집으로 찾아간다. 그녀는 사과하고 다시는 그러지 않겠다고 맹세한다. 그러면 신뢰가 복원되고 버블이 안정된다.[18]

그러나 만약 에밀리가 미안하지만 자신은 앞으로도 컵케이크를 먹어치우고픈 욕구를 통제할 수 없을 거라고 말한다면 어떻게 될까? 그래도 어밀리아는 용서할지 모르지만 결국 에밀리를 버블 밖으로 밀어낼 것이다.

에너지를 창출하는 사랑의 버블 밖에서 누군가가 어밀리아에게 이렇게 말할지도 모른다. "컵케이크를 다 줘봐야 결국 그렇게 된다니까." 그 사람은 바로 그래서 버블 안에 들어가지 못하는 것이다. 남을 신뢰하지 않거나 신뢰할 가치가 없는 사람은 에너지를 축낸다.

잠시 신뢰와 '진실성'의 관계를 생각해 보자. 진실성은 "가식이 전혀 없으며" 가장 내밀한 부분, 심지어 비난받을 수 있는 부분까지 보여주는 것을 뜻한다.[19] 진실하려면 신뢰가 뒷받침돼야 한다. 거부당할 수도 있는 생각이나 감정을 보여줘도 상대가 등을 돌리지 않을 거라고 믿을 수 있어야 한다. 많은 자기 계발서 그리고 마케팅과 세일즈에 관한 책들도 진실성을 독려한다.

그러나 전략적 가식도 신뢰의 한 부분이다.[20] 예를 들어 아이 친구의 생일 파티에 가서 이혼한 전남편을 마주치게 되더라도 아이가 그날을 행복하게 기억하기를 바란다면 미소 지으며 사회적으로 용인되는 대화를 나눠야 한다. 아이의 기억 속에 친구의 생일 파티에서 꽥꽥 소리 지르며 전남편 얼굴에 남의 케이크를 던지는 엄마로 남고 싶지 않다면 말이다.

사회적으로 용인될 수 있도록 분노를 누르고 예의를 갖추는 것은 속내를 온전히 드러내지 않는다는 점에서 '가식적'이다. 그러나 그것은 신뢰의 일부다. 신뢰할 만한 사람이 되려면 기대에 부합하고 선을 지키며 행실 바른 태도를 연기할 필요가 있다.

진실성이 드러나는 순간은 그날 저녁 친한 친구와 전화 통화를 할 때다. 당신은 테이블을 걷어차고 헐크처럼 날뛰고 싶었지만 꾹 참고 얌전히 있었다고 털어놓는다. 아이는 당신이 얼마나 힘들었는지 모를 거라고, 아이에게 힘든 모습을 보이지 않으려 꾹 참은 거라고 털어놓으며 눈물 흘린다.

그러면 친구는 당신의 괴로운 감정이라는 컵케이크를 받고 이런 말로 보상할 것이다. "하지만 내가 알아. 네가 얼마나 힘들었는지 내가 안다고. 잘 참았어. 그런데 네 몸에 남아 있는 분노는 어떻게 내보낼 거니?"

우리의 버블 속에 있는 사람들이 따뜻하고 다정하게 우리의
괴로운 감정을 보듬어주고 우리도 그들에게 그렇게 해줄 수 있
을 때 버블은 단단해진다.

버블 재료 #2: 연결된 인식

블라이드 맥비커 클린치Blythe McVicker Clinchy는 인식의 방식을
두 가지로 나눴다. '분리된 인식separate knowing'과 '연결된 인식
connected knowing'이다.

분리된 인식은 어떤 개념을 맥락과 분리하고 외부에서 주어
진 규칙, 즉 막강한 과학 발전의 도구로 입증된 규칙에 따라 평
가하는 방법이다. 클린치가 1996년에 설명한 분리된 인식을 소
셜 미디어에 익숙한 우리의 21세기 뇌로 해석하면 '잘난 체하
며 가르치려 드는 남자의 방식'이다.

> 분리된 인식으로 이 장에 접근한다면 나의 주장을 비
> 판적인 눈으로 뜯어볼 것이다. 내가 모든 것을 합리화
> 한다고 주장하고…… 내 논리의 오류를 파헤치며 내
> 가 증거를 어떻게 잘못 해석하는지, 다르게 해석한다
> 면 어떻게 해석할 수 있는지, 내가 내 견해에 반대되
> 는 증거를 놓치지는 않았는지 고심할 것이다.[21]

바로 이어서 그녀는 분리된 인식의 중요한 강점을 꼽는다.

> *분리된 인식은 나의 주장을 객관적이고 비인간적인*
>
> *기준, 즉 논리학자들과 과학자들이 합의하고 체계화*
>
> *한 기준으로 평가한다.*

당신은 정규 교육에서 분리된 인식을 배웠을 가능성이 높다. 분리된 인식은 쭉정이를 거르고 알맹이만 골라내는 방식이다. 반대로 연결된 인식은 어떤 개념을 맥락에 비춰 이해하는 방식이다. 다른 사람의 입장이 돼보고 그 사람의 관점에서 생각해 보며 잠시나마 자신의 의심과 판단, 비판, 개인적 필요를 제쳐 두는 것이다. 상대의 관점을 받아들여서가 아니라 이해하고자 그것을 살펴본다. 그런 다음 자신의 경험이나 성격의 요소들을 대입해 다른 사람의 관점에 적용하고 시험해 본 뒤 뒤집어보기도 하면서 그것이 그 사람의 관점에서 어떻게 보일지 자신의 관점으로 탐구한다. 때로 우리는 연결된 인식의 과정을 다른 사람의 입장이 돼보는 방식으로 경험한다. 마치 타인의 옷을 입어보는 것처럼 말이다. 그 과정에서 상대와 같은 관점을 가지면 얼마나 편안할지 혹은 불편할지 느낄 수 있다.

연결된 인식이라는 이름을 붙인 까닭은 해당 개념을 맥락에서 분리하지 않기 때문이 아니다. 그 개념이 맥락과 연결되는 방식을 알아야만 그것을 이해할 수 있기 때문이다. 분리된 인식이 쭉정이를 거르고 알맹이만 남기는 방식이라면 연결된 인식은 알맹이와 쭉정이 사이의 관계를 탐구한다. 그리고 그것들이 제각기 어디에서 나왔으며 어째서 함께 있게 됐는지 이해하려 노력하는 방식이다.

사람은 누구나 두 가지 방법을 모두 사용하지만 여성은 분리된 인식보다 연결된 인식을 사용할 확률이 높고 남자는 그 반대다.[22] 이런 차이 때문인지 연결된 인식은 자주 '비합리적'이라고 치부된다. 과학적 방법론과 논리적 추론이 아닌 것은 헛소리에 불과하다는 듯이 말이다. 사실은 그렇지 않다. 연결된 인식은 주의와 노력이 필요하며 느릴 때도 많지만 예측 가능한 양상과 진행 방식을 따르는 매우 합리적인 방법이다. 연결된 인식은 특정 개념을 이해하는 데 필요한 정보에 감정을 통합한다. 또 자신과 다른 관점에 감정적으로 반응하기보다는 그 관점을 직접 취해봐야 한다는 점에서 상상력이 필요하다.

그러나 연결된 인식이 높은 에너지를 창출하는 이유는 따로 있다. 연결된 인식은 다른 사람들과 연결을 맺고 그들을 이해하는 방법이다. 또 그렇게 함으로써 자신의 내적 경험과 연결을 맺고 그것을 이해하며 자신의 정체성을 발전시키는 방법이기도 하다.

남성에 비해 여성은 좀 더 관계의 맥락 안에서 정체성을 구축한다. 왜 그런지는 알 수 없다. 선천적인 이유일까? 문화에서 후천적으로 습득한 특성일까? 아무도 알지 못한다. 그러나 여기서 이유는 중요하지 않다. 중요한 것은 연결된 인식이 건강한 관계뿐 아니라 개인의 건강한 정체성을 형성하는 데에도 도움이 된다는 사실이다. 여성은 자매나 딸, 어머니, 친구 같은 관계 속에서 자신과 정체성을 이해할 때 깊은 만족을 얻는 경우가 많은데, 이는 연결된 인식 방법을 사용하기 때문이다.

물론 여성이 오로지 관계 속에서만 정체성을 확립한다고 주장한다면 이는 여성의 기본적인 자주성 구축과 다른 성장 가능성을 제한하는 또 하나의 성차별적 편견이다. 그렇다고 여성이 관계보다는 성취에 주력해 정체성을 발전시켜야 한다고 주장한다면 이는 여성이 (아니, 사실상 '모든 인간이') 관계를 통해 자아를 찾는 일이 비정상이라고 단정하는 셈이다. 어느 쪽도 옳거나 그르다고, 좋거나 나쁘다고 말할 수 없으며 사람들은 저마다 두 인식 방법을 다양한 정도로 사용한다. 다시 말하지만 (그리고 또다시 강조하건대) 두 가지 모두 필요하다. 우리는 자유롭게 연결을 맺었다가 벗어날 수 있어야 한다.

연결된 인식과 분리된 인식을 합치면 '복합적 인식'이 된다. 이 책 역시 분리된 인식과 연결된 인식이 독특한 질감의 완전체로 합쳐진 복합적 인식의 산물이다. 우리 두 저자는 뇌와 몸의 스트레스 반응에 관련된 과학을 학습해 그대로 설명해 줄 수도 있다(분리된 인식 방법). 그러나 그것이 당신에게 어떻게 느껴질지 알 수 없고 당신의 스트레스를 해소하는 데 무엇이 효과적일지 예측할 수도 없다. 당신에 관해 가장 잘 아는 사람은 당신 자신뿐이다. 따라서 우리는 되도록 다양한 일화와 경험을 소개해 당신이 스스로 시도해 보고 자기에게 맞는지 확인한 뒤 적절한 것은 받아들이고 맞지 않는 것은 내치기를(연결된 인식 방법) 바란다. 우리 셋—에밀리와 어밀리아 그리고 독자인 당신—이 머리를 맞대고 다른 사람에겐 어떨지 몰라도 당신에게 만큼은 효과를 발휘하는 계획을 찾을 것이다.

사랑의 버블 안에서 재충전해야 할 때를 알리는 신호들

1장에서 우리는 스트레스원을 제쳐두고 스트레스부터 해소해야 할 때를 알리는 신호 네 가지를 살펴봤다. 여기서는 혼자 끙끙거리기보다는 연결을 모색할 때임을 알리는 신호 네 가지를 살펴보겠다. 이 네 가지 신호는 연결을 갈망하는 감정의 형태로 나타난다. 다시 말하면 외로움의 네 가지 형태인 셈이다.

가스라이팅을 당하고 있을 때: "내가 미친 걸까, 아니면 지금 용인할 수 없는 일이 일어나고 있는 걸까?" 이런 의문이 든다면 이를 확인해 줄 수 있는 사람을 찾아라. 정말 가스등이 가물거리고 있는지 물어봐라.

충분하지 않다고 느낄 때: 한 사람이 세상의 모든 필요를 해결할 수는 없다. 인간은 큰일을 혼자 처리하도록 설계되지 않았다. 큰일은 '함께' 처리해야 한다. 당신에게 떠넘겨진 세상의 모든 요구를 해결할 수 없을 때, 끝없이 지긋지긋한 요구 속에서 혼자 공허한 무력감에 시달릴 때는 그 감정의 실체를 인지해야 한다. 그것은 일종의 외로움이다. 자기 편을 찾아라. 친구들에게 전화해 공감을 구하라. 여성을 응원하는 소셜 미디어 밈을 보며 기운을 얻고 〈원더 우먼〉이나 〈히든 피겨스〉, 〈모아나〉처럼 여성이 인간이나 자연, 신과 협력하는 이야기를 찾아봐라.

슬플 때: 애니메이션 영화 〈인사이드 아웃〉에서 10대 초반의 소녀 라일리의 감정들은 성장하면서 겪게 되는 여러 요구들을 처리하기 위해 안간힘을 쓴다. 대장인 기쁨이는 슬픔이가 끼어들지 못하도록 제압하려 든다. 그래서 바닥에 원을 그리고 슬픔이가 그 원에 들어가 나오지 못하게 한다. 여자들은 대부분 슬픔을 이렇게 처리하라고 배웠다. 다른 사람들이 불편하지 않도록 슬픔을 참으라고 말이다. 물론, 그 이유는 우리가 베푸는 인간이기 때문이다.

그러나 〈인사이드 아웃〉에서 기쁨이는 절망의 구렁텅이에 빠져 모든 희망을 포기하려던 찰나에 라일리가 하키 게임에서 우승골을 놓친 날을 떠올린다. 이것이 영화의 중요한 전환점이다. 그날 라일리는 혼자 앉아서 하키를 그만둘 생각을 하고 있었지만 결국 부모님이 다가와 위로해 줬다. 부모님은 라일리를 동료들에게 데려가고 그들은 라일리를 따뜻하게 받아줬다. 중요한 사실을 깨달은 기쁨이는 이렇게 말한다. "슬픔이. 엄마 아빠와…… 팀……. 그들은 슬픔이 때문에 도와준 거잖아."

슬픔은 신호등이다. 일종의 조난 신호 장치다. 우리 중 많은 사람은 불편한 감정을 감춰야 한다고 배웠지만 슬픔의 터널을 효과적으로 빠져나오려면 어둠 속에서 "내가 여기 있어!" 하고 외치는 친구가 있어야 한다. 어둠 속에서 손을 잡으며 우리가 '함께' 빛을 향해 한 걸음씩 나아갈 거라고 말해준다면 더 좋을 것이다.

분노로 속을 끓일 때: 분노는 여성의 삶에서 특별한 위치를 차지하며 사랑의 버블에서도 특별한 역할을 한다. 심지어 우리 중 많은 이가 슬픔보다 분노를 더 철저히 삼키라고, 자기 자신에게도 숨기라고 배웠다. 우리는 그 막강한 힘이 무기가 될 수도 있으니 분노를, 타인의 분노뿐 아니라 우리 자신의 분노마저도 두려워하라고 배웠다. 그럴 수도 있다. 요리사의 칼도 무기가 될 수 있으니까. 그러나 요리사의 칼은 파티 준비를 도울 수도 있다. 중요한 건 어떻게 사용하냐다. 우리는 아무도 해치고 싶지 않고 실제로 분노는 아주 막강한 힘을 발휘한다.

사랑하는 사람의 허락을 받고 분노를 사랑의 버블 안으로 가져와 그 사람과 함께 스트레스 반응 사이클을 완성해라. 당신의 버블이 럭비 팀이라면 시합할 때나 연습할 때 분노를 활용할 수 있다. 당신의 버블이 뜨개질 모임이라면 창의성을 발휘해야 할 것이다. 몸을 사용해라. 펄쩍펄쩍 뛰고 소리를 지르고 모든 에너지를 분출해 다른 사람들과 나눠라. 당신의 버블 안에 있는 사람들은 이렇게 말할 것이다. "그래! 넌 말도 안 되는 일을 겪은 거야!"

분노는 힘과 에너지, 투지의 원천이 된다. 자칫 위험할 수도 있지만 버블 안에서 그 에너지를 나누면 안전한 무엇, 변혁을 가져올 수 있는 무엇으로 바꿀 수 있다.

슈퍼 버블

에밀리는 만화 〈심슨 가족〉의 리사 심슨 같은 부류의 여자들, 즉 지적이고 성취도가 높으며 의욕과 야망, 열의, 감성, 사회적 정의 구현의 의지가 넘치는 여성들이 가득한 스미스 대학에서 8년 동안 보건 교육자로 일했다. 그곳에서는 많은 여성이 불안이나 우울, 섭식 장애, 자해와 싸우고 있다. 에밀리는 그들의 보건 교육자였다.

2014년 에밀리는 디즈니의 블록버스터 영화 〈겨울왕국〉에 나타난 감정의 과학을 설명하는 강연을 준비했다. 제목은

'사랑은 활짝 열린 문: 〈겨울왕국〉과 감정의 과학'이었다.

에밀리는 어밀리아에게 음악에 관한 조언을 구했다. "영화 음악을 틀까? 음대 교수한테 부탁해서 음대생들이 라이브로 노래를 부르게 하는 게 나을까?"

어밀리아는 이렇게 대답했다. "노래를 따라 불러. 다 같이 부르게 하라고."

에밀리는 그렇게 했다. 결국 그 강연은 스미스 대학에서 재직한 기간을 통틀어 가장 빛나는 강연이 됐다.

9월의 어느 금요일 저녁 300명의 학생이 강연장에 모였다. 강연이 시작되고 30분 뒤 에밀리는 〈겨울왕국〉 주제곡인 '렛 잇 고Let it Go'의 영상을 틀었다. 화면 하단에 가사가 자막으로 나타났다.

똑똑하고 의욕 넘치는 완벽주의자 여성 수백 명이 목청껏 노래를 따라 불렀다. "착했던 소녀는 잊어!" 그 소리가 캠퍼스를 가득 메우고 잔디밭까지 퍼져나갔다. 숨이 멎는 광경이었다. 에밀리는 난생처음 자기 힘을 드러내는 엘사 공주의 커다란 영상이 빛을 드리우는 가운데 고개를 빳빳이 들고 노래를 부르는 수많은 학생을 바라보며 생각했다. 이 학생들이 매일 이렇게 살게 하려면 어떻게 해야 할까? 강연이 끝나자 학생들은 눈물을 흘리며 에밀리에게 다가와 그들에게 꼭 필요한 일이었다고 털어놨다. 그들이 말하는 것은 그 강연에서 다룬 과학이 아니었다. 그것은 노래를 따라 부른 것이었다.

우리는 이것을 '슈퍼 버블'이라고 부른다. 슈퍼 버블은 음악과 같은 율동적인 활동으로 만들 수 있다. 같은 합창단의 단원들이나 같은 팀의 운동선수들, 선거일 밤에 같은 후보를 지지하며 모여 있는 투표자들, 심지어는 영화관에서 함께 〈블랙 팬서〉에 열광하는 사람들 사이에서도 이런 일이 일어난다. 함께 율동적인 동작을 하면서, 노래를 부르면서, 공연하면서, 같은 목표를 달성하기 위해 열성적으로 노력하면서 잠시나마 모두가 신경학적으로 연결되고 우리 사이의 장벽이 때로는 많이, 때로는 적게 허물어지는 것이다. 그러면서 우리의 정체성이 우리의 몸을 벗어나 무형의 '우리'로 확장되는 경험이 일어난다. 이것이 슈퍼 버블이다.

슈퍼 버블은 그저 기분 좋게 해주기만 하는 것이 아니다. 그것은 집단의 협력을 적극적으로 강화한다.[23] 맥마스터 음악 및 정신 연구소McMaster Institute of Music and the Mind 의 로럴 트레이너Laurel Trainor는 유아들을 대상으로 실시한 실험에서 다른 사람과 같은 박자로 뛴 유아들은 엇박자로 뛴 유아들에 비해 몇 분 뒤 함께 뛴 사람이 떨어뜨린 연필을 주워줄 확률이 더 높다는 것을 증명했다.[24] 성인 대상의 실험에서도 낯선 사람과 박자를 맞춰 손가락을 두드린 사람들은 엇박자로 두드린 사람들에 비해 그 사람의 수학및 논리 문제를 자발적으로 도울 확률이 3배 높았다.[25]

> 박자에 맞춰 움직일 때 누리는 즐거움은 생물학적인 반응이며 우리의 웰빙을 극대화하는 강력한 도구다.

신뢰와 진실성, 연결된 인식을 타인과 나눌 때 우리는 변화한다. 그것은 두려우면서도 이롭고 중요한 변화다. 특정한 사람, 아주 적절한 사람을 마치 자신처럼 친밀하게 알게 될 때 우리는 자신을 더 깊고 새로운 방식으로 알게 된다. 소피의 설레는 가슴은 버나드가 그런 사람이라는 것을 알고 있었다.

그러나 소피는 버나드가 자신이 찾던 사람이 아니라는 이유로 저녁 식사와 영화 관람을 비롯해 여러 형태의 데이트 요청을 거절했다. 그럼에도 의지와는 달리 둘은 친구가 됐다. 그는 재미있고 똑똑하며 자상할 뿐 아니라 아이들에게 훌륭한 아빠였고 소피의 이야기를 잘 들어줬다. 덕분에 그녀는 자신을 더 잘 알게 됐다.

"정말 난감해요!" 소피는 에밀리에게 말했다.

에밀리는 이렇게 대꾸했다. "긍정적 재평가가 있잖아요! 난감할 때는 도움이 될 거예요."

누군가의 사랑이 있어야만 자신을 사랑하게 되는 것은 아니며, 사랑의 파트너가 있어야만 완전해지는 것도 아니다. 하지만 자신을 최선의 방식으로 사랑하는 법을 배우기 위해서는 다른 사람이 필요하다.

결국 소피는 해보기로 했다. 그리고 그녀의 세상은 완전히 바뀌었다. 그녀는 이렇게 말했다. "사랑을 하게 되면 나는 그대로 있고 그저 내가 피를 흘리며 죽어갈 때 구급차를 불러줄 사람이 생기는 거라고 생각했어요. 하지만 그 정도가 아니에요. 그 사람의 눈으로 나를 보게 돼요. 나 자신을 알고 사랑하는 방법을 깨닫게 되고, 동시에 그를 알고 사랑하는 방법도 깨닫고 있어요. 우리를 알고 사랑하는 법, 우리가 함께 있으면 어떤 존재인지도 알게 되고요. 그건 그저 우리 두 사람을 합쳐놓은 존재가 아니라 그 이상이에요."

그런 다음 그녀는 '복합 동적 시스템의 새로운 속성들'을 들먹이며 이야기했고 에밀리는 흥분하며 고개를 끄덕였다. 그때부터 전문적인 이야기가 오갔다.

중요한 건 연결이 우리에게 이롭다는 사실이다. 연결은 약점이 아니다. 우리가 '의존적'이라는 뜻이 아니다. 그것은 우리를 더 강하게 만들어준다.

앞서 1장에서 우리는 긍정적인 사회적 상호작용과 애정이 사이클을 완성해 준다고 배웠다. 이 장에서는 연결이 기본적인 생물학적 요건 못지않게 중요한 힘의 원천이 된다는 점을 알게 됐다. 다음 장에서는 연결 못지않게 중요한 힘의 원천을 살펴볼 것이다. 바로 휴식이다.

마지막 잔소리

* 친구나 가족, 반려동물, 신 등과의 연결은 음식과 물만큼이나 우리의 생존에 필수적인 요소다. 인간은 자주적으로 기능하도록 만들어진 존재가 아니다. 우리는 연결과 자주성을 번갈아 오가도록 만들어졌다.

* 우리는 모두 끊임없이 자기도 모르게 자신을 상대에 맞춰 조율한다. 서로 심장박동을 맞추고 기분을 맞추며 서로가 곁에 있다고 느끼도록 돕는다.

* 어떤 연결은 에너지를 창출한다. 상호 신뢰와 '연결된 인식'을 누군가와 나누면 공동으로 창출하는 에너지가 두 사람 모두를 새롭게 바꾼다. 이것을 '사랑의 버블'이라고 부른다.

* 슬픔과 분노, '충분하지' 않다는 느낌은 제각기 외로움의 한 형태다. 이런 감정을 느낀다면 연결을 모색해라.

7장
당신을 더 강하게 만드는 것

줄리는 여전히 지쳐 있었다. 그러나 장 재훈련 때문에 결국 도움을 받아들였다. 그것도 꽤 많이. 오래전부터 도움이 필요한데도 자존심 때문에 청하지 못했던 것일까? 이유야 어찌 됐든 지금까지는 자기가 모든 것을 해야 한다고 고집했지만⋯⋯. 결국 '모든 것'이 그녀의 몸을 망가뜨렸다.

이제 그녀는 엘사 공주처럼 조금씩 놓기 시작했다. 더 큰 해방과 더 깊은 통찰이 찾아온 것은 제러미가 봄방학을 맞아 다이애나를 돌보겠다고 나섰을 때였다. 다이애나의 학교와 줄리의 학교는 봄방학이 없었다.

그 주에 제러미는 딸에 관해 많은 것을 알게 됐다. 딸은 매일 자기가 입을 옷을 스스로 골라야 했고 절대 고집을 꺾지 않았다. 아이가 선택한 옷이 늘 제러미의 기준이나 학교의 복장 규정에 부합하는 것은 아니었다. 제러미는 학교에 복장 규정이 있는 줄도 몰랐지만 어느 날 학교로부터 딸이 갈아입을 옷을 가져오라는 전화를 받았다. 다이애나는 음식에 관해서도 고집을 꺾지 않았다. 역시 아이가 고르는 음식은 제러미가 알고 있는 올바른 영양 섭취 기준에 항상 부

합하지 않았다. 채소는? 싫어. 과일은? 과일 젤리라면 먹을
게. 그가 열심히 만든 음식을 다이애나가 먹지 않으면 결국
말다툼이 벌어졌다. 그럴 때면 그는 나쁜 아빠가 된 기분이
었다. 분노와 좌절, 걱정으로 속이 부글부글 끓었다.

　게다가 늘 시간에 쫓겼다! 이런저런 수업에 데려갔다가
데려오는 일, 협상하는 일, 할 일을 모두 제대로 하고 있는
지 확인하는 일을 끊임없이 되풀이해야 했다.

　그러나 무엇보다도 감정 소모가 심했다! 다정하고 자상
하며 참을성 있는 아빠가 되기를 꿈꿨던 그는 그런 아빠가
되기 위해 참고 설득하고 가르치고 끊임없이 좌절을 억누
르며 봄방학이 끝나기를 손꼽아 기다렸다.

　그렇게 일주일을 보낸 뒤 그는 식탁에 앉아 손바닥으로
이마를 짚은 채 그동안 있었던 일을 설명하고 있었다. 그러
다 공감을 구하려고 고개를 들어 줄리를 봤다. 그녀는 편안
하고 즐거운 얼굴로 그를 바라보며 미소 짓고 있었다. 제러
미는 하던 얘기를 멈추고 화제를 돌렸다.

　"당신 얼굴이 나아졌네. 좋아 보여."

　줄리는 한쪽 눈썹을 치올렸다.

　"얼굴이 편안해 보인다는 뜻이야."

　줄리는 인정했다. "맞아. 그동안 스트레스가 심해서 당신
의 문제를 들어줄 수 없을 때가 많았거든. 그런데 당신은 나
한테 자기 스트레스까지 모두 떠넘겼지." 그녀는 자신의 몸

에 집중했다. 지금 이 순간 몸이 어떻게 느끼는지 살핀 뒤에 다시 입을 열었다. "지금은 들어줄 수 있을 것 같아."

이번 장에서는 줄리가 어디서 그런 힘을 얻었는지 살펴보려 한다.

니체(꿈)는 이렇게 말했다. "우리를 죽이지 않는 것은 우리를 더 강하게 만든다." 당신은 이와 비슷한 말을 수없이 들었을 것이다. 하지만 다시 한번 따져보자. 예를 들어, 당신이 차에 치였는데 죽지 않는다면 그 차가 당신을 더 강하게 만들까? 아니다. 부상이나 질병이 당신을 더 강하게 만들까? 아니다. 고통 자체가 덕을 기르게 해줄까? 그렇지 않다. 그런 것들은 오히려 당신을 더 취약하게 만든다.

당신을 더 강하게 만드는 것은 당신을 죽일 뻔한 무언가를 겪고 살아남은 뒤에 일어나는 일이다. 당신을 더 강하게 만드는 것은 바로 휴식이다. 간단히 말하면 휴식은 소진됐거나 닳았거나 손상됐거나 감염된 부분의 사용을 멈추고 재생의 기회를 주는 것이다. 그것이 이 장의 주제다.

'휴식'은 수면만을 말하는 것이 아니다. 물론 수면도 중요하지만 하나의 활동에서 다른 활동으로 전환하는 것도 휴식에 속한다. 정신 에너지는 스트레스와 마찬가지로 사이클을 갖고 있다. 집중하고 처리하고 다시 집중하는 과정을 되풀이한다. '투지'나 '자기 통제'로 매일 한시도 쉬지 않고 집중력과 생산성을 유지할 수 있다고 생각한다면 그것은 단순한 오산이 아니라 가스라이팅이다. 그것은 당신의 뇌를 손상시킬 수도 있다.

우리의 이상한 현실에 대해 잠시 생각해 보자. 현대 선진 세계에 사는 많은 사람은 거의 모든 것을 남아돌 정도로 누리고 있다. 그러나 삶을 유지해 주는 기본적인 생리적 필요를 충족하려면 죄책감이나 수치심에 시달린다. 게으르거나 탐욕적이라는 느낌이 들기도 하고 갈등에 시달리기도 하며 적어도 어딘지 모르게 꺼림칙하다. 우리가 좋아하는 한 인터넷 밈은 이렇게 말한다. "남들을 따뜻하게 해주기 위해 자신을 불태울 필요는 없다." 그러나 베푸는 인간 증후군은 그렇게 해야 한다고 주장한다. 여성은 '베푸는 인간'으로서 자신의 몸과 건강, 삶을 포함해 인간으로서 가진 모든 것을 베풀어야 한다는 기대를 받으며 살아간다. 우리의 시간과 에너지, 관심은 다른 사람의 웰빙을 위해 사용돼야지 우리 자신에게 낭비돼선 안 된다. 그것을 자신에게 낭비한다면 잘못이다. 하루에 7시간씩 자는 것은 게으르고 이기적인 행동이다. 자리로 돌아가야 한다. 정의롭고 지친, 다른 베푸는 인간들처럼.

이 장의 말미에는 당신이 살아남기 위해서, 더 강해지기 위해서 얼마나 휴식해야 하는지 과학적으로 분석한 결과를 실었다. 그 결과를 보면 당신은 콧방귀를 뀌며 이렇게 말할 것이다. "그럴 시간이 없다고!" "이건 너무 극단적이잖아!" 그럴 수도 있지만……. 어쩌면 그것은 베푸는 인간 증후군이 강요하는 믿음일지도 모른다. 온전히 기능할 수 있을 만큼 휴식하려면 베푸는 인간 증후군의 요구를 따르기보다는 당신의 웰빙, 당신의 삶을 택해야 한다.

오드리 로드가 말했듯이 "자신을 돌보는 것은 방종이 아니라 자기 보호며 정치적 투쟁의 행위다." 이 장에서 우리는 전투를 치르기 위해 무장하는 법을 다룰 것이다. 그 전투는 당신의 목숨을 지키는 진투다. 우리는 딩신이 지속 가능한 삶의 방식을 마련하도록 돕는 최고의 과학적 증거를 제시할 것이다. 그래야 자기 파괴를 미덕으로 미화하는 이 지독한 문화적 내러티브로부터 당신을 보호할 수 있을 테니까. 이제 편안한 곳에 자리를 잡고 앉아서 휴식에 관해 얘기해 보자.

디폴트 모드─일명 백일몽

우리 몸은 일과 휴식을 번갈아 하도록 설계됐다. 이런 전환을 허용한다면 건강과 함께 일의 능률도 개선된다. 한 연구의 실험 참가자들은 머릿속에 떠오르는 것을 적되 북극곰에 관해서는 적지 말라는 구체적인 지시를 받았다. 이는 정신적 에너지를 고갈시키는 과제였다. 그런 다음 참가자의 절반은 다음 과제를 받기 전까지 충분한 휴식을 취하게 했고─심지어 연구자들은 휴식하고 있다는 느낌을 강조하기 위해 피아노 연주곡을 틀어줬다—나머지 절반은 아무런 지시도 받지 않고 자리에 앉아서 다음 과제를 기다렸다. 결과는 어땠을까? 그다음에 주어진 어려운 과제(세 자릿수 곱셈 문제 풀기)에서 휴식한 사람들은 그저 기다린 사람들에 비해 2배의 끈기를 발휘했다.[1]

결론: 휴식은 끈기와 생산성을 높인다. 어떻게 그럴까? 우리가 주어진 과제에 최선을 다하는 시간이나 에너지, 관심의 양은 한정돼 있으며 정해진 양을 다 쓰고 나면 효율과 집중력이 떨어지고 의욕이 저하된다는 점을 입증하는 연구 결과가 점차 누적되고 있다.[2] 그러나 소모적인 활동 후 휴식을 취하면 이런 피로의 영향이 사라진다.[3]

당신이 집중하던 과제에서 벗어나 중립 상태에 들어간다고 해도 당신의 '휴식하는' 뇌는 휴식하지 않는다. 오히려 정반대다. 사실, 우리가 세금 정산을 할 때나 카운터 앞에 서서 멍하니 주문한 포장 음식이 나오기를 기다릴 때나 우리의 뇌가 사용하는 에너지의 양은 크게 다르지 않다.[4]

우리 의식의 배경에서는 집중 상태에서 벗어났을 때 뇌의 여러 부분이 연결돼 한가로운 몽상을 하게 만드는 부위, 신경학 용어로 "디폴트 모드 네트워크default mode network"가 돌아가고 있다.[5] 우리의 정신이 방랑할 때는 디폴트 모드 네트워크가 작동한다는 얘기다. 디폴트 모드 네트워크는 우리의 현재 상태를 평가하고 미래를 계획한다. 컴퓨터가 체스를 둘 때 신속하게 판을 훑고 상대가 어떤 수를 뒀을 때 어떤 상황이 벌어질지 시뮬레이션하는 것과 비슷하다. 이것은 우리의 적극적인 개입 없이 이뤄지는 일이다.

훌륭한 인생 코치 마사 벡**Martha Beck**은 과학이 아닌 직관으로 이것을 알아냈다. 그녀는 자신의 팀이 사무실에서 풀리지 않는 문제와 씨름할 때면 일을 중단하고 컴퓨터를 끈 뒤 놀거나 휴식하게 한다. 다른 사람들은 지휘 센터를 차려 더 열심히 '파헤치고' 끊임없이 해결책을 찾을 때 그녀는 팀을 쉬게 하는 것이다. 마사 벡은 《블룸버그 비즈니스위크**Bloomberg Businessweek**》에 이렇게 말했다.[6] "이유는 모르지만 언제나 효과가 있으니 이유를 알 필요는 없다."

이유는 바로 디폴트 모드 네트워크다(이와 더불어 일부 팀원들은 휴식하면서 스트레스 반응 사이클을 완성할 것이고, 이는 창의성과 호기심을 높여준다). 디폴트 모드 네트워크에 관한 연구는 이제 막 떠오르는 분야이므로 정확한 역할과 작용 방식의 상당 부분이 아직 밝혀지지 않았다. 그러나 디폴트 모드 네트워크의 다양한 영역들이 더 균형 있게 작용할수록 그리고 디폴트 모드와 집중 모드 사이의 전환이 더 유동적으로 이뤄질수록 창의성과 사회성이 개선되고 행복도가 올라갈 확률이 높다는 점이 점차 명확하게 드러나고 있다.[7]

정신적 휴식은 나태가 아니다. 그것은 우리의 뇌가 세상을 처리하기 위해 꼭 필요한 시간이다.[8] 예를 들어 에밀리는 이 책을 쓸 때 1~2시간 집중한 뒤 세탁기를 돌리거나 설거지를 했다. 다시 1~2시간 글을 쓴 뒤 식기세척기의 그릇이나 세탁물을 꺼냈다. 에밀리가 글을 쓰는 동안 세탁기가 돌아가고 있었듯이 그녀가 수건을 개는 동안에는 디폴트 모드가 돌아가고 있었다. 디폴트 모드 네트워크는 에밀리의 도움이 필요하지 않았다. 그저 에밀리가 글쓰기를 멈추면 딱히 들여다보지 않아도 스스로 그녀가 내준 퍼즐을 풀었다. 그런 뒤 그녀가 다시 일을 하러 돌아가면 디폴트 모드 네트워크가 새로운 통찰력을 줬다. 만약 에밀리가 책상 앞에 앉아서 목표한 글자 수를 채우기 전까지는 절대 움직이지 않으려 했다면 글을 더 많이 썼을지는 몰라도 글의 질은 떨어졌을 것이다.

가끔 에밀리는 빨래를 개며 성실한 주부의 역할을 하기보다는 핸드폰으로 게임을 즐기기도 했다. 그 역시 도움이 됐다. 그녀가 편안한 활동으로 전환하기만 하면 그녀의 뇌는 디폴트 모드 네트워크를 활성화할 수 있었으니까.

일이나 문제에서 손을 뗀다고 해서 그만두거나 포기하는 것이 아니다. 오히려 특정 직무에 의도적인 집중을 요하지 않는 능력을 포함해 뇌의 모든 프로세스를 동원하는 셈이다. 다만 모든 사람의 뇌가 디폴트 모드로 편안하게 전환되는 것은 아니다. 이는 꽤 흥미로운 일련의 연구들을 통해 실증적으로 확인됐다.[9]

연구자들은 먼저 실험 참가자들에게 약한 전기 충격과 그밖에 유쾌하거나 불쾌한 여러 자극을 겪게 했다. 그런 뒤 연구자들이 물었다. "전기 충격을 중단한다면 5달러를 내겠습니까?"

"당연하죠." 참가자들은 대개 이렇게 대답했다. 다음으로 연구자들은 참가자를 전기 충격 장치가 있는 조용한 방으로 데려간 뒤 혼자서 15분 동안 자유롭게 사색하라고 지시했다. "여기 전기 충격 장치가 있는데 만지고 싶다면 만져도 좋습니다." 연구자들은 방금 전기 충격을 다시 겪지 않기 위해 기꺼이 돈을 낼 의향이 있다고 말한 참가자에게 이렇게 말했다.

이 실험에서 여성 참가자들의 4분의 1, 남성 참가자들의 3분의 2가 가만히 앉아서 '그저 사색하기'보다는 전기 충격을 느끼는 쪽을 택했다. 그들은 15분 동안 자발적으로 평균 1~2번의 충격을 겪었다.

연구자들은 이처럼 자발적으로 전기 충격을 시도한 참가자들이 디폴트 모드로 전환되지 못하고 따분함을 느꼈기 때문이라고 시사한다. 따분함은 우리의 뇌가 활동적인 집중 모드로 남아 있지만 집중할 대상이 없을 때 겪는 불편감이다.[10] 그들은 설사 불편한 경험일지언정 집중할 대상을 갈망한 탓에 스스로를 감전시켰다. 다행히 '동적 휴식'이라는 것이 있다.

동적 휴식

사용하지 않는 근육이 퇴화한다는 사실은 누구나 알고 있다. 휴식 없이 지속적으로 움직이는 근육은 피로가 쌓여 결국 지친다는 것도 모두가 알고 있다. 일과 휴식을 번갈아 하는 근육은 더 튼튼해진다는 사실도 모르는 사람이 없다.

그러나 당신의 오른 다리가 부러져서 깁스를 하고 있는 동안 왼 다리로 운동을 한다면 어떻게 될까? 왼 다리에서 보내는 신호가 척추를 타고 올라가 오른쪽으로 넘어가면 오른 다리의 근육이 강화된다. 왼 다리의 근육만큼 강화되지는 않아도 사용하지 않아서 퇴화되는 것을 예방할 수 있다.[11] 이것이 '크로스 트레이닝cross-training'의 본래 의미다. 척추를 넘어가는 운동이라는 뜻이다.

그러나 여기서 그치지 않는다. 근육을 단련할 때는, 특히 큰 근육을 단련할 때는 그 근육만 강화하는 것이 아니라 폐와 간, 뇌도 함께 사용한다. 따라서 신체의 한 부위를 운동하면 몸 전체가 더 튼튼해진다. 몸에서 가장 힘이 센 부분을 단련하면 가장 효율적으로 온몸을 단련할 수 있다. 인지와 감정, 사회성도 마찬가지다.

이처럼 나머지를 모두 쉬게 하고 하나만 단련하는 것이 바로 동적 휴식이다. 예를 들어 에밀리의 뇌는 세탁이나 유튜브처럼 한가로운 활동과 더불어 다른 종류의 글쓰기를 '휴식'으로 요구한다. 따라서 에밀리는 이 책을 쓰는 동시에 소설을 한 편 썼다. 어밀리아는 음대 교수이자 어린이 합창단의 지휘자로 활동하면서 이 책을 썼다. 여성들은 대부분 적어도 이만큼의 생산성을 갖고 있다. 특정한 부분을 쉬게 하는 동안 다른 부분을 작동시키는 이 '동적 휴식'은 우리가 하는 모든 일의 효율을 높여준다. 사람에 따라 휴식의 형태도 달라진다. 그러나 누구에게나 필요한 한 가지 휴식은 단연 수면이다.

왜 자야 할까?

생각해 보면 수면은 참으로 이상한 현상이다. 사자나 하마 등의 위협이 도사리고 있을지도 모르는데 몇 시간씩 누워서 바깥세상을 전혀 의식하지 못하게 하는 이 현상을 어떻게 이해해야 할까? 수면의 단계 가운데 우리 몸이 뇌의 활동에 반응할 수 없도록 운동 기능이 잠겨버리는 단계가 있다. 이 상태에서 우리는 어둠 속에 마비된 듯 누워 아무런 반응도 하지 않은 채 늘어진다. 닫힌 눈꺼풀 속에서 눈동자가 움직이는 가운데 우리의 집중력은 바깥세상에서 점차 멀어지며 강렬하고 다감각적인 환영, 즉 꿈을 향해 간다. 이 환영 속에서 일어나는 일은 당시에는 사실적이고 급박하게 느껴지지만 잠에서 깨면 몇 초만에 잊히고 만다.

인간은 일생의 3분의 1, 즉 매일 8시간씩 이처럼 취약한 상태에 빠지도록 설계됐다. 이유가 무엇일까? 밝혀진 바에 따르면, 일생의 3분의 1을 무의식 상태로 허비하는 데 따르는 생리적·인지적·감정적·사회적 편익이 그 시간에 다른 일을 할 기회를 놓치고 위협에 대처하지 못하는 데 따르는 비용을 넘어서기 때문이다. 우리가 잠든 사이 뇌를 포함한 우리의 전신은 우리의 개입이 없을 때 가장 효과적으로 달성할 수 있는 목숨 보전의 임무를 수행하기 위해 열심히 일한다. 간단히 말해서 우리는 잠을 자지 않으면 완전해지지 않는다.

잠을 자지 않으면 신체 활동도 완성되지 않는다. 우리가 자는 사이에 우리의 뼈와 혈관, 소화기계, 심장을 포함한 근육, 그밖에 모든 몸의 조직들이 낮에 입은 손상을 치유한다. 신체 활동을 열심히 했다면 자는 동안 몸이 회복되고 더 튼튼해진다. 반면, 잠을 자지 않고 신체 활동을 한다면 신체 활동을 하지 않을 때보다 부상과 질병에 더 취약해진다. 잠을 자지 않을 예정이라면 차라리 운동하지 않는 편이 낫다.

잠을 자지 않으면 학습도 완성되지 않는다. 우리의 기억은 잠을 자는 사이에 응고돼 기존 지식에 통합된다. 시험공부를 하거나 연설문을 암기하거나 언어를 배우고 있는가? 그렇다면 잠자리에 들기 직전 한 번 더 훑어본 뒤 7~9시간 잠을 자라. 당신의 뇌는 가뭄 뒤에 단비를 만난 들풀처럼 정보를 쏙쏙 흡수할 것이다. 만약 스키나 피아노 연주, 계단 오르기 등의 운동 기능을 연습했다면 자는 사이에 통합돼 다음 날 더 잘하게 될 것이다. 연습의 편익은 연습할 때 얻는 것이 아니라 잠을 자는 동안에 얻게 된다. 자지 않으면 아무리 연습을 많이 해도 오히려 기능이 쇠퇴할 것이다. 잠을 자지 않으면 공부나 훈련을 해도 무용지물이 된다.

잠을 자지 않으면 감정도 완성되지 않는다. 적을 박살 내는 꿈을 꾸면 잠에서 깼을 때 화가 풀리고 대인 갈등을 좀 더 쉽게 해결할 수 있다. 한 연구에서는 적당한 수면을 취하지 못한 직업인들이 동료 및 부하 들에게 비교적 낮은 정서 지능을 가졌다는 평가를 받았다.[12] 결혼의 만족도도 수면의 질과 연관된다.[13] 수면 부족은 단기적으로 배우자와의 갈등을 악화할 뿐 아니라 갈등에 대한 염증성 면역 반응을 높이는 것으로 드러났다. 이 면역 반응은 배우자의 불평에 대한 반응도가 높아졌음을 알리는 생물학적 지표다.[14] 적당히 자지 않을 계획이라면 다른 인간과의 대화를 피하는 편이 낫다.

우리가 아직 이 말을 안 했던가? 그러니까 수면이 중요하다는 뜻이다. 우리는 태생적으로 각성 상태와 수면 상태를 오가도록 설계됐다. 우리가 잠을 자는 사이 뇌가 제 할 일을 하게 해줘야 깨어 있을 때 온전하게 기능할 수 있다.

오죽하면 극단적인 수면 박탈은 고문 도구로 사용되기도 한다.[15] 수면 박탈은 기아와 비슷한 생리적 상태로, 죽음을 야기할 수도 있다.[16] 쥐를 대상으로 한 연구에서 2주 동안 수면을 빼앗긴 쥐들은 면역 체계가 손상됐고 소화관 박테리아가 혈액에 침투해 패혈증으로 사망하기도 했다. "힘들 때는 잠자리에 들어라." 프랑스 속담이다. 잠을 자지 않으면 우리는 완전해지지 않는다. 그렇다면 수면 장애나 수면 부족에는 어떤 비용, 즉 어떤 대가가 따를까?

충분히 자지 못하면 건강이 상한다. 심각한 자동차 사고의 원인 가운데 20퍼센트는 만성 수면 부족—토막잠과 수면 장애—이다.[17] 만성 수면 부족은 또한 심장병과 암, 당뇨, 고혈압, 알츠하이머, 면역 장애 등의 흔한 원인에 의한 사망 위험을 무려 45퍼센트 높인다.[18] 또한 수면의 질 저하는 신체 활동의 부족보다 더 정확한 2형 당뇨 예측 변수가 되는 것으로 드러났다. 그러나 충분한 수면이 당뇨를 예방해 준다는 조언을 들어본 적 있는가?[19]

수면 부족이나 수면 장애는 작업 기억과 장기 기억, 집중력, 의사 결정, 눈과 손의 협응, 정확한 계산, 논리적 추론, 창의성을 포함해 수많은 뇌 기능을 손상한다.[20] 19시간 동안 잠을 자지 못한 사람(예를 들면 아침 7시에 일어나 새벽 2시까지 깨 있는 사람)의 인지 기능과 운동 기능의 손상 정도는 술이나 마약에 취한 사람의 손상 정도와 유사하다.[21] 전날 밤 4시간만 수면한 사람이나 지난 2주 동안 매일 6시간 이하로 수면한 사람의 기능도 이와 비슷하게 손상된 상태다. 따라서 19시간 동안 깨 있었거나 전날 밤 4시간밖에 못 잤거나 2주 동안 매일 6시간 이하로 수면했다면 술 취했을 때 하지 않을 일, 이를테면 운전이나 업무 회의 주도, 양육 등의 활동을 피해야 한다.

수면 부족은 사회생활에도 영향을 미친다. 직장에서 팀원 간의 소통이나 집단 의사 결정을 어렵게 만들고 심지어는 비윤리적인 직장 행동을 증가시키기도 한다.[22] 감정생활에도 영향을 미친다. 우울증과 수면 장애는 서로 밀접하게 연관돼 양쪽이 서로에게 영향을 미치며[23] 불면증은 우울증을 앓지 않는 사람에게도 자살 충동을 부추긴다.[24] 불안증과 수면도 밀접하게 연결되고 서로의 원인이 된다.[25] 우울증과 불안증, 다른 정신 건강 문제로 고생하고 있다면 잠이 약이다. 참고로 정신 건강 문제로 고생하는 여성은 남성의 2배에 달한다. 보수적으로 추정했을 때 여성은 5명 중 1명꼴로 평생에 한 번은 정신 건강 문제를 겪는다.[26]

수면 연구는 합리적인 논쟁에 휘말릴 여지가 없는 분야다. 수면에 대한 의학적 소견이 모두 일치하는 까닭이다. 수면은 몸에 좋고 수면 부족은 모든 면에서 해롭다. 위험하고 치명적이다. 수백만 명의 참가자를 아우른 최근 3건의 메타 분석에서는 하루 5~6시간 이하로 수면하는 경우 모든 원인으로 인한 사망의 위험이 약 12퍼센트 더 높아지는 것으로 드러났다.[27] 만약 이 책을 읽고 당신의 삶에서 딱 한 가지만 바꾸고자 한다면 수면 시간을 늘려라.

잠을 '너무 많이' 잘 수도 있을까?

"하지만 나는 낮잠을 자면 오히려 찌뿌드드하다고!" 당신은 이렇게 말할지도 모른다. 잠이 부족하면 우리의 몸은 피로와 손상을 감추는 스트레스 반응, 즉 수면 부족이라는 일시적인 스트레스원을 견디도록 돕는 아드레날린과 코르티솔을 활성화해 이를 상쇄하려 한다. 그 결과 수면 부족은 알코올과도 같은 역할을 한다. 제 기능을 못 할 만큼 술을 마시면 자신이 얼마나 제 기능을 못 하는지 모르듯이 ("나 멀쩡해. 차 키 달라니까!") 쉬지 못한 사람은 자신이 얼마나 잠이 부족한지 의식하지 못하는 상태가 된다.

신기하게도 그러다가 마침내 잠을 충분히 자고 나면 스트레스 반응이 감소해 실제로 더 잘 쉬었는데도 못 쉰 것처럼 느낀다. 아드레날린으로 피로가 감춰지는 현상이 끝나기 때문이다. 우리는 마치 과식을 한 뒤 "윽, 너무 많이 먹었어" 하듯이 "아, 잠을 너무 많이 잤어" 하고 툴툴거린다. 정말 잠을 '너무 많이' 잘 수도 있을까? 일반적으로 매일 9시간 넘게 자는데도 푹 쉬었다고 느끼지 않으면 다른 문제의 신호일 수도 있으니 의사와 상의하는 것이 좋다.[28]

어느 날 에밀리가 학생들에게 이렇게 얘기했을 때 한 학생이 손을 들었다. "하지만 저는 하루에 10시간씩 자는데도 피곤해요." 함께 있던 학생들은 그녀가 피곤한 이유에 대해 의견을 내놨다. 우울증에서부터 기면증, 나태에 이르기까지 다양한 의견이 나왔다. 그러나 에밀리는 이렇게 말했다. "매일 9시간 이상 자는데도 푹 쉬었다고 느끼지 않으면 어떻게 해야 할까요?"

"병원에 가봐야 할까요?" 학생이 되물었다.

"그래야죠."

6개월 뒤 그 학생이 에밀리를 찾아와서 말했다. "기억 못 하시겠지만 제가 전에 10시간씩……."

"아, 기억해요." 에밀리가 대꾸했다.

"그때 병원에 가서 수면 검사를 받았는데 심각한 수면무호흡증이 있다고 하더라고요. 여름에 편도와 아데노이드 절제술을 받고 지금은 마스크를 하고 자는데 삶이 완전히 바뀌었답니다. 제가 평생 얼마나 심각한 수면 부족에 시달렸는지도 몰랐지 뭐예요."

결론: 하루에 9시간 이상 자는데도 푹 쉬었다고 느끼지 못하면 의사와 상의해라.[29]

"난 노력하고 있어요. 매일 8시간 잠을 자려고 누워 있는데 잠이 오지 않아요! 아무리 노력해도 충분히 잘 수가 없어요." 이런 생각이 든다면 의사와 상의해라. 수면 다원 검사를 받아라. 당신의 인생이 바뀔 수도 있다. 어쩌면 죽음을 면할 수도 있다.

보이지 않는 일터

수면은 기적과도 같다. 부러진 뼈와 상처 입은 가슴을 치유해 주는 것이 수면 말고 또 있을까? 잃어버린 기억을 되찾아 주고 새로운 아이디어를 떠올리게 해주는 것이 수면 말고 또 있을까? 기분 좋은 달리기 때문이든 외상 때문이든 몸이 손상을 입었을 때 이를 회복하고 더 튼튼해지도록 도와주는 것이 수면 말고 또 있을까?

하지만 서양의 문화사에는 수면에 대한 도덕적 판단이 자리 하고 있다. 중세 신학자들은 인간의 수면 요구가 "인간의 타락 에 대한 신의 처벌이자 인류에게 그들이 죄인이며 약하고 불완 전한 존재임을 매일 상기하게 하는 수단"이라고 믿었다.[30] 미국 의 청교도 선조들은 "무절제한 수면"이 뇌졸중에서부터 불임, 빈곤에 이르기까지 수많은 문제의 원인이 될 수 있다고 (터무니 없게) 경고했다.[31] 1830년대 의학 저널들은 4시간 이상 자는 것 이 방종이며 태만이라고 주장했다.[32]

지난 50년 동안 적당한 수면이 부도덕이라는 의식도 변해왔 다. 이제는 수면이 필요치 않다기보다는 잠잘 시간이 있는 사 람은 뭔가 잘못하고 있는 거라는 생각이 만연해 있다. 우리는 몸을 혹사하고 휴식을 거부하는 태도를 미덕으로 만들었다. 이런 생각이 문화에 깊이 뿌리박혀 있다 보니 무수히 많은 여 성이 에밀리에게 잠을 자면 죄책감을 느낀다고 털어놓는다. 잠을 잔다고 죄책감을 느끼다니.

에밀리는 한 강연에서 이렇게 물었다. "어떻게 그럴 수 있죠? 그건 숨을 쉰다고 죄책감을 느끼는 것과 똑같잖아요! 잠은 꼭 필요해요. 어떻게 잠을 잔다고 죄책감을 느끼죠?" 그러자 한 여성이 대꾸했다. "이기적인 일이니까요. 잠을 자는 건 자기한테만 좋은 거잖아요." 그녀는 겨우 18세였는데 이미 충실하게 베푸는 인간이 됐다.

앞에서 살펴봤듯 잠은 우리의 신체 건강에 필수적일 뿐 아니라 정서적 건강과 관계를 위해서도 꼭 필요하다. 따라서 절대 '이기적인' 것이라고 말할 수 없다. 하지만 여기서 중요한 교훈은 베푸는 인간 증후군이 여자들의 수면을 망치고 있다는 점이다.

그러니 남성보다 여성이 수면 문제를 더 흔하게 겪는 것도 그리 놀라운 일은 아니다. 이런 현상은 특히 갱년기에 더 심해진다.[33] 연구에 따르면, 여성의 수면은 "보이지 않는 일터다. 여성은 밤에 잠을 자면서도 일한다. 가족의 안전을 위해 언제든 신체적 도움과 정서적 도움을 제공하려 준비하고 있다." 신생아를 돌볼 때는 어쩔 수 없이 잠을 빼앗기지만 그뿐만이 아니다. 이성애자 부부 사이에서 신생아를 돌보는 기간에 잠을 빼앗기는 비율은 당연히 아빠들보다 엄마들이 훨씬 더 높으며, 이런 경향은 아이가 학교에 들어가기 전까지 계속될 뿐 아니라 둘 중 어느 쪽이 전업으로 일하는지와 상관없이 적용된다.[34] 베푸는 인간인 여성에게는 다른 사람의 이익을 위해 잠을 희생해야 한다는 기대가 부과된다. 따라서 우리는 기본적인 생리적 필요를 아무리 조금씩이라고 해도 매일 반복해서 박탈당한다. 이것이 누적돼 우리를 짓누르면 결국 삶이 우리에게 기대하는 다른 일을 할 여력이 남지 않는다.

수면과 휴식을 더 어렵게 만드는 것은 문화적인 메시지만이 아니다. 당신이 스트레스원을 모두 해결하고 해야 할 일을 모두 끝낸 뒤 자신에게 휴식의 기회를 허락했다고 가정해 보자. 스트레스원은 해결했지만 스트레스 자체를 해소하지 못했다면 당신의 뇌는 당신을 쉬게 두지 않을 것이다. 뒤에서 쫓아오는 사자가 없는지 끊임없이 살펴야 하니까. 당신이 잠을 자려고 해도 당신의 뇌는 당신이 잠들게 두지 않거나 거듭 깨워 주위를 살피게 할 것이다. 사이클을 완성해라. 그래야 당신의 뇌가 휴식에 들어갈 수 있다.

42퍼센트

그렇다면 '적당한' 휴식은 어느 정도일까? 과학에 따르면 42퍼센트다. 당신의 몸과 뇌가 휴식에 42퍼센트의 시간을 쏟아야 한다는 뜻이다. 24시간의 42퍼센트는 약 10시간이다. 매일 10시간을 지킬 필요는 없다. 일주일이나 1달의 기간을 두고 일일 평균 10시간 휴식하면 된다. 어쨌든 그만큼은 꼭 쉬어야 한다.

"말도 안 돼! 나는 그럴 시간이 없어!" 당신은 이렇게 반박할지도 모르겠다. 앞에서 이미 예측했듯이 말이다. 42퍼센트의 시간을 휴식에 써야 한다는 얘기가 아니라 42퍼센트를 떼놓지 않으면 그 42퍼센트가 당신의 발목을 잡을 거라는 얘기다. 그것은 당신의 얼굴을 붙잡고 바닥으로 고꾸라뜨린 뒤 가슴을 짓밟고 승리를 선언할 것이다.

큰 프로젝트를 끝내자마자 심한 감기로 앓아누워 본 적이 있는가? 휴가가 시작되면 사흘 동안 자기도 모르게 12~14시간씩 자본 적이 있는가? 오랫동안 극심한 스트레스에 시달리다가 어밀리아처럼 결국 병원 신세를 진 적이 있는가? 이제 우리는 스트레스가 면역 기능과 소화 기능, 호르몬을 포함해 우리 몸의 모든 기관과 기능에 영향을 미치는 생리 현상이라는 것을 확인했다. 이 모든 기관이 온전히 돌아가려면 생물학적으로 우리의 물리적 유기체를 유지하고 보수하는 데 인생의 42퍼센트를 써야 한다. 42퍼센트는 다음과 같이 쪼갤 수 있다.

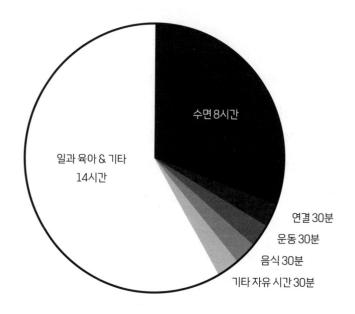

수면 8시간

일과 육아 & 기타
14시간

연결 30분

운동 30분

음식 30분

기타 자유 시간 30분

* 수면 8±1시간

* 파트너 또는 그 밖의 신뢰하고 사랑하는 사람과 '스트레스를 줄이는 대화' 20~30분

* 신체 활동 30분. 누군가와 함께 또는 혼자 확실하게 기분을 전환하고 감정을 배출하며 휴식을 얻겠다는 확실한 마음가짐으로 임할 것. 신체 활동을 '휴식'으로 치는 이유는 수면의 질을 높일 뿐 아니라 스트레스 반응 사이클을 완성해서 몸을 스트레스 상태에서 휴식 상태로 전환하기 때문이다.

* 음식에 집중하는 시간 30분. "30분?" 당신은 놀라서 되물을지도 모른다. 모든 끼니와 장 보는 시간, 요리하고 먹는 시간을 포함한 시간이다. 한꺼번에 30분을 쓸 필요는 없다. 사람들

과 함께해도 좋고 혼자 해도 좋지만 일이나 운전, 텔레비전 시청, 또는 팟캐스트 청취 따위와 병행해선 안 된다. 하루에 30분씩 온전히 음식에만 집중해라. 이 시간을 휴식으로 치는 이유는 필요한 영양을 공급할 뿐 아니라 삶의 다른 영역과는 동떨어진 동적 휴식, 속도의 변화가 되기 때문이다. 일종의 명상으로 생각해도 좋다.

　* 필요에 따라 자유 휴식 시간 30분. 신체 활동을 추가할 때 기분이 좋아진다면 이 시간에 신체 활동을 좀 더 해도 좋다. 깨 있는 상태에서 전환의 시간을 거쳐야만 잠이 온다면 수면을 준비하는 시간으로 써도 좋다. 사람들과 어울리기를 좋아한다면 사회 활동의 시간으로 써도 좋다. 또는 그저 여유롭게 이동하거나 옷을 갈아입거나 다른 휴식 준비 시간으로 쓰면서 디폴트 모드 네트워크, 즉 심적 방랑에 활용해도 좋다.

　이것은 평균일 뿐이며 보다시피 때로는 한 번에 두 가지 이상을 하게 될 것이다. 다른 사람에 비해 잠을 많이 자야 하는 사람도 있다. 개인의 수면 요구량 가운데 유전적 요소는 약 40퍼센트이므로 일란성 쌍둥이의 수면 요구량도 서로 크게 다르다.[35] 에밀리는 하루에 7시간 30분씩 자는 반면 어밀리아는 9시간씩 자야 하고 8시간만 자면 수면 부족으로 고생한다. 운동을 좋아하는 사람은 신체 활동에 더 많은 시간을 쏟고 싶을 것이다. 음식을 좋아하는 사람은 음식에 더 많은 시간을 투자하기를 원할 것이다. 외향적인 사람은 되도록 다른 사람들과 시간을 보내려 할 것이다. 연비는 사람마다 다를 테니 개인의 필요에 맞게 조금씩 조정하기 바란다.

남들보다 덜 쉬어도 버틸 수 있다고 생각하는가? 그럴 수도 있다. 갈수록 휴식이 부족해지는 뇌와 몸을 이끌고 그럭저럭 버틸 수는 있다. 살다 보면 적절한 휴식을 할 수 없는 시기도 있다. 아기가 태어났다면 늘 수면 부족에 시달릴 것이다. 늙은 개가 있다면 4시간에 1번씩 일어나야 한다. 학위 과정을 밟으면서 동시에 세 가지 일을 한다면? 5시간의 수면으로 버텨야 한다.

하지만 당신의 웰빙을 걱정하는 사람이라면 당신이 장기간 그렇게 생활하기를 바라지 않을 것이다. 당신의 사랑의 버블 안에 있는 사람이라면 당신이 그럭저럭 버티는 것을 원치 않는다. 그들은 당신이 행복하기를, 더 강해지기를 원한다. 우리도 당신이 행복하기를, 더 강해지기를 원한다. 당신을 강하게 만드는 것은 '휴식'이다.

만약 10살짜리 딸을 캠프에 보냈는데 캠프에서 아이가 적게 먹고도 그럭저럭 버틸 수 있다는 이유로 제대로 먹이지 않았다는 사실을 알게 된다면 어떨까? 또는 반려동물 보호사에게 개를 맡겼는데 당신의 개가 추위에도 그럭저럭 버틸 수 있다는 이유로 추운 날 밖에서 재웠다는 사실을 알게 된다면? 절친한 친구가 꽉 조이는 코르셋을 입은 채 매일 충분히 호흡하지 못하고 늘 산소가 부족한 상태로 계단을 한 층만 올라가도 숨을 헐떡인다면, 그런데도 버틸 수 있다고 한다면 어떨까?

당신의 아이나 반려견이나 친구는 모두 몸이 요구하는 기본적인 필요를 충족하지 못해도 그럭저럭 버틸 수 있다. 당신도 마찬가지다. 하지만 배를 곯는 딸과 떨고 있는 반려견, 숨을 헐떡이는 친구를 봤을 때 당신은 어떻게 반응하겠는가? 그것이 바로 충분히 휴식하지 못하고 그럭저럭 버티는 당신을 봤을 때 우리가 느끼는 감정이다. 우리는 당신이 더 많이 누릴 자격이 있다고 생각한다. 그뿐만 아니라 당신이 고생한다는 것을 알기에 편안하게 살기를 원한다.

소피가 일하던 고강도 직군에서는 사람들이 주 6일 동안 하루 16시간씩 근무하며 1년쯤 지나면 번아웃을 겪곤 했다. 그렇게 일하지 않는 사람들은 패자가 됐다. "버티지 못했다"라고, "나약하다"고 여겨졌다. 언제나 무리에서 가장 영리하면서도 가장 하찮은 사람으로 대우받는 데 익숙해진 소피는 오랫동안 버티려고 노력했지만 잘되지 않았다. 소피는 과학에서 그 이유를 찾으려 했다.

그녀는 연구 논문들을 잔뜩 쌓아놓고 상관에게 말했다. "보세요. 일하는 시간이 적어질수록 창의성과 생산성, 정확성이 높아지고 전반적으로 더 많은 일을 더 잘할 수 있다고 나와 있어요. 직관적으로는 이해가 안 되지만 사실이에요." 상관은 그녀의 말을 믿지 않았다. 소피는 과학자인 그가 증거를 믿지 않는다는 사실에 기가 막혔다. 그는 연구 자료를 읽어보려 하지도 않았다.

소피는 버나드와 깊은 연결을 맺을수록 자신을 더 많이, 더 적절하게 사랑하는 법을 배워가고 있었다. 더는 너무 피곤하게 일하고 싶지 않았다. 과도하게 일하는 직장 문화를 바꾸려고 다른 방법도 몇 가지 시도해 봤다. 마음이 맞는 동료들과 수면에 관한 TED 강연을 공유하기도 했다. 수면 전문가를 초청해 잠과 혁신에 관한 신경 과학 강연을 들어보자고 회사에 건의하기도 했다. 관련 연구를 토대로 자신의 업무 습관을 바꾼 뒤 창의성과 에너지가 증가하는 것을 경험하기도 했다.

소피가 직장 문화를 바꾸는 데 성공했다면 좋았겠지만 그녀는 성공하지 못했다. 대신 추가로 얻은 창의성과 에너지를 활용해 사업을 시작했다. 그녀는 많은 시간 일하면서도 몸과 뇌가 오늘은 그만하라고 청하면 귀를 기울인다.

"나는 20시간 동안 깨 있는 의사에게 진료를 받고 싶지 않거든요. 하루에 12시간 넘게 의뢰인들을 만나는 변호사에게 일을 의뢰하고 싶지도 않고요. 피로한 사람의 일 처리가 얼마나 비효율적인지 알기 때문이죠. 그러니까 누구도 매일 7시간씩 자지 않는 엔지니어에게 일을 시켜선 안 돼요. 뇌가 쉬지 않으면 그 사람의 일은 형편없어지거든요."

시간을 어떻게 마련할까?

생계를 유지하기 위해서 또는 누구의 도움도 받지 않고 어린 자녀들을 키우기 위해서, 혹은 이 두 가지를 모두 하기 위해서 여러 가지 일을 하는 사람이라면 하루에 10시간씩 재충전할 여유가 없을 것이다. 하지만 직장에 다니고 배우자와 어린 두 자녀를 둔 평범한 미국 여성의 일주일을 생각해 보자. 당신도 이 부류에 속한다면 시간을 낼 수 있다.[36]

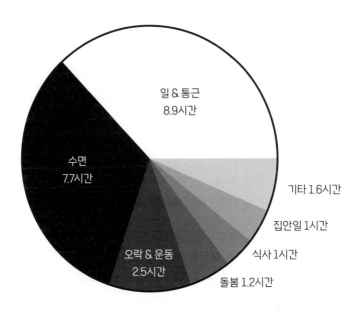

일 & 통근
8.9시간

수면
7.7시간

기타 1.6시간

집안일 1시간

식사 1시간

오락 & 운동
2.5시간

돌봄 1.2시간

이런 부류에 속하는 여성은 평일에 보통 약 9시간을 일에 투자한다. 일하는 시간 8시간과 통근 시간 약 50분.[37] 수면 시간은 약 7시간 45분이며 텔레비전을 2시간 30분 동안 시청한다.[38] 다른 사람들을 돌보는 데 약 1~3시간을 쓰고 집안일에 1시간, 먹고 마시는 데 1시간을 쓴다. 나머지 1시간 30분은 '기타'에 사용한다. 공동체 활동이나 종교 활동, 쇼핑이나 장보기, 학교 가기, 단장하기 등이 여기에 포함될 것이다. 짜잔. 24시간이 채워졌다.

변화가 필요하다면, 즉 수면과 운동 시간을 늘려야 한다면 해결책이 분명하게 보인다. 텔레비전 시청이나 장보기, 집안일, 그리고 그 밖에 '디폴트 모드'에 도움이 되지 않는 활동을 줄이는 것이다.

수면은 다른 활동과 동시에 할 수 없다. 그러나 휴식 시간 42퍼센트 가운데 수면을 제외한 시간에는 두 가지 이상의 활동을 병행할 수 있다. 식사를 하거나 산책을 하거나 운동 수업에 참여하면서 가족이나 친구들과 연결할 수 있고, 농산물 시장에 자전거를 타고 갈 수도 있으며, 실시간 트윗으로 〈왕좌의 게임〉에 관해 많은 팬과 얘기를 나눌 수도 있다. '웰빙 시간'을 따로 떼놓는 것이 중요하다.

이렇게 나눠보면 수면과 음식, 친구, 운동 등의 항목이 명확하게 구분된다. 아래 표를 사용해서 당신이 시간을 어떻게 활용하는지 살펴보고 휴식 시간을 늘릴 수 있는지 확인해 보자.

일주일의 시간 활용

첫 번째 표에는 당신이 실제로 시간을 어떻게 활용하는지 적어봐라. 매일 규칙적인 생활을 한다면 금세 채울 수 있을 것이다. 일정이 자주 바뀐다면 일주일에 걸쳐 매일의 활동을 적어봐라.

1. 수면 시간을 표시한다. 당신이 실제로 잠을 자는 최소한의 시간을 현실적으로 표시해야 한다. 누워서 잠들 때까지 걸리는 시간과 알람이 울린 뒤 실제로 일어나는 시간까지 포함해라. 이것이 당신의 온전한 '수면 기회'다.

2. 아래와 같이 규칙적으로 하는 일을 표시한다.

    a. 일(통근 시간 포함)

    b. 자녀와의 활동 및 돌봄

    c. 파트너와의 활동을 포함하는 사교 활동(섹스도 잊지 말 것)

    d. 준비 시간을 포함한 식사 시간

    e. 목욕/샤워/머리 단장

    f. 쇼핑(장보기와 온라인 쇼핑 포함)

    g. 텔레비전 시청, 인터넷/소셜 미디어 사용, 1인용 게임, 핸드폰 보는 시간

3. 규칙적으로 하지 않지만 예측할 수 있는 활동을 대략 추산한다. 예를 들면 병원 진료, 자동차 유지 및 보수, 집수리 등

이 여기에 속한다. 대략적인 시간을 추산하는 한 가지 방법은 이전 12개월 동안 이런 활동에 소비한 시간을 찾아서 모두 합산한 뒤 52로 나누어 주당 평균 시간을 산출하는 것이다.

4. 각 일정이 충족시키는 필요를 유형별로 분류해 색깔로 구분한다. 연결, 휴식(수면과 심적 방랑), 의미 찾기, 사이클 완성하기 등의 유형으로 나눌 수 있다.

두 번째 표('이상적인' 일주일의 시간 활용)는 이상적인 시간 활용 방법을 상상해서 채우기 위한 것이다. 이상적인 시간 활용은 당신이 정해야 한다. 자신에게 수면이 더 필요한지 스트레스 완성 사이클이 더 필요한지, 연결이 더 필요한지, 아니면 그저 시간이 더 필요한지 판단해 봐라.

1. 평일과 주말 모두 이상적인 하루 수면 시간은 7~9시간으로 정한다. 부족한 수면은 주말에 보충하거나 낮잠으로 메워도 좋다.

2. '스트레스를 줄이는 대화'에 하루 30분을 할애한다. 스트레스를 줄이는 대화의 상대가 배우자라면 일주일에 1시간씩 '결혼 생활 점검' 대화를 추가해도 좋다. 연구 결과 이런 대화는 만족스러운 관계를 유지하는 수단이 된다.[39]

3. 일주일에 3~6일 30~60분의 신체 활동과 준비 및 이동 시

간을 넣는다.

4. 앞에서 그랬듯이 사교와 휴식, 의미 찾기, 사이클 완성 등으로 유형을 나눠 색깔로 구분한다.

5. 핸드폰 사용이나 쇼핑, 식사 준비처럼 심적 방랑의 휴식으로 사용하지 않았던 활동을 다른 색으로 표시한 뒤 해당 활동을 하면서 초조한 걱정을 내려놓고 차분하게 미래를 계획하는 심적 상태로 전환할 수 있는지 생각해 본다.

6. 보너스: 가부장제를 깨부수는 활동을 따로 표시한다. 예를 들어, 여성이 적은 직업군에 몸담고 있다면 일하는 시간과 통근 시간이 모두 가부장제를 깨부수는 활동이 된다. 자녀에게 긍정적이고 포용적인 성 역할을 전도하겠다는 목표를 갖고 양육을 한다면 그 역시 가부장제를 깨부수는 활동이다. 유색인종 여성이거나 서구 사회에서 히잡을 쓰고 살아가는 여성이라면, 혹은 동성애자거나 트랜스젠더라면, 혹은 장애를 갖고 있다면 깨 있는 모든 순간이 가부장제를 깨부수는 시간이다.

휴식에 투자하는 시간이 늘어나면 나머지 58퍼센트의 시간에 에너지와 집중력, 창의성, 선량함이 증가하는 보상을 누릴 수 있다. 그뿐만이 아니다. 더 안전하게 운전할 수 있고 대가가 따르는 실수를 줄일 수 있으며 무슨 일을 하든 그저 해야 할 일이라서 하기보다는 그 일을 즐길 가능성이 높아진다.

실제 일주일의 시간활용

	일요일	월요일	화요일
오전 6시			
오전 7시			
오전 8시			
오전 9시			
오전 10시			
오전 11시			
정오			
오후 1시			
오후 2시			
오후 3시			
오후 4시			
오후 5시			
오후 6시			
오후 7시			
오후 8시			
오후 9시			
오후 10시			
오후 11시			
자정			
오전 1시			
오전 2시			
오전 3시			
오전 4시			
오전 5시			

실제 일주일의 시간 활용

	수요일	목요일	금요일	토요일
오전 6시				
오전 7시				
오전 8시				
오전 9시				
오전 10시				
오전 11시				
정오				
오후 1시				
오후 2시				
오후 3시				
오후 4시				
오후 5시				
오후 6시				
오후 7시				
오후 8시				
오후 9시				
오후 10시				
오후 11시				
자정				
오전 1시				
오전 2시				
오전 3시				
오전 4시				
오전 5시				

7장　　당신을 더 강하게 만드는 것

'이상적인' 일주일의 시간 활용

	일요일	월요일	화요일
오전 6시			
오전 7시			
오전 8시			
오전 9시			
오전 10시			
오전 11시			
정오			
오후 1시			
오후 2시			
오후 3시			
오후 4시			
오후 5시			
오후 6시			
오후 7시			
오후 8시			
오후 9시			
오후 10시			
오후 11시			
자정			
오전 1시			
오전 2시			
오전 3시			
오전 4시			
오전 5시			

'이상적인' 일주일의 시간 활용

	수요일	목요일	금요일	토요일
오전 6시				
오전 7시				
오전 8시				
오전 9시				
오전 10시				
오전 11시				
정오				
오후 1시				
오후 2시				
오후 3시				
오후 4시				
오후 5시				
오후 6시				
오후 7시				
오후 8시				
오후 9시				
오후 10시				
오후 11시				
자정				
오전 1시				
오전 2시				
오전 3시				
오전 4시				
오전 5시				

7장   당신을 더 강하게 만드는 것

이제 우리는 뭘 해야 하는지 알았다. 그리고 그것을 할 수 있는 시간도 마련했다. 간단하고 명백하다. 어려울 게 없다. 그렇지 않은가?

물론 그렇지 않다. 그렇게 간단하고 명백하고 쉬웠다면 누구나 하고 있을 것이다. 그렇다면 이토록 간단하고 명백한 변화를 왜 많은 이들이 그토록 어렵다고 느낄까?

매슈 워커Matthew Walker는 자신의 저서 『우리는 왜 잠을 자야 할까: 수면과 꿈의 과학Why We Sleep: Unlocking the Power of Sleep and Dreams』에서 수면을 소홀히 하는 우리 문화를 숨 막히는 올가미에 비유하며 "개인과 문화, 직업, 사회의 측면에서 수면 평가에 획기적인 변화가 일어나야 한다"라고 주장한다.[40] 예를 들면, 학교 특히 고등학교의 문 여는 시간을 늦춰야 하고 이를 위해 부모들이 일하는 시간을 유동적으로 바꿀 수 있도록 허용해야 한다. 그리고 이를 위해 고용주들은 직원들이 조직의 요구와 가정의 요구를 동등하게 충족시키도록 협조해야 한다. 이는 모두가 잘 쉬고 잘 살 수 있는 세상을 만들기 위해 필요한 근본적인 제도적 변화 중 하나에 불과하다. 적절하게 휴식하기란 쉽지 않을 것이다.

이 장을 읽고 휴식을 늘리는 계획을 세우더라도 당신은 결국 그 계획을 실천하기 어려운 세상으로 돌아갈 것이다. 세상은 휴식을 우선시하기 어려운 방식으로 조직돼 있다. 그러나 여성과 남성 앞에는 서로 다른 장벽이 놓여 있고 아마도 여성의 장벽은 남성의 장벽보다 더 단단할 것이다. 그 이유는 베푸는 인간 증후군이다.

누수

베푸는 인간 증후군은 우리와 휴식 사이에 장벽을 놓는다. 우리는 잠을 자면 죄책감을 느낀다. 생존을 위해 꼭 필요한 일을 하는 자신을 비난한다. 더 많은 일을 할 수도 있었는데 그러지 못했다고 자책한다. 충분히 잠을 잔다면 다른 사람의 필요를 돌보는 데 인생의 3분의 1은 쓰지 못하는 셈이다. 충실하게 베푸는 인간이라면 어떻게 그것을 허용하겠는가?

휴식이 필요한 자신을 비난한다면 휴식의 효과에 누수가 일어날 수밖에 없다. 이 장을 시작할 때 우리는 휴식이 당신을 더 강하게 만들어준다고 단언했다. 그리고 베푸는 인간 증후군은 당신이 강해지길 원치 않는다는 사실을 우리는 이미 알고 있다.

우리는 당신이 강해지기를, 건강하고 자신감 넘치며 즐겁게 살기를 원한다. 따라서 우리는 당신이 따뜻하고 다정한 시선으로 이런 누수를 돌아보고 새는 부분을 때우기 바란다.

이를테면 이렇게 말하는 것이다. "안녕, 분한 마음. 알아. 마감을 맞추려고 열심히 일하고 있는데 잠도 자야 하니 속도가 나지 않아서 얼마나 답답한지. 인간으로 사는 건 때로 지긋지긋하지만 다른 종족이 될 수는 없잖아."

혹은 "안녕, 걱정하는 마음. 내가 하는 일들이 내겐 아주 중요하니까 너는 내가 제대로 하고 있는지 확인하고 싶겠지. 하지만 우리 둘 다 알잖아. 내가 휴식하지 않으면 중요한 일들을 모두 엉망으로 하게 된다는 거."

심지어 이렇게 말해도 좋다. "안녕, 분노하는 마음. 우리 가족은 어릴 때부터 나에게 완벽하지 않으면 중요한 사람이 될 수 없고 완벽하려면 끊임없이 노력해야 한다고 가르쳤지. 그리고 어떤 아이든 따뜻하고 무조건적인 사랑을 받아야 하는데 그러지 못했으니 화가 나는 게 당연해. 그러니까 스스로 우리가 원하는 대우를 해주자. 우리 자신이 인간답게 살 수 있게 해주자."

베푸는 인간 증후군은 이를 악물고 이렇게 으르렁거릴 것이다. "아, 잘 쉬었나 보네? 잘했어. 자신을 돌보는 건 '아주' 중요하지. 그런 시간이 있다니 얼마나 좋겠어."

누군가가 이렇게 말했다면 사실은 이런 의미다. "감히 규칙을 깨고 자신을 '중요한' 사람처럼 대해? 나는 내 몸을 돌보지 못하는데 감히 네가 네 몸을 돌본다고? 대체 뭐가 문제야? 자리로 돌아가."

그럴 때는 그 사람도 우리와 똑같이 베푸는 인간 증후군을 앓고 있다는 점을 떠올려라.

동료가 비꼬는 투로 "좋겠네……"라고 말하면 감탄하며 이렇게 말하면 된다. "정말 좋아."

또는 이렇게 말해도 좋다. "예전에는 잠을 우선시하는 게 이기적인 일이라고 생각했는데 사실은 정반대라는 것을 깨달았어. 내가 사랑하는 사람들 그리고 내가 소중하게 여기는 일을 아무렇게나 대할 수는 없잖아. 지치거나 심통 나지 않은 나, 집중력을 잃지 않은 최고의 나를 누리게 해줘야지."

또는 이렇게. "내가 그동안 나 자신을 어떻게 대했는지 생각해봤는데, 만약 내 친구가 자신을 그렇게 혹사하는 모습을 봤다면 안타까워했을 거라는 생각이 들었어. 그리고 내심 나는 남들보다 더 적게 쉬어도 된다고 믿었던 것 같아. 참 건방지지? 나에게도 휴식이 필요하다는 사실을 인정하려니 자존심이 상했지만 꼭 필요한 일이었어."

또는 그저 미소를 지어도 좋다. 그들이 베푸는 인간 증후군을 앓고 있다는 점을 잊어선 안 된다. 당신도 같은 증후군을 앓고 있으니 그 병이 얼마나 피곤한지 잘 알지 않는가?

'휴식'하지 않으면 '저항'할 수 없다

잠과 휴식을 우선시하라고 독려하는 책이나 논문은 대부분 제대로 쉬어야 생산성이 높아진다고 주장한다.[41] 실제로 적당히 쉬면 결국 생산성이 높아진다. 이를 근거로 좀 더 유동적인 근무를 허락해 달라고 상사를 설득한다면 더할 나위 없이 좋을 것이다. 그러나 우리가 휴식이 중요하다고 하는 까닭은 생산성을 높여주기 때문이 아니다. 휴식이 행복과 건강을 개선해주고 불만을 줄이며 창의성을 높이기 때문이다. 우리는 휴식이 중요하다고 생각한다. 왜냐하면 당신은 중요하기 때문이다. 당신이 존재하는 것은 생산성을 위해서가 아니다. 당신의 존재 이유는 당신 자신으로 살아가는 것, 이상과 관계를 맺고 자신 있게, 즐겁게 세상을 헤쳐나가는 것이다. 그러기 위해서는 쉬어야 한다.

우리 문화는 '생산성'을 개인의 가치 측정의 가장 중요한 척도로 여긴다. 마치 우리가 소비재인 것처럼. 우리가 완전히 소모될 때까지 가혹하게 쥐어짜야 하는 치약인 것처럼. 우리의 역사에서 노골적으로 이렇게 대우받은 사람들이 있다. 예를 들면, 노예제 시절의 노예들이 그랬다. 예술가이자 사회운동가며 러브 갱스터 미니스트리Love Gangster Ministries라는 커뮤니티의 창시자인 트리시아 허시-패트릭Tricia Hersey-Patrick은 여러 세대에 걸쳐 미국 흑인들이 강탈당한 노동에 저항하는 의미로 유색인들이 공공장소에서 낮잠을 자게 하는 '집단 낮잠 행위 예술'인 '낮잠부Nap Ministry'를 조직하기도 했다. 생존을 위해 꼭 필요한 휴식을 취하는 사람들을 게으르다고 치부한 문화적 메시지에 정면으로 도전한 셈이다. 수면은 젠더의 문제이자 계층의 문제며 기본적인 공중 보건 문제일 뿐 아니라 인종 차별의 문제다. 잠은 단순히 몸만 치유하는 것이 아니라 문화적 상처를 치유하는 첫걸음이 될 수 있다.

간혹 우리는 휴식에 대한 죄책감을 우리가 소중히 여기는 사람이나 이상을 향한 열성적인 전념으로 오해한다. 그러나 세상을 바꾸고자 하는 사람들이 잠은 나약함의 신호며 휴식은 적이라고 믿는 환경에서는 세상이 바뀌지 않는다.

"……하기 전까지는 쉬지 않겠다!"라는 말은 세상이 모두에게 안전한 곳이 되기 전에는 휴식해선 안 된다는 뜻이다. 그렇게 해야만 사랑하는 사람들 또는 어떤 쟁점을 향한 열정을 보여줄 수 있다고 믿고 포유류의 기본적인 필요를 무시한다면 번아웃 될 수밖에 없다. 그러고 나면 우리는 포기할 것이다. 우리는 소비한 만큼의 에너지를 충전해야만 사랑하는 사람과 일, 이상을 위해 계속 전념할 수 있다. 요컨대, 우리가 자주 망각하는 '각성'의 중요한 요소 하나는 바로 충분한 수면이다.

줄리가 받아주자 제러미는 계속해서 일주일 동안 다이애나를 책임지면서 겪은 일을 쏟아냈다. "나는 다이애나를 무척 사랑하는데도 가끔은 방에 가둬놓고 쉬고 싶더라고. 어떻게 그럴 수 있어? 진 빠지는 일이야."

줄리는 고개를 끄덕였다. "알아."

제러미는 자기 때문인지 줄리 때문인지 몰라도 기막히다

는 듯 눈을 굴리며 의자에 깊숙이 몸을 기댔다. "당신이 안다는 거 알아. 그 얘기가 아니야. 내가 몰랐던 것도 아니고. 하지만 이제는 생각이 달라졌어. 정말 어려운 일은 계속 신경 써서 돌보는 부분이 아니야. 그보다는 가끔 멈춰야 한다는 게 어려워. 마치 소화전을 끄듯이. 나도 큰소리를 내고 싶지 않거든. 버럭버럭 소리나 지르는 형편없는 아빠가 되고 싶지 않아. 다이애나가 남자한테 큰소리 듣는 걸 당연하게 여기면 안 되잖아."

"알아." 줄리가 같은 말을 되풀이했다. 자신이 왜 그를 사랑했는지 새삼 알 것 같았다.

"그러다가도 아이가 화를 돋우면 나도 모르게 부아가 나서……. 하지만 나는 정말 그런 아빠가 되고 싶지 않아. 그래서 억지로 화를 삼키고 마음을 가라앉히려 노력하지. 가끔은 아이를 구슬려야 하고 시간도 정해줘야 하고 그러면서도 밝게 대하고 싫어하는 일을 왜 해야 하는지 설명해야 하고. 그러다 보면 진이 빠져."

"그렇지." 줄리는 지난 10년 동안 자신이 그 모든 일을 도맡았다는 것을 그가 알고 있을까 궁금했다.

"나는 좋은 아빠야." 제러미가 단호하게 말했다. 줄리와 자신을 모두 설득하려는 듯이. 줄리는 숨을 깊이 들이마신 뒤 감정의 파장이 몸 안에 고이지 않도록 천천히 숨을 내뱉었다. 그러곤 대꾸했다. "그렇지." 그녀는 다시 싸우게 될까

봐 잠시 망설이다가 덧붙였다. "우리 둘 다 가끔 휴식하면 더 좋은 부모가 될 수 있어."

문득 행복했던 순간이 떠올랐다. 그녀는 살짝 웃으면서 그가 했던 플린 라이더의 '필살기' 표정을 흉내 냈다. 그러곤 다시 입을 열었다. "내가 감정에 관해 좀 배웠는데, 해소되지 않은 스트레스 반응 사이클을 완성해야 해. 그러면 마음이 풀리고 다음으로 넘어갈 수 있어."

"아." 제러미가 대꾸했다. 그러곤 다시 입을 열었다. "그게 무슨 말이야? '사이클을 완성하다'니?"

2017년 1월 MSNBC의 사회자 레이철 매도Rachel Maddow는 스미스 대학에서 연설을 하다가 한 청중에게(정확히 말하면 에밀리라는 여자에게) 번아웃에 어떻게 대처하냐는 질문을 받고 이렇게 대답했다. "일을 놓고 집으로 돌아가서 야외에서 시간을 보내요. 저에게는 완벽한 가족과 멋진 개들이 있거든요. 낚시를 가기도 하고 나무를 베기도 하면서 뇌의 다른 부분을 사용하죠. 내가 아는 치료법은 그것뿐이에요. 번아웃이 되면 뇌의 특정 기어가 다 타버린 셈인데, 다행히 신은 우리에게 여러 개의 기어를 줬답니다. 다른 기어들을 쓰면 다시 살아날 수 있어요."

우리 대부분은 평생 자기 몸이 하는 말을 듣기보다는 다른 사람이 우리의 몸에 관해 갖고 있는 의견을 믿어야 한다고 배웠다. 심지어 자기 몸에 귀를 기울인 지 너무 오래돼서 몸이 하는 말을 믿기는커녕 알아듣지 못하는 사람도 있다. 게다가 우리가 지칠수록 잡음이 요란해져서 몸의 메시지를 듣기가 어려워진다.

쉬지 않으면 온전한 자신이 될 수 없다. 잠을 자지 않으면 실제로 목숨을 잃는다. 휴식은 그저 생존을 위한 도구가 아니라 몸에 귀를 기울이고 몸을 믿는 첫 단계이기도 하다.

그다음 단계는 휴식해선 안 된다고, 휴식하면 패자가 될 거라고 말하는 머릿속의 시끄러운 목소리와 화해하는 법을 배우는 것이다. 우리는 그 목소리를 '다락의 미친 여자'라고 부른다. 그 여자가 마지막 장의 주제다.

마지막 잔소리

* 우리는 쉬지 않으면 죽는다. 말 그대로 죽는다는 뜻이다. 휴식할 시간을 찾는 것은 #배부른소리 가 아니라 생존이 달린 일이다.

* 우리는 태생적으로 끈기를 끊임없이 발휘할 수 없다. 그보다는 노력과 휴식을 번갈아 사용해야 한다. 평균적으로 인생의 42퍼센트, 즉 하루 10시간을 휴식에 써야 한다. 휴식할 시간이 없으면 우리 몸이 반란을 일으켜 어차피 그 시간을 앗아갈 것이다.

* 베푸는 인간 증후군은 휴식이 '방종'이라고 말한다. 휴식이 방종이라면 숨을 쉬는 것도 나약함이나 방종의 신호다.

* 몸이 요구하는 휴식을 취하는 것은 게임을 조작하고 당신을 무력하게 만드는 세력들에 저항하는 일이다. 휴식을 되찾고 삶의 주권을 되찾아라.

8장

강해지기

소피를 이해하기 위해서는 〈스타트렉〉 시리즈의 마지막 편을 설명할 필요가 있다. '뒤바뀐 침입자'라는 제목의 이 에피소드에서는 여성을 인정하지 않는 우주선 선장들 탓에 선장이 되지 못한 야심가 재니스 레스터 박사가 터무니없는 짓을 저지른다. 레스터는 선장이 되기 위해 편법으로 커크 선장과 몸을 바꾸지만 결국 커크 때문에 계획은 수포가 된다. 마지막에 자기 몸으로 돌아간 레스터 박사는 흐느끼며 이렇게 말한다. "나는 영영 선장이 되지 못할 거야." 그녀는 자신의 이상과 모니터의 감정적 벼랑에서 떠밀려 무력하고 희망 없는 절망의 나락으로 떨어지는 여성의 전형을 보여준다.

그녀가 사람들에게 이끌려 퇴장하자 커크는 이렇게 말한다. "그녀도 남부럽지 않게 풍요로운 삶을 살 수 있었는데. 그저…… 그저……."

우리는 앞에서 나온 커크의 대사로 그가 삼킨 말을 유추할 수 있다. 그는 이런 말을 하려고 했을 것이다. "그저 자기가 여자라는 사실을 그렇게 증오하지만 않았더라면."

소피는 이 마지막 에피소드를 보고 난 뒤 〈스타트렉〉 시리즈에 관해 복잡한 감정을 느꼈다. 조금 화가 나기도 했다. 무려 23세기에도 여자들이 최고 지도자의 자리에서 밀려난다는 고집스러운 가부장제(꿍)의 메시지로 끝이 나다니!

소피는 우리에게 이렇게 말했다. "저는 근육에 힘을 줬다가 푸는 운동을 할 때 재니스 레스터가 커크를 두들겨 패는 상상을 해요. 커크가 '그저⋯⋯.'라고 말하면 재니스가 달려가서 이러는 거죠. '그저 뭐?! 내가 여자라는 사실을 그렇게 증오하지 않았더라면? 그렇게 말하고 싶지? 정신 나간 여성혐오자 같으니! 나는 여자라는 사실을 증오하는 게 아니라 당신과 똑같은 것을 원하는데 내 몸 때문에 가질 수 없는 현실을 증오하는 거야! 그래, 맞아. 그것 때문에 미친 짓을 했지. 그런데 당신은 내가 미쳤기 때문에 그것을 가질 수 없다고 하는 거잖아!' 그러고는 흠씬 두들겨 패는 거죠. 그럼 주변 사람들이 이렇게 말해요. '그래, 저 친구는 진작 좀 맞아야 했다니까.'"

소피가 상상한 재니스 레스터는 현실과 희망 사이의 간극을 보고 변화를 갈망한다. 최근 소피는 자기 머릿속의 재니스 레스터가 하는 말에 귀를 기울여야 한다고 생각했다. 이 장에서는 그것이 왜 훌륭한 생각인지 살펴보겠다.

당신이 어딘가에 들어갔을 때 당신의 절친한 친구가 낯선 사람과 얘기하는 모습을 보게 됐다고 상상해 보자.

낯선 사람이 말한다. "네가 잘못해서 상처받은 거지. 그 남자가 다가오게 한 네가 멍청했어." 또는 이렇게 말한다. "입 다물어. 누가 상관한다고. 네 말은 들을 가치도 없어." 또는 이렇게. "너는 뚱뚱하고 게으른 년이잖아."

낯선 사람이 절친한 친구에게 이렇게 말하는 광경을 보면 당신의 마음은 어떨까? 아무렇지도 않을까? 당신은 친구에게 그렇게 말할 수 있을까? 당연히 아닐 것이다. 그런데 왜 우리 중 많은 사람이 자신에게 그렇게 말할까? 그것도 매일.

당신은 존중받고 사랑받을 자격이 있다. 당신은 소중한 사람이다. 지금 모습 그대로 누구에게나 환영받아야 한다. 5킬로그램 또는 50킬로그램을 빼지 않아도. 승진하거나 학위를 따거나 결혼을 하거나 커밍아웃을 하거나 아기를 낳지 않아도. 지금 모습 그대로 당신은 소중하다.

틀림없이 당신은 전에도 이런 얘기를 들었을 것이다. 그런데도 머릿속의 낯선 사람이 여전히 당신을 공격하고 있다. 이 장에서 우리는 그 못된 인간이 누구인지, 그 인간을 어떻게 해야 하는지 살펴볼 것이다. 더는 자신의 몸을 비난하지 않게 될 거라고 장담하지는 않겠다. 하지만 자신을 좀 더 다정하게 대할 수 있을 것이며, 그러고 나면 더 즐겁고 더 건강한 삶, 더 탄탄한 인간관계, 역경에 더 현명하게 대처하는 능력을 누리게 될 거라고 확신한다. 그 방법을 배워보자.

다락의 미친 여자

어밀리아가 가장 좋아하는 책은 『제인 에어』다. 청소년기에 처음 읽었을 때 설명할 수 없는 울림을 줬는데, 그것은 다락에 사는 미친 여자 때문이었다. 남자 주인공 로체스터는(스포일러 주의!) 실성한 아내를 다락에 가둬놨다. 생각해 보면 당연한 일이다. 우리를 조롱하고 우리가 가장 원하는 일을 방해하는 과거 또는 현재의 망령을 자유롭게 풀어놓을 사람이 어디 있겠는가? 『제인 에어』의 미친 여자는 여성을 악마 아니면 천사로 나누는 이분법의 문학적 상징을 다룬 여러 책의 주제가 될 정도로 보편적이고 깊은 반향을 일으키는 메타포다.[1] 운동가이자 학자인 페기 매킨토시Peggy McIntosh는 1989년 자신의 미친 여자에 관한 글에서 그녀를 아래와 같이 묘사했다.

> 그 여자는 자신을 사기꾼이라고 느끼게 하는 사람들에게 분노하며 길길이 날뛰다가 또 어떤 때는 자신이 세상과 근본적으로 연결돼 있다고 우겨댄다……. "나도 내가 누구인지 잘 모르지만 당신은 더더욱 나를 모르지, 이 빌어먹을 가짜 같으니. 그러니까 내가 누구인지 알려주려고 하지 마." 요전 날 그녀는 나를 보며 이렇게 말했다. "당신에겐 내가 필요해. 내가 곁에 있어 줄게." 지금 나는 그 여자를 돌보는 데 많은 시간을 쏟

고 있고 그럴 때마다 우리 가족이 몹시 힘들어한다. 지
금 그녀는 내게 자기가 필요하다고 말한다. 고맙게도.[2]

우리의 미친 여자는 저마다 다르다. 당신의 미친 여자는 그림자처럼 당신을 따라다니며 끊임없이 사사건건 방해할지도 모른다. 어쩌면 침대 밑에 숨어 당신이 타이트한 청바지를 입기를 또는 곧바로 후회할 문자 메시지를 보내기를 기다리고 있을지도 모른다. 우리의 한 친구는 이렇게 말했다. "자기가 세상만사를 다 아는 줄 알고 도무지 입을 다물지 않는 성가신 6살짜리 어린애야. 정말 참을 수가 없다니까. 내가 한숨을 푹푹 쉬면 그제야 조용해지지."

다른 친구는 이렇게 말했다. "현실의 나보다 좀 더 날씬하고 좀 더 젊어 보이고 좀 더 부유할 뿐 아니라 옷도 더 잘 입고 사회적 기준에서 봤을 때 더 예쁜 여자야. 우리 집보다 훨씬 더 크고 완벽한 잔디밭이 달린 이웃집에 살고 있지. 겉으로 보기엔 멀쩡해. 하지만 잘 뜯어보면 나보다 더 슬프고 외로운 여자야. 겉으로 보이는 것 말고는 달리 가진 게 없고. 나는 스스로에게 끊임없이 이 사실을 상기시켜야 하지."

또 다른 친구는 이렇게 말했다. "내 다락의 미친 여자는 10대 소녀에 가까워. 똑똑하고 조용하지만, 늘 교실의 맨 뒷자리에 앉아 있고 아무도 말을 걸어주지 않아서 주눅 든 슬픈 소녀랄까……. 뭔가 잘못될 때면 마음속 깊은 곳에서 이 아이가 '내가 뭐랬어?' 하고 말하는 소리가 들려."

많은 여자가 자신의 미친 여자를 불편한 사람 심지어 불쾌한 사람으로 묘사한다. 대개는 쉽게 상처받거나 쉽게 무너지거나 슬픈 모습을 하고 있다. 그러나 우리 안에 존재하는 이 불편하고 연약한 여자는 아주 중요한 역할을 맡고 있다. 우리의 머릿속에 그런 여자가 살고 있는 이유는 우리의 실제 모습과 베푸는 인간 증후군이 우리에게 기대하는 모습 사이의 거리를 처리하기 위해서다. 그녀는 실제의 우리와 세상이 기대하는 우리 사이의 메울 수 없는 틈을 메우는, 불가능하고 괴로운 일을 맡고 있다. 그것은 일종의 고문이다. 그녀는 끊임없이 굴러떨어지는 돌을 언덕 위로 밀어 올리는 시시포스처럼 분노와 무력한 절망 사이를 끊임없이 오간다.

친구의 부탁을 거절해야 하는 자신을 채찍질한 적이 있다면 그것은 미친 여자의 짓이었다. 관계의 단절을 자기 탓으로 돌리고 더 노력하지 않은 자신을 책망했다면 그것도 역시 미친 여자의 짓이었다. 우리가 아는 수많은 여자가 그렇듯 당신도 거울을 보면서 속을 끓인 적이 있다면 거울에 비친 사람이 바로 미친 여자였다.

자신의 실제 모습과 세상이 기대하는 모습 사이에 메울 수 없는 틈이 나타나면 머릿속의 미친 여자가 상황을 가늠해 본 뒤 무엇이 문제인지 결정한다. 그녀는 둘 중 하나를 골라야 한다. 세상이 그릇된 기대를 갖고 거짓말을 하는 미친놈인지 아니면 우리가 잘못하고 있는지.

미친 여자는 파괴적이기보다는 방어적인 경우도 있고 분노하기보다는 슬퍼할 수도 있으며 때로는 유머 감각을 발휘하기도 한다. 때로는 우리의 그림자고 때로는 상처받은 어린 소녀며 때로는 주눅 든 10대 아이다. 때로는 우리의 '완벽한' 버전이다. 때로는 집 안이 쩌렁쩌렁 울리도록 끔찍한 말을 외쳐대는 다락의 미친 여자다. 당신의 미친 여자는 어떤가? 잠시 시간을 갖고 상상해 보자. 그 여자의 어떤 점이 불편한지 그리고 어떤 부분이 취약한지.

당신의 '미친 여자'를 알라

당신의 미친 여자를 글이나 그림으로 묘사해 봐라. 당신의 실제 모습과 세상이 기대하는 모습 사이의 메울 수 없는 간극을 메우려 애쓰는, 당신의 까다롭고 취약한 자아에게 관심을 쏟아보자. 그녀는 어떤 모습인가? 언제 태어났는가? 그녀의 역사는 어떤가?

그녀는 당신에게 뭐라고 말하는가? 그녀의 감정과 생각을 적어봐라. 당신의 어떤 부분을 가혹하게 비판하는가? 어떤 부분에서 당신에게 수치를 주며 어떤 부분에서 완벽주의자 노릇을 하는가? 그런 지점들은 표시해도 좋다. 여러 가지 색깔로 표시해라. 그것이 바로 당신을 지치게 하는 원천이니까.

그녀의 광기 뒤에 가려진 슬픔이나 두려움이 들리는가? 그녀에게 무엇이 두려운지, 무엇이 슬픈지 물어봐라. 그녀의 이야기에 귀를 기울여라. 단, 그녀는 미친 여자라는 사실을 잊어선 안 된다. 당신이 어른이라고 일깨워 줘라. 또는 주인이나 선생님이라고 일깨워 줘라. 그러면 그녀는 당신을 믿고 당신의 다락에 안전하게 머물 수 있다고 생각할 것이다. 그녀에게 당신의 생존을 돕는 어려운 일을 처리해 줘서 고맙다고 인사해라.

가혹한 자기비판

에이미 폴러Amy Poehler는 회고록 『예스 플리즈Yes Please』에서 자신의 미친 여자를 "내 귀에 불쾌한 입을 대고 넌 뚱뚱하고 못생겼으니 사랑받을 자격이 없다고 일깨우는" 악마로 묘사한다. (오디오북에서는 캐슬린 터너Kathleen Turner가 악령 목소리를 연기하기도 한다)[3] 그것은 가혹한 자기비판이다. 실제 모습과 세상이 기대하는 모습이 다른 것은 자신의 잘못이며 그것은 인생이 실패했음을 알리는 신호라고 비난하는 셈이다. 이런 비난은 죄책감과 수치심을 낳는다.

브레네 브라운은 이렇게 말한다. "죄책감은 '내가 실수를 저질러서' 느끼는 감정이고 수치심은 '내가 곧 실수'기 때문에 느끼는 감정이다." 수치심과 달리 죄책감은 적어도 언젠가 온전한 인간으로 살 자격이 생길지도 모른다는 희망을 갖게 한다. 그러나 수치심을 느끼면 핵심 자아가 비판받는다.[4]

실패에 대한 자기비판보다 더 고약한 것은 아마도 성공에 대한 자기비판일 것이다. 이를테면 상을 받았을 때나 감사 편지를 받았을 때 슬그머니 머릿속을 파고드는 비판이 그렇다. 머릿속의 미친 여자는 이렇게 속삭인다. "네가 뭐라고 생각하는 거야? 남들처럼 잘난 줄 아나 보지? 아니거든! 지금 모습 그대로 괜찮다는 생각은 하지도 마. 어서 자리로 돌아가!"

해로운 완벽주의

때로 이 미친 여자는 해로운 완벽주의로 주인을 해치기도 한다. 완벽주의의 유형은 여러 가지다. 대체로 무해하거나 심지어 이로운 완벽주의도 있지만 아주 해로운 잠재력을 가진 완벽주의도 있다.[5]

대체로 무해한 완벽주의: 지저분한 상태보다는 깔끔하고 체계 잡힌 상태를 선호하며, 세부 사항을 중시하고 자기 일에 실수가 없는지 꼼꼼히 확인한다. 자신과 타인에 대해 높은 기준을 적용한다. 이런 요인 가운데 일부가 해를 입힐 수도 있고 심한 경우에는 강박 장애로 이어질 수도 있다. 대개는 완벽주의가 스트레스와 우울, 불안, 외로움, 억압된 분노, 무력한 절망에 대처하는 전략으로 기능할 때 그런 일이 일어난다. 그러나 계획적 문제 해결과 긍정적 재평가를 사용해 부정적인 감정을 처리한다면 높은 기준과 정리정돈은 해롭지 않을 것이다.

대체로 해로운 완벽주의: 모든 것이 완벽하지 않으면 안 된다고 믿고—예를 들면 하나라도 실수하면 모든 것이 무너진다고 믿고—다른 사람들을 의식해 무슨 일을 하든 성공해야 한다는 압박을 느낀다. 이런 유형의 완벽주의는 우울과 불안, 섭식 장애, 부정적 관계, 세상에 대한 무력감을 낳기도 한다.

완벽주의의 근본적인 문제는 모니터에 치명적인 영향을 미친다는 점이다. '완벽'이라는 목표는 불가능한 목표다. 그런 목표를 갖고 프로젝트나 식사, 복장, 하루를 시작한다면 하나라도 그것에 미치지 못하는 순간 모든 것이 무너진다. 게다가 '완벽'을 목표로 해도 내심 그것이 불가능한 목표임을 이미 알고있기 때문에 어떤 프로젝트나 식사, 복장, 일과를 생각할 때 자신이 목표를 이루지 못하리라는 것을 알고 지레 절망한다.

자기 온정

　자기비판과 해로운 완벽주의의 반대편에는 자기 온정이 있다. 최근 20년 사이, 사람들은 자기비판보다 자기 온정에 빠질 때 더 좋은 성과를 낸다는 연구 결과가 폭발적으로 증가했다.[6] 자기 온정은 여러 매체에서 논의되고 있다. 크리스틴 네프Kristin Neff의 TEDx 강연이나 저서, 크리스 거머Chris Germer의 저서가 대표적인 예다. 자기 온정은 이제 명상이나 마음 챙김, 감사하기처럼 꼭 실천해야 할 일종의 치유법으로 여겨지기도 한다. 당신은 이렇게 생각한 적이 있을 것이다. "그래, 우리는 자신에게 더 상냥해져야 해!" 또는 "나 자신에게 너무 가혹해선 안 돼."

　옳은 생각이다. 자기 온정은 우리에게 이롭다. 적어도 자기 온정의 결핍은 해로운 결과를 낳는다. 자기비판과 고립, 지나친 고통 인식으로 이어지기도 한다.[7] 자기 온정은 우울과 불안, 섭식 장애를 줄이고 전반적인 삶의 만족도를 높인다. 우리는 자신을 다정하게 대할수록 강해진다.

　어쩌면 당신은 한동안 자기 온정을 실천하려고 노력하다가 다시 자신을 채찍질하기 시작했는지도 모른다. 그러다 누군가가 자기 온정을 일깨워 주면 이렇게 말한다. "알아, 자신에게 더 잘해줘야 한다는 거. 난 그저……."

　그만. 당신이 말하는 사람은 우리의 자매다. 우리는 당신이 그녀에게 못된 말을 하게 두지 않겠다. 자기 온정이 그렇게 이롭다면 우리는 왜 자기 온정을 실천하지 않을까? 10년 동안 자기 온정에 대해 가르치고 평생 미친 여자와 함께 살아온 우리는 자기 온정이 그토록 매력적인데도 놀랍도록 실천하기 어려운 이유 세 가지를 찾았다.

자기 온정이 어려운 이유 1: 우리에겐 채찍이 필요하지 않은가?

우리 중 많은 사람이 평생 더 열심히, 더 많이 노력하고 더 잘하라고 자신을 밀어붙인다. 다른 사람의 기대에 미치지 못하면 실패자가 됐다고 느끼고 성공을 자축하면 거만하다고 자책한다. 또 완벽하지 않은 것을 용인하면 안주한다며 스스로를 꾸짖는다. 우리의 실제 모습과 세상이 기대하는 모습 사이의 간극을 경험하면 미친 여자가 우리를 채찍질하기도 한다. 이 말은 곧 우리가 자신을 채찍질한다는 뜻이다. 얄궂게도 한편으로 우리는 그러면서도 학위를 취득하거나 불안정한 가정에서 벗어나거나 경제적 성공을 이루거나 자신의 가정을 꾸리는 등의 목표를 달성했다.

이것이 미친 여자의 비극이다. 그녀가 우리를 채찍질하면 우리는 이런저런 일을 성취한다. 그러고는 그런 채찍질이 있었기 때문에 우리가 지금까지 해낸 것들을 이룰 수 있었다고, 그러니 계속 채찍질하지 않으면 아무것도 이룰 수 없다고 생각한다. 이는 우리가 만나는 사람들이 자기 온정을 거부하는 이유로 가장 많이 들먹이는 요인이다. 그들은 채찍질을 멈추면 모든 의욕을 잃을 거라고, 그저 버드라이트 맥주에 시리얼을 말아 먹으며 연속극이나 보고 앉아 있을 거라고 걱정한다.

조금만 생각해 보면 이런 걱정은 금세 떨칠 수 있다. 우리가 목표를 위해 열심히 노력하는 것이 과연 그런 이유 때문일까? 정말 우리는 스스로를 밀어붙이지 않으면 자신을 고문하게 되고 채찍을 내려놓는 순간 영원히 목표를 잊고 나태의 나락에 빠지게 될까? 그럴 리가 없다. 오히려 정반대다. 우리가 스스로를 채찍질하는 것은 우리의 목표가 아주 중요하기 때문이다. 그 목표를 이룰 수만 있다면 채찍질의 고통은 얼마든지 견딜 수 있기 때문이다. 그런데 지금까지 늘 그렇게 살아온 우리는 그렇게 해왔기 때문에 이 정도나마 이룰 수 있었다고 믿는다.

자기 온정을 부지런히 실천하면 효과를 볼 수 있다. 스트레스 호르몬의 분비량이 줄고 기분이 좋아진다.[8] 또한 다년의 연구를 통해 자기 용서가 신체적·정신적 웰빙을 개선한다는 사실이 확인됐다.[9] 이와 더불어 자신에게 중요한 일을 하고자 하는 의욕도 저하되지 않았다는 사실이 확인됐다.

이 책을 읽는 여성 중 많은 이가 머릿속 미친 여자의 가혹한 비판과 해로운 완벽주의를 마주하는 순간 깨달을 것이다. 사실은 자신이 최선을 다하고 있으며 최선을 다해도 부족한 점은 용서할 수 있음을 내심 알고 있었다는 사실을. 그들은 자신이 스스로를 채찍질하고 있었음을 깨닫고 채찍을 내려놓는 연습을 시작할 것이다. 자신을 강하게 만드는 것은 채찍이 아니라 끈기고 관계며 쉴 수 있는 여유임을 이제 알았으니까. 자신에게 관대한 태도가 스스로를 더 강하게 만들며 자신이 원하는 것은 그럼 강인함이라는 사실을 이제 알았으니까.

그러나 일부 여성들은 여전히 가혹하고 해로운 미친 여자에게 시달릴 것이다. 그 여자는 여전히 당신이 스트레스를 더 받아야 한다고, 홀가분한 기분을 누릴 자격이 없다고 말할 것이다. 당신이 더 고생해야 한다고, 배려와 온정을 누리거나 강해질 자격이 없다고 말할 것이다. 그녀는 주인이 아무리 많은 것을 이뤄도 영원히 주인을 벌할 것이다.

이런 역학은 자기비판을 넘어 자기 박대에 해당한다.[10] 학대와 방치, 부모의 거부와 굴욕에 시달린 경험이 있는 사람은 가혹한 자기비판에 절망과 고립으로 대응할 확률이 높다.[11] 우울증을 겪는 사람은 자기 위안을 시도하면 뇌에서 위협에 대한 반응이 활성화된다.[12] 사실, 자신을 향한 온정을 두려워하는 사람은 타인의 온정도 두려워한다. 따라서 고립이 좋다고 믿는다. 그런 사람은 내면 깊숙이 자리한 나쁜 존재로부터 다른 사람을 보호하려면 혼자가 돼야 한다고 믿는다. 또한 고통스러워야 좋다고 믿는다. 고통스러워야 강해지는 것을 막을 수 있을 테니까. 그런 사람은 힘을 얻게 되면 효율적으로 사용할 수 없다고, 심지어는 남용하게 될 거라고 생각한다.

만약 이런 경우에 속한다면 자기 온정을 갖기에 앞서 다른 사람들에게 따뜻한 마음을 가지려고 노력해 보자. 불교에서 실천하는 자애 명상은 가장 사랑하는 사람들부터 거의 또는 전혀 모르는 사람들, 심지어 철천지원수 그리고 우리 자신에 이르기까지 모두의 사랑과 온정, 평화, 안락을 기원하는 명상이다. 자기 온정이 아득하게 느껴진다면 타인에게 온정을 느끼려고 노력해 보자.

줄리는 자신의 미친 여자에 관해 생각해 본 뒤에야 마침내 완벽주의를 내려놓을 수 있었다.

어밀리아는 영어 교사인 줄리가 좋아하는 『제인 에어』 이야기를 곁들여 미친 여자에 대해 들려줬다.

줄리는 이렇게 물었다. "그게 너의 미친 여자라고? 뒷방에 있는 버사?"

어밀리아가 대꾸했다. "응, 그런 것 같아. 그 여자는 미쳤고 위험하지만 사회의 무시 때문에 거기에 갇혀 있잖아. 남의 일 같지 않다니까."

"에밀리는? 에밀리의 미친 여자는 누구야?"

"혹시 〈모아나〉 봤어?"

"겨우 700번밖에 못 봤어. 나는 애를 키우잖아. 잊었니?"

"에밀리는 자기의 미친 여자가 테카라고 하던데. 무시무시한 용암 괴물 있잖아. 알고 보니 생의 여신 테피티기도 했지."

"재미있네. 테카든 테피티든 겉모습으로는 에밀리하고 딴판이잖아. 나도 생각해 봐야겠다."

줄리는 생각해 봤다. 처음에는 자신의 미친 여자가 지금보다 '완벽한' 모습의 자신이라고 생각했다. 완벽한 아내이자 엄마, 완벽한 교사, 완벽한 친구, 완벽한 딸. 완벽한 줄리. 쾌활하고 인내심 강하며 노력하지 않아도 무엇이든 척척 잘하고 아무것도 필요로 하지 않는 여자. 필요와 결함, 인간의 한계를 가진 진짜 줄리를 업신여기는 여자.

무엇보다도 이 완벽한 줄리는 불완전한 줄리가 자기분 아니라 다른 사람들까지 괴롭히도록 만들었다. 가끔 타인을 비판하기도 했다. 때로는 완벽한 줄리의 기준을 충족하지 못하는 제러미에게 못되게 굴기도 했다.

그러나 어느 토요일 오후, 줄리가 치료를 받고 집에 돌아와 보니 다이애나와 제러미가 식탁에 함께 앉아 있었다. 다이애나는 숙제를 하고 제러미는 채점을 했다. 줄리는 딸을 바라보며 저 어린 소녀의 머릿속에는 어떤 미친 여자가 자라고 있을까, 세상이 그 애에게 막 부여하기 시작한 터무니없는 기대치에 아이는 어떻게 대처하고 있을까 궁금해졌다.

그때 그녀는 깨달았다. '완벽한 줄리'는 자신이 미친 여자를 보호하기 위해 쌓아 올린 방어벽에 불과했다는 것을. 진짜 미친 여자는 여자가 아니라 어린 소녀였다는 것을.

그 소녀는 예민하고 거부를 두려워하며 책과 연극을 좋아했다. 마치 현실의 어린 소녀가 엄마의 구두를 신거나 립스틱을 바르고 어른 행세를 하듯 줄리의 머릿속 어린 소녀도 '완벽한 줄리' 행세를 하고 있었다. 어른 코스프레를 하고 있었던 것이다. 처음에는 장난으로 시작했다. 줄리가 다이애나 나이였을 때 즐겨 했던 소꿉놀이처럼. 그러나 줄리가 나이를 먹어가면서 이 완벽한 줄리 의상은 자신의 실체를 숨기는 수단이 됐다. 그 실체는 바로 다른 사람들을 화나게 하고 싶지 않은 어린 소녀였다.

미친 여자의 허울을 벗기고 나자 나머지는 어렵지 않았다. 그날부터 완벽한 줄리가 비난하는 느낌이 들면 줄리는 가면 쓴 어린 소녀를 다루듯 그 비판적인 목소리를 돌아보며 이렇게 말했다. "안녕, 꼬마. 나한테는 연기하지 않아도 돼." 그녀는 이 소녀를 자기 무릎에 앉히고 아무도 화나지 않았다고, 무언가를 요구해도 괜찮다고 다독여 줬다. 사람들이 곁에 있어줄 거라고.

자기 온정이 어려운 이유 2:
치유는 아프다

수십 년 동안 당신은 어떤 기준에 미치지 못할 때면—성적이 충분히 좋지 않거나 얼굴이 충분히 예쁘지 않거나 감정을 충분히 통제하지 못했을 때, 사랑하는 이들이 충분히 행복하지 않을 때 자신을 채찍질하며 더 열심히 노력했다. 그럴 때마다 채찍은 당신의 영혼에 상처를 내고 오래된 상처를 다시 벌렸다. 그럴 때마다 당신은 쓰라림을 견디며 피를 흘렸다.

자신을 때리면 고통스러운 것이 당연하다. 따라서 우리는 자신을 때리면서 동시에 고통을 해결하는 법, 고통을 견딜 수 있는 법을 모색한다. 우리 대부분은 항상 어느 정도의 고통을 안고 살아가는 데 익숙하며 그것을 정상이라고 여긴다. 그것은 언젠가 우리가 베푸는 인간 증후군의 기준을 충족할 거라는 희망, 먼 훗날 우리가 인간 사회의 온전한 일원이 돼 사랑받을 수 있을 거라는 희망에 따르는 대가니까.

그러나 상처가 심해지면 우리는 위험한 방법에 의존하기도 한다. 술이나 약물, 자해, 섭식 장애, 강박 행동 등등. 이런 방법은 잠시 고통을 마비시킬 수는 있다. 그러나 결국에는 상처를 더 깊게 만든다.

그래서 우리는 채찍을 내려놓으라고 권한다. 채찍을 내려놓고 더는 자신을 때리지 않는다면, 자신의 힘든 감정을 따뜻하고 다정한 눈길로 돌아본다면 어떻게 될까? 상상해 보자. 당신의 미친 여자가 채찍을 내려놓게 해라. 그러면 오랫동안 당신이 만들고 다시 벌렸던 상처가 마침내 치유되기 시작한다. 그러나 수많은 자기 계발서가 솔직하게 말해주지 않는 진실이 있으니, 바로 치유는 아프다는 사실이다.

다리가 부러지면 아픈 게 당연하다. 뼈가 완전히 붙을 때까지 줄곧 아플 것이다. 다리가 부러진 순간부터 완전히 치유될 때까지는 그 다리가 부러지기 전보다 더 좋아졌다고 느낄 수 없다. 그 이유는 치유 과정이 아프기 때문이다. 다리가 부러지면 깁스를 한다. 다리가 온전히 나을 수 있는 환경을 만들기 위해서다.

만약 당신이 지난 수년 동안 가한 상처를 다시 벌리지 않는다면 마침내 그 상처가 치유되기 시작한다. 거기에는 새로운 종류의 고통이 따른다. 채찍의 고통을 견딜 때 사용한 전략으로는 이 새로운 고통에 대처할 수 없다. 당신은 예전 고통을 견디는 데는 익숙하지만 이제 새로운 종류의 고통을 견디기 위해 완전히 새로운 방법을 배워야 한다. '온정 중심 심리 치료 compassionate mind therapy'의 한 고객이 묘사했듯 자기 온정을 실천하기 시작하면 "견딜 수 없는 슬픔의 우물"이 열린다.[13]

성 상담가인 우리 친구 레나 맥대니얼Rena McDaniel은 이런 종류의 고통이 상처에 소독약을 바를 때 느끼는 따끔함과 비슷하다고 말한다. 그것은 건강한 고통이며 상처가 말끔하게 낫도록 돕는다. 이렇게 생각하면 즉, 긍정적 재평가를 하면 고통을 받아들이기가 수월해질 뿐 아니라 잠시 고통을 마비시키는 전략 또는 해로운 잠재력을 가진 전략이 아니라 치유를 촉진하는 대처 전략을 찾게 될 것이다.

어밀리아는 이것을 바닷가재에 비유하곤 한다. 바닷가재는 단단한 껍데기 속에 들어 있고 몸은 계속 자라지만 껍데기는 자라지 않는다. 결국 껍데기가 불편할 정도로 비좁아지면 바닷가재는 바위 밑으로 들어가서 비좁은 제약을 벗어내고 더 크고 두꺼운 새 껍데기를 만든다. 이 일은 불편할 뿐 아니라 그 과정 중에는 공격받기 쉬운 상태가 된다. 그러나 그 과정을 견디고 나면 더 크고 단단한 껍데기를 갖게 된다. 이는 고통을 감수하지 않고는 얻을 수 없는 보상이다. 자기 온정의 실천은 때로 불편하거나 혼란스러운 경험이 될 수도 있다. 그러나 결국 우리를 더 강하게 만든다. 그리고 이것은 세 번째 이유로 이어진다.

자기 온정이 어려운 이유 3: 강해지는 것은 두렵다

당신이 외적인 기준에 부합하려는 열망을 내려놨다고 가정해 보자. 당신은 채찍을 내려놨고 상처들이 치유되기 시작했다. 그리고 치유의 고통을 견디는 새로운 전략을 배웠다. 그러고 나면?

그러고 나면 치유되면서 우리는 더 강해진다. 예전보다 더. 어쩌면 불가능하다고 생각했던 수준까지. 어쩌면 베푸는 인간 증후군에 휘둘리지 않을 만큼. 그러면 베푸는 인간 증후군이 우리와 싸우려 할 것이다. 우리는 저항에 부딪힌다. 주제넘게 강해진 우리는 세상의 보복을 두려워할 것이다. 그러나 때로는 세상이 우리의 막강해진 힘을 두려워하기도 한다. 만약 당신이 그렇게 강해졌다면 어떤 느낌이 들까?

우리 중 많은 이가 자기비판의 고통을 견디느라 낭비했던 에너지를 비축하면 자신이 얼마나 막강한 존재가 될지 두려워한다. 우리는 개인의 힘이 강해지면 책임도 커진다는 것을 알고 있다. 그래서 자신이 강한 힘에 따르는 책임을 이행할 수 없을까 봐 걱정한다.

예를 들어 당신이 다른 사람들에게 이익이 되는 취미를 갖고 있고 마침내 그것으로 돈벌이를 시작한다고 가정해 보자. 그 취미가 작은 사업이 되고 작은 사업이 점점 성장한다. 이제 당신은 개인의 삶을 조정하고 마케팅과 법인세를 공부해야 하며 잠재 파트너와 고객들을 만나야 하고 직원을 고용해서 그들의 복지까지 책임져야 한다. 취미로 즐기던 일이 다른 사람들의 생계가 걸린 문제가 된 것이다. 우리 중 많은 이의 머릿속에서는 결국 사무실에 앉아 쩔쩔매고 있는 자신을 걱정하는 작은 목소리가 들릴 것이다. 당신은 그저 취미를 가졌을 뿐 아직 이 모든 것을 감당할 준비가 되지 않았다. 성장의 과정을 거치고 나면 어떤 상황이 벌어질지, 어떻게 준비할 수 있을지 상상이 되지 않는다. 이처럼 지식과 전문 기술, 힘을 가진 우리의 미래를 상상하기 어렵다는 사실이 그 미래로 향하는 우리의 발목을 잡을 수도 있다.

자기 온정은 쉽지 않다. 처음에는 어려운 게 정상이다. 어떤 사람들은 시간이 지나도 어려워한다. 이 역시 정상이다. 하지만 자기 온정을 실천하면 강해질 수 있다. 이제 그 방법을 소개하겠다.

강해지는 법 1: 당신의 미친 여자와 친해져라

아직 당신의 '미친 여자' 페르소나를 상상해 보지 않았다면 지금 잠깐 시간을 내 해보기 바란다. 다락에 사는 미친 여자를 의인화하는 까닭은 그 여자를 자신과 분리해서 마치 친구와 관계를 맺듯 연결된 인식으로 그녀와 관계 맺기 위해서다. 일반적으로 연결된 인식은 자신보다는 타인과의 관계에 적용할 때 더 효과적이다.[14] 이유는 밝혀지지 않았지만 직관적으로 연결된 인식을 사용하는 사람이라고 해도 자신의 내적 경험과 관계를 맺을 때는 분리된 인식으로 옮겨가기 쉽다.

다시 말해 우리는 자신의 삶을 생각할 때 우리의 결정과 행동을 맥락과 정체성에서 분리한다는 뜻이다. 우리는 베푸는 인간 증후군의 기준을 바탕으로 우리의 결정과 행동을 평가한다. 그러나 자기비판을 의인화하면 좀 더 효과적으로 자신과 관계를 맺을 수 있다. 수많은 치료 방법이 다양한 방식의 '의인화'를 사용한다는 점을 보면 자기비판에서 한 걸음 비켜나 애정 어린 호기심을 갖고 자신을 관찰할 때 더 좋은 결과를 얻을 수 있다는 사실이 인정된 셈이다.[15]

자기비판을 의인화하면 연결된 인식을 사용할 수 있다. 연결된 인식을 사용하면 미친 여자를 자신과 분리해 그녀와 관계를, 심지어 우정까지도 쌓을 수도 있다. 그리고 자신의 내적 경험과 우정을 쌓으면 막강한 힘을 얻게 된다. 극도로 힘든 상황에서 긍정적 재평가로도 고통을 받아들일 수 없을 때 자기 온정이 도움이 되기도 한다.[16] 애니메이션 영화 〈인사이드 아웃〉에서 주인공 소녀의 어릴 적 상상의 친구인 빙봉이 낙담에 빠진다. 기쁨이는 "야, 괜찮아질 거야. 우린 해결할 수 있다니까!"라는 긍정적 재평가의 말을 건네지만 효과를 보지 못한다. 결국 빙봉은 슬픔이가 함께 앉아 공감하며 울어주자 그제야 기운을 차린다. 극심한 자기비판과 수치심에 시달리는 사람에게는 따뜻하고 다정한 시선으로 내면의 경험을 돌아보는 것이 긍정적 재평가보다 상처를 치유하는 데 더 효과적이다.[17]

당신의 실제 모습과 세상이 기대하는 모습 사이의 간극은 피할 수 없다. 중요한 것은 간극의 크기나 속성이 아니다. 당신이 그것을 어떻게 다루느냐, 즉 당신의 미친 여자와 어떻게 관계를 맺느냐가 중요하다. 자신을 비판하는 당신의 일부를 따뜻하고 다정한 눈길로 돌아봐라. 당신의 생존을 도와줘서 고맙다고 말해라.

강해지는 법 2: '이상한 것들을 돌아봐'

"이상한 것들을 돌아봐"라는 문장은 데이비드 보위David Bowie의 노래 〈변화Changes〉의 가사 중 일부다. 이 말은 곧 무조건 거부하려 들지 말고 무슨 일이 일어나는지 자각하라는 뜻이다. 그것은 이 책의 핵심 주제기도 하다. 진실을 파악하는 것. 그리고 가능하다면 진실을 사랑해라. 하지만 그보다 먼저 진실을 모조리 알아야 한다. 설사 그 일이 불편하다고 해도. 어쩌면 그것은 내적 각성, 이른바 마음 챙김의 가장 강력한 유효 성분이다.[18]

예를 들어 불교의 명상과 관련한 논의에서는 이런 경험을 '포용'으로 묘사하기도 한다. 그러나 우리는 포용이라는 말을 쓰고 싶지 않다. 그 단어에는 의도치 않은 무력감의 뉘앙스가 담겨 있기 때문이다. 마치 "그것이 진실임을 그저 받아들이고…… 당신이 변화를 유도할 수 있다는 희망을 버리라"는 의

미인 것 같다.

그래서 우리는 '관찰자의 거리'라고 부른다. 이런 재능을 타고난 사람은 많지 않지만 후천적으로 익힐 수 있다. 비교적 무해한 예를 들어 설명해 보겠다. 우리 지역(매사추세츠 서부)의 가정들은 매달 전력 회사로부터 해당 가정의 에너지 사용량을 이웃의 에너지 사용량과 비교한 내역을 우편으로 받아 본다. 이런 비교 정보를 보내는 목적은 사람들이 에너지를 절감해 돈을 절약하고 탄소 발자국을 줄이도록 유도하는 것이다.[19] 이상적인 세상이라면 우리는 이런 정보는 받고 그저 이렇게 자문할 것이다. "내가 뭔가 더 할 수 있는 일이 있을까?" 설사 그 답이 언제나 "난 이미 할 수 있는 것을 다 하고 있어"라고 해도 말이다.

그러나 현실 세계의 사람들은 자기 가정이 이웃보다 에너지를 더 많이 사용한다는 사실을 알게 되면 기분이 상한다. 전력 회사에게 수치를 당했다고 느끼고 정보가 조작됐다고 생각하기도 한다(전력 회사가 자기네 상품을 많이 사용하는 이들에게 수치를 줘서 무슨 이득을 얻는단 말인가?). 우리는 한 여자가 '마녀사냥'이라며 씩씩거리는 모습을 목격하기도 했다. 그렇다면 대체 무엇이 수치와 분노의 반응을 자극하는 것일까?

이웃에 비해 에너지를 많이 사용한다는 사실을 알게 되면 우리의 실제 에너지 사용량과 세상이 기대하는 에너지 사용량 사이에는 간극이 생기고 이 때문에 우리 머릿속의 미친 여자가 활성화되는 것이다. 세상은 우리가 마치 유목민처럼 효율적인 친환경 생활 방식을 실천하기를 기대한다. 미친 여자는 둘 중 하나의 답을 택해야 한다. '우리'가 틀렸다거나 전력 회사가 틀렸다거나. 우리가 화석연료를 아낌없이 태우는 이기적인 사람이라고 결론을 내린다면 미친 여자는 수치스러운 자기비판으로 미쳐 날뛸 것이다. 반대로 전력 회사가 정보를 조작해 우리를 화석연료를 아낌없이 태우는 이기적인 인간으로 몰아간다고 결론을 내린다면 미친 여자는 이상한 우편물을 발송해 우리를 죄책감에 시달리게 하는 멍청한 전력 회사에게 마구 화를 낼 것이다.

물론 '세상이' 거짓말을 할 때도 있다. 물론 우리가 부족할 때도 있다. 그러나 미친 여자가 분노를 주체하지 못하고 길길이 날뛴다면 이상한 것들을 돌아보라는 신호다. 즉, 관찰자의 거리를 조성해야 한다. 당신의 실제 모습과 세상이 기대하는 모습 사이의 뚜렷한 간극을 만드는 것이 무엇인지 차분하게, 중립적으로 탐구해야 한다. 예를 들어 당신이 전기를 많이 사용한다는 정보를 받았다면, 당신이 전기를 평균치보다 많이 사용하게 하는 원인이 무엇인지 따져보자. 집이 오래됐는가? 재택근무를 하거나 아이들이 있거나 전기 차를 충전하는가? 남들보다 집에서 요리를 많이 하기 때문에 전기를 더 많이 쓰는 것은 아닐까? 그렇다면 당신은 패스트푸드 소비가 환경에 미치는 더 큰 영향을 미연에 방지하고 있는 셈이다. 혹시 주변 집들이 당신의 집보다 작은가? 집이 작으면 난방 에너지가 적게 들기 마련이다. 그래서 지역 평균치가 낮은 것은 아닐까?

"내가 뭔가 더 할 수 있는 일이 있을까?"라고 자문해 보자. "나는 이미 할 수 있는 모든 것을 하고 있다"라는 답이 나올 수도 있다. "좀 더 노력할 수 있다"라는 답이 나올 수도 있다. 그렇다 해도 진작 더 노력하지 않았다고 자책할 필요는 없다. 이전에도 당신은 할 수 있는 모든 것을 했다. 당신은 늘 자신을 점검했기 때문에 그 사실을 잘 알고 있다. 당신은 이상한 것들을 돌아봤다.

우리는 저마다 다른 삶을 살고 있고 저마다 최선을 다하고 있다. 오늘 '우리의 최선'이 '세상에 존재하는 최선'은 아니더라도 오늘 우리가 할 수 있는 최선이다. 이상하지만 사실이다. 그리고 그것은 우리를 절망과 고립의 나락으로 끌어내릴 수도 있다. 우리가 굳건히 닻을 내리지 않는다면. 굳건히 닻을 내리려면 감사를 실천해야 한다.

이상한 것들을 마주하고 세상을 바꿔라

제임스 볼드윈James Baldwin은 유명한 말을 남겼다. "마주하는 모든 것이 바뀔 수는 없다. 그러나 마주하기 전까지는 무엇도 바뀔 수 없다." 그만큼 유명하지는 않지만 그 전에

그는 이런 말도 했다. "게다가 당신들은 내게 엄청난 이득을 줬다. 당신들(백인)은 나를 볼 필요가 없었지만 나는 당신을 봐야 했다. 당신이 나에 대해 알고 있는 것보다 내가 당신에 대해 더 잘 알고 있다."

불편한 진실, 이상한 것을 돌아보면 굉장한 이점을 누릴 수 있다. 억압이나 폭력, 기후 변화의 영향을 받는 쪽에게는 선택권이 없다. 어느 정도 힘이나 특권, 기회를 가진 사람이라면 진실을, 모든 진실을 아는 데 따르는 굉장한 이점을 누리는 쪽을 선택해야 한다. 심지어 자신의 실제 모습과 세상이 기대하는 모습 사이의 간극을 부각하는 진실까지도 아는 것이 유리하다.

미친 여자는 어쩔 수가 없다. 우리가 충분히 베풀고 있다고 생각하는데 세상이 우리에게 더 많은 것을 요구한다면 그때마다 미친 여자는 길길이 날뛰며 다른 사람을, 우리 자신이나 세상을 탓하려 들 것이다. 하지만 그럴 때 어떤 일이 벌어질까?

당신이 백인이라고 가정해 보자. 무심코 어떤 행동을 했는데 어떤 유색인종이 인종 차별이라고 지적한다. 당신의 미친 여자는 길길이 날뛴다. 당신은 누구도 차별하지 않는 선량한 시민인데 세상이 인종 차별주의자라는 끔찍한 꼬리표를 붙이다니. 당신의 미친 여자가 과민 반응을 보이며 세상(즉, 당신을 비난한 유색인종)을 거짓말쟁이 미친놈으로 치부하고 당신은 아무것도 잘못하지 않았다고 한다면, 당신은 보다 공정하고 나은 세상을 만드는 일에 참여할 수 없다. 당신은 그저 이렇게 반응할 것이다. "그런 게 아니야! 나는 인종 차별주의자가 아니라고!"

반면, 당신의 미친 여자가 비판에 지나치게 공감하며 당신은 KKK단보다 나을 게 없다고, 당신은 실패자고 기만적인 인간이라고 채찍질하기 시작했다고 가정해 보자. 그러면 당신은 자신이 야기한 고통에 큰 상처를 입고 생산적인 관계를 맺을 수 없게 된다. 이 경우 당신은 역시 비생산적인 반응을 보일 것이다. "난 아무짝에도 쓸모가 없어. 유색인종, 나를 도와줘!" 이렇게 말이다.

미친 여자의 과민한 반응은 대처 방식으로는 도움이 되지 않지만 훌륭한 정보가 된다. 그것은 첫째, 당신이 당신의 실제 모습과 세상이 기대하는 모습 사이의 간극을 보게 됐다는 뜻이며 둘째, 그 간극이 당신에게 중요하다는 뜻이다. 따라서 관찰자의 거리를 두고 평가하면 이렇게 된다. "아무도 차별하지 않는 일이 나에게는 중요한데, 내가 정말 차별하지 않는 건 아닌 모양이네. 항상 더 잘하기 위해 노력해야겠어."

이런 경험, 즉 "내 의도는 그렇지 않았는데 새로운 정보에 따르면 의도와 다르게 행동했나 봐"라고 느끼는 일은 '이상한 일'에 해당한다. 스스로 최선을 다하고 있는데 그 최선이 세상이 기대하는 바에 미치지 못하는 것은 이상한 일이다. 관찰자의 거리를 두고 그 이상함을 돌아볼 수 있다면 우리는 세상에서 우리가 원하는 변화를 이끌 가능성이 높다.

강해지는 법 3: 감사하라(꿍)

이 책은 여성에게 "매사에 감사하라"라고 가르치는 뻔한 자기 계발서는 아니다. 감사하는 것이 좋다는 건 당신도 이미 알고 있다. 그리고 주위에서 누군가가 감사해야 한다고 상기시킬 때면 당신의 마음 한구석에서는 왜 또 잊었냐며 나무라는 목소리가 들릴 것이다.

감사하는 마음을 갖는 것은 이로운 일이지만 이에 대해 논하기 전에 먼저 주의할 점이 있다. 좋은 것들에 대해 감사한다고 해서 어려운 일이 사라지지는 않는다. 여러 세기에 걸쳐 여자들은 우리의 삶이 이전에 비해 훨씬 나아졌다는 점에 감사하라는 말을 들었다. "당신이 가진 것에 감사하라"라는 금언은 우리를 억압하는 무기로 사용됐다. 그것은 우리의 투쟁을 침묵하게 하고 괴로워하는 것을 부끄러운 일로 만드는 무기였다. 감사한다고 해서 문제를 외면하는 것은 아니다. 오히려 감사는 투쟁의 도구, 진일보의 도구를 제공한다. 그것은 정화를 통해

가장 순수한 형태로 농축한 긍정적 재평가와 같다.[20]

감사해야 한다는 사실을 잊는 것은 아주 정상적인 일이다(맞바람/뒷바람 비대칭 때문에). 그렇기에 우리 모두가 끊임없이 상기해야 한다. 그러려면 어떻게 해야 할까? 대중문화에서 자주 소개하는 감사의 실천은 주로 '자신이 가진 것에 감사하는' 형태다. 예를 들면 '매일 고마운 것을 열 가지씩 쓰기' 같은 방법이 여기에 속한다. 경험상 이런 방법은 충분하지 않다. 에밀리가 해봤을 때 오히려 늘 기분이 울적해졌다. 자신이 누리는 것을 많은 사람이 누리지 못한다는 사실을 새삼 깨닫고 무력감과 미안함에 시달렸기 때문이다.

그래서 직접 연구 자료를 찾아 읽고 몇 가지 입증된 방법을 따라 해봤는데 마법처럼 효과가 있었다. 그 가운데 가장 효과적인 방법은 두 가지였다. 둘 다 자신이 가진 것에 감사하는 방법은 아니었다. 그보다는 주변 사람들과 주변 상황에 감사하는 방법이었다.

주변 사람들에게 감사하는 것은 단기간에 효과를 보는 감사 부스터에 속한다. 프레드 로저스Fred Rogers는 평생 공로상 Lifetime Achievement Award 수상 소감을 말하는 자리에서 모든 관중에게 이렇게 제안했다. "지금부터 10초 동안 여러분 안에 있는 선량함을 사랑하도록 도와준 사람들, 여러분을 사랑하고 여러분이 최고의 모습이 되기를 바란 사람들, 여러분을 지금 이 자리에 있게 해준 사람들을 떠올려보세요." 이것이 바로 주변 사람들에게 감사하는 방법이다.

좀 더 거창하게 하고 싶다면 고마운 사람에게 당신을 이래저래 도와줘서 감사하다는 편지를 써라.[21] 편지를 당사자에게 줘도 좋다. 심지어 감사하는 마음이 넘쳐흘러 주체할 수 없다면 그 사람에게 편지를 직접 읽어줘도 좋다. 이런 '감사의 방문'은 1달에서 길게는 3달 동안 당신의 웰빙을 보강해 줄 것이다.[22]

상황에 감사하는 것은 말하자면 장기적인 감사 부스터다. 매일 저녁 당신이 고맙게 느낀 사건이나 상황을 생각해 보고 글로 써봐라.

1. 그 사건이나 상황에 제목을 붙여라. 이를테면, '8장 집필 완료' 또는 '회의에서 울거나 소리치지 않음' 이렇게 말이다.

2. 어떤 상황이 벌어졌는지, 당신을 포함해 누가 참여했고 어떤 말이 오갔는지 상세하게 적어라.

3. 당시에 어떤 기분을 느꼈으며 지금 돌아보면 어떤 기분을 느끼는지 묘사해라.

4. 그 사건이나 상황이 어떻게 일어났는지 설명해라. 원인은 무엇인가? 어떤 상황들이 합쳐져서 그 순간에 이르게 됐는가?

쓰면서 부정적이고 비판적인 생각과 감정에 이끌리더라도 잠시 밀어놓고 고마운 대상에 다시 집중해라. 관련 연구에서는 적어도 일주일 동안 하루에 세 가지 사건을 쓰라고 권하는데 에밀리는 방법을 바꿔 하루에 한 가지씩 3주 동안 적어봤다. 결과는 굉장했다. 이를 통해 그녀의 뇌는 긍정적인 사건들을 인지하게 됐을 뿐 아니라 그 사건이 일어나기까지 자신이 동원한 개인적인 강점들과 이 모든 것을 가능하게 만든 외적 자원들까지 자각할 수 있었다.[23]

소피는 이렇게 말했다. "어젯밤에 버나드한테 백화점에서 만난 못된 여자들 이야기를 들려줬어요. 그랬더니 뭐라는 줄 알아요?"

"뭐래요?"

"아주 진지한 얼굴로 이러는 거예요. '당신도 남부럽지 않게 풍요로운 삶을 살 수 있었는데. 그저…… 6사이즈를 입기 위해 엉덩이에 땀이 나도록 러닝 머신을 뛰기만 했어도.' 그래서 내가 그랬죠. '재니스 레스터잖아!' 그랬더니 그 사람이 그러더라고요. '그 에피소드는 최악이었어, 안 그래?' 그러고는……."

그녀는 계속해서 전날 저녁의 이야기를 이어갔다. 이제 그녀가 중요한 문턱을 넘었다는 사실을 모두가 확실하게 알 수 있었다. 머릿속의 다락에 사는 미친 여자를 이해하는 남자를 만나다니, 그보다 더 로맨틱한 일이 있을까?

그로부터 2년이 지났다. 두 사람은 최근에 함께 집을 샀다. 버나드의 아이들은 소피를 사랑하고 소피는 자신도 아이들을 무척 사랑한다는 사실에 끊임없이 놀라고 있다. 그리고 소피는 이른바 '흔해 빠진 꼴불견'을 마주할 때마다 버나드에게 이렇게 문자를 보낸다. "재니스 레스터야!"

이 책을 마무리하면서 지금까지 우리가 배운 모든 것을 종합해 근본적인 질문을 던져보겠다. 이 책에서 말한 것들이 왜 중요할까? 우리 모두가 얼마나 웰빙을 누리는지, 즉 우리가 인간의 삶에 존재하는 굴곡과 사이클을 얼마나 자유롭게 통과하는지가 왜 중요할까? 어차피 남들에게 해를 입히지 않는다면 우리가 얼마나 지쳤는지, 얼마나 기진맥진했는지, 얼마나 자기비판적인지, 얼마나 번아웃 됐는지 따위가 중요할까?

당연히 중요하다. 왜냐하면 저자인 우리는 세상이 더 나은 곳이 되길 원하니까. 우리는 더 많은 사람이 더 나은 삶을 살기를 바란다. 당신도 그럴 거라 생각한다. 그리고 당신은 세상의 일부다.

자기 자신에게 잔인하게 군다면, 자신을 경멸하고 부끄럽게 여긴다면, 당신은 세상에 잔인함을 더할 수밖에 없다. 자신을 따뜻하고 다정하게 대한다면 세상에 존재하는 따뜻함과 다정함의 총량이 늘어날 것이다. 자신을 따뜻하게 대하는 일, 그러니까 방종이나 자기 연민에 빠지지 않고 자신을 온정적으로 대하는 일은 세상을 더 나은 곳으로 만들기 위해 당신이 할 수 있는 최소한의 일이자 단 하나의 가장 중요한 일이다. 당신이 자유롭지 않으면 우리는 온전히 자유로울 수 없으며 따라서 우리가 함께 모두의 자유를 위해 협력해야 한다. 우리의 웰빙은 당신의 웰빙과 맞물려 있다.

우리가 우리 내면의 경험을 따뜻하고 다정하게 바라보기 전까지 세상은 변하지 않는다. 내면의 경험을 따뜻하고 다정하게 바라보는 것은 그 자체로 일종의 혁신이다. 우리가 변해야 세상이 변한다. 당신을 포함한 우리 한 사람 한 사람 모두가 세상의 일부니까. 세상은 우리가 함께 쓰는 집이고 우리, 즉 에밀리와 어밀리아는 당신의 자매다.

마지막 잔소리

* 우리의 머릿속 다락에는 저마다 '미친 여자'가 하나씩 살고 있다. 그 여자는 우리의 실제 모습과 베푸는 인간 증후군이 우리에게 기대하는 모습 사이의 간극을 처리하는 불가능한 일을 맡고 있다.

* 자기 온정과 감사의 실천을 통해 우리는 자신을 채찍질하거나 세상으로부터 고립되지 않고도 우리의 실제 모습과 세상이 기대하는 모습 사이의 간극을 인지할 수 있다.

* 자기 온정이 그토록 어려운 까닭은 치유 과정이 아프고 강해지는 일이 두렵게 느껴지기 때문이다. 그러나 우리는 자기 온정을 통해 베푸는 인간 증후군을 치유할 수 있을 만큼 강해질 수도 있다.

* 세상이 변할 때까지 기다리지 않아도 우리는 자신과 서로를 치유할 수 있다.

결론
오래오래 즐겁게

우리는 이 책을 "오래오래 행복하게 살았습니다"라는 낙관적인 결말로 마무리하고 싶었다. 그러나 책이 완성될 무렵 우리는 한 가지 이상한 점을 발견했다. 우리의 '자기 계발'서에는 행복에 관한 언급이 거의 없다는 점이다. 그리고 보니 우리가 쓴 책은 행복에 관한 책이 아니었다. 실제로 이 책에는 즐거움 또는 기쁨이 더 자주 언급된다.

즐거움이나 기쁨은 행복과 똑같은 말이 아닐까? 그렇지 않다. 브리트니 쿠퍼Brittney Cooper는 『유창한 분노Eloquent Rage』에서 이렇게 말한다. "행복은 일어나는 일, 즉 어떤 일이 일어나는지, 당신의 삶이 올바르게 나아가는지, 모든 것이 괜찮은지를 토대로 예측된다. 즐거움은 내면에 명확한 목적을 가졌을 때 나온다."[1] 우리는 이상과 관계를 맺을 때 의미를 만든다. 그리고 이상과 공명할 수 있을 때 즐거워진다. 우리의 이상은 내면에 존재하는 것이므로 주변에서 어떤 일이 일어나든 외부의 상황이 즐거움의 원천을 앗아갈 수는 없다.

하지만 그뿐만이 아니다. '오래오래 행복하게'가 아닌 오래오래 즐겁게 살았다는 말의 의미를 생각하면서 우리는 확실한 진실을 하나 더 깨달았다. 즐거움은 내면에서 나오는 것이 아니라 베푸는 인간들끼리의 연결에서 나온다는 것.

즐거움에 이르는 디딤돌은 당신이 충분하다고 느끼는 것이다. 충분하지 않다고 느끼는 것은 일종의 외로움이다. 우리는 다른 사람들에게 충분하다는 말을 들어야 한다. 스스로 충분하다는 사실을 몰라서가 아니다. 타인에게 그 말을 듣는 행위 그리고 똑같이 시간을 들여 그들에게도 똑같은 말을 해주는 행위가 충분하다고 느끼는 일의 일부기 때문이다. 우리는 주고받으면서 온전해진다.

다른 사람들이 우리에게 스스로를 신뢰해도 좋다고, 마치 힘들어하는 어린애를 대하듯 최선의 모습으로 자신을 따뜻하고 다정하게 대해도 좋다고 일깨워 주기를 바라는 것은 지극히 정상적이고 건강한 인간의 욕구다. 충분하다고 느끼기 위해 도움이 필요한 것은 병이 아니다. '어리광'이 아니다. 사랑하는 사람들에게 자기 자신을 신뢰해도 좋다고, 당신이 그들에게 하듯 자기 자신을 다정하고 따뜻하게 대해도 좋다고 상기시키는 일이 정상이듯 누군가가 당신에게 그렇게 해주기를 원하는 것도 정상이다. 이런 교환, 이런 연결이 바로 즐거운 삶으로 나아가는 도약대가 된다.

다시 말하지만 웰빙은 정신 상태가 아니라 동적 상태다. 인간의 삶에 수반되는 순환과 왕복의 사이클을 자유자재로 통과하는 것이며 지속적으로 도움과 지지를 주고받는 것은 웰빙의 기본적인 요소다. 웰빙은 베푸는 인간들이 여러 형태로 도움을 주고받는 흐름이다. 번아웃의 치료약은 '자신을 돌보는 것'이 아니다. 그보다는 우리 모두가 서로를 돌보는 것이다. 그러니 다시 한번 말하겠다.

당신의 몸을 신뢰해라.

자신을 따뜻하게 대해라.

당신은 지금 모습 그대로 충분하다.

당신의 즐거움은 중요하다.

당신이 아는 모든 이들에게 말해줘라.

마지막 잔소리

* 스트레스원을 다뤘다고 해서 스트레스 자체를 해소한 것은 아니다. 스트레스원을 모조리 해결하지 않아도 스트레스를 해소할 수 있다. 이 말은 곧, 세상이 더 나은 곳이 되지 않아도 당신의 삶이 나아질 수 있다는 뜻이다. 그리고 당신의 삶을 개선함으로써 세상을 개선할 수 있다.

* 웰빙은 정적인 상태가 아니라 동적 상태다. 인간의 삶에 수반되는 굴곡과 여러 사이클을 자유자재로 유연하게 통과하는 것이 웰빙이다.

* '베푸는 인간 증후군'은 당신이 어떤 대가를 치르더라도 인간으로서 가진 모든 것의 마지막 한 방울까지 쥐어짜 다른 사람들을 돕는 도덕적 의무를 이행해야 한다는 전염성 강한 허위 믿음이다. 애정을 갖고 관대하게 당신을 대하는 사람들과 교류할 때와 당신에게서 무엇이든 빼가려 하는 사람들과 교류할 때 느껴지는 차이점을 주시해라.

* 인간은 자주적으로 기능하도록 설계되지 않았다. 우리는 연결과 자주성 사이를 오가야 하는 존재다. 연결, 즉 친구들과 가족, 반려동물, 신과의 연결은 물과 음식만큼이나 생존에 필수적이다.

감사의 말

인간은 중요한 일을 혼자 할 수 없는 존재다. 그런 일은 힘을 합쳐 함께 해야 한다. 이 책의 표지에는 우리의 이름이 실려 있지만 많은 분의 도움과 지원이 없었더라면 이 책은 세상에 나오지 못했다.

똑똑하고 유쾌한 저작권 대리인 린지 에지콤. 그녀는 이 책을 두 번이나 팔아줬고 '페미니스트 자기 계발서'가 훌륭한 아이디어며 꼭 필요한 책이라고 굳건하게 믿어줬다. 출중한 편집자 사라 와이스는 우리가 이상을 놓치지 않도록 꾸준히 방향을 제시해 줬고 우리가 슈퍼 페미니스트인 동시에 여성으로 살 수 있도록 도왔다.

우리가 만들어낸 여성들의 이야기에 소재를 제공해 준 모든 여성에게도 감사드린다. 부디 우리가 그들의 삶을 정당하게 다뤘기를 바란다. 우리의 페이스북 설문에 응답해 준 분들에게도 감사드린다. 그분들을 통해 우리는 페이스북으로도—심지어 감정에 관한 주제로도—실질적이고 통찰력 넘치는 대화를 나눌 수 있다는 사실을 알게 됐다. 불일치-감소/증가 되먹임 회로에 관해 알려주고 그 밖에도 수많은 도움을 줬으며 에밀리와 1시간 동안 전화 통화를 해준 찰스 카버와, 『연결을 통한 여성들의 성장 Women's Growth in Connection』을 추천해 준 줄리 멘처에게 감사드린다. 그 책은『재가 된 여자들』퍼즐의 마지막 조각이었다.

우리의 남편들이 없었더라면 정말이지 이 책은 탄생할 수 없었다. 그들은 전반적으로 도움을 줬고 특히 에밀리의 남편은 삽화를, 어밀리아의 남편은 오디오북의 음악을 맡아줬다.

우리는 2015년에 이 책을 집필히기 시작해 2018년에 마무리했다. 3년 사이에 엄청난 변화가 있었다. #그녀는끈질겼다 해시태그가 탄생했고 트럼프가 대통령이 됐으며 브렉시트가 일어났다. 힐러리 클린턴은 낙선을 사과해야 하는 최초의 대통령 후보가 됐다. '인셀Incel(비자발적 독신주의involuntary celibate의 약자 — 옮긴이)'이 대중적인 용어가 됐고 #미투 운동이 세계적인 화두가 됐다. 맥신 워터스 의원이 의회 청문회에서 자신의 권리를 주장한 발언이 여성들 사이에서 화제가 됐으며, 총격 사건의 피해자인 에마 곤잘레스Emma González가 총기 규제를 주장했다. 성범죄 피해자인 크리스틴 블레이시 포드Christine Blasey Ford는 미국 상원 법사위 위원회 앞에서 트라우마가 기억에 미치는 영향을 설명했다.

간단히 말해서 지금 세상에는 지난 수십 년보다도 여성들의 생존에 관한 책이 더 필요하다. 우리는 이 책을 쓰면서 힘든 시간을 견딜 수 있었다. 이 책과 우리의 삶, 세상을 풍요롭게 해 준 모든 이에게 이 책이 보답이 되기를 바란다.

감사의 말

머리말

1. Freudenberger, "Staff Burn-Out Syndrome."

2. Hultell, Melin, and Gustavsson, "Getting Personal with Teacher Burnout"; Larrivee, Cultivating Teacher Renewal.

3. Watts and Robertson, "Burnout in University Teaching Staff"; Cardozo, Crawford, et al., "Psychological Distress, Depression."

4. Blanchard, Truchot, et al., "Prevalence and Causes of Burnout"; Imo, "Burnout and Psychiatric Morbidity Among Doctors"; Adriaenssens, De Gucht, and Maes, "Determinants and Prevalence of Burnout in Emergency Nurses"; Moradi, Baradaran, et al., "Prevalence of Burnout in Residents of Obstetrics and Gynecology"; Shanafelt, Boone, et al., "Burnout and Satisfaction Among US Physicians." 다른 메타 분석에서는 집중치료실 종사자들의 번아웃 비율이 0~70퍼센트에 달하는 것으로 나타났다. Van Mol, Kompanje, et al., "Prevalence of Compassion Fatigue Among Healthcare Professionals."

5. Roskam, Raes, and Mikolajczak, "Exhausted Parents."

6. Purvanova and Muros, "Gender Differences in Burnout."

7. 즉 여성들, 단 모든 기혼 여성과 유색인종도 포함된다.

8. Manne, Down Girl.

9. Manne, Down Girl, 49.

10. Patashnik, Gerber, and Dowling, Unhealthy Politics.

11. Friedman and Förster, "Effects of Motivational Cues."

1장 사이클 완성하기

1. 하마에게 살해되는 사람의 수는 연간 약 500명으로 사자에게 살해되는 사람의 5배에 달한다. 그러나 인간에게 살해되는 사람의 수는 이와 비교가 되지 않는다. 우리 인간의 연간 살인 횟수는 하마의 500배에 달한다. Gates, "Deadliest Animal in the World."

2. 특히 스트레스원의 변화에 따른 심혈관계의 적응력을 측정하는 심박 변이도 **heart rate variability, HRV**가 자주 사용된다. 급성 스트레스는 Castaldo, Melillo, et al., "Acute Mental Stress Assessment" 참조. 만성 스트레스는 Verkuil, Brosschot, et al., "Prolonged Non-Metabolic Heart Rate Variability Reduction" 참조.

3. 예를 들어 Marsland, Walsh, et al., "Effects of Acute Psychological Stress"; Valkanova, Ebmeier, and Allan, "CRP, IL-6 and Depression"; Morey, Boggero, et al., "Current Directions in Stress"; and Song, Fang, et al., "Association of Stress-Related Disorders."

4. Sapolsky, Why Zebras Don't.

5. 이전 상황과 비슷하지만 동일하지는 않다. 예를 들어, 뇌 활동은 스트레스원의 속성에 따라 달라진다. 심리사회적 스트레스원은 생리적 스트레스원에 비해 감정 조절과 관련된 뇌 영역을 활성화하는 반면, 생리적 스트레스원은 심리 사회적 스트레스원에 비해 운동 처리를 활성화한다. Kogler, Muller, et al., "Psychosocial Versus Physiological Stress."

6. Sofi, Valecchi, et al., "Physical Activity"; Rosenbaum, Tiedemann, et al., "Physical Activity Interventions"; Samitz, Egger, and Zwahlen, "Domains of

Physical Activity."

7. Epley and Schroeder, "Mistakenly Seeking Solitude."

8. Sandstrom and Dunn, "Social Interactions and Well-Being."

9. Bazzini, Stack, et al., "Effect of Reminiscing About Laughter."

10. Scott, "Why We Laugh."

11. Grewen, Anderson, et al., "Warm Partner Contact."

12. Walsh, "Human-Animal Bonds I."

13. Christian, Westgarth, et al., "Dog Ownership and Physical Activity"; Richards, Ogata, and Cheng, "Evaluation of the Dogs"; and Keat, Sub\-ramaniam, et al., "Review on Benefits of Owning Companion Dogs."

14. Delle Fave, Brdar, et al., "Religion, Spirituality, and Well-Being."

15. Conner, DeYoung, and Silvia, "Everyday Creative Activity."

16. 에이미 스피스Amy Speace, 베셀 반 데어 콜크Bessel van de Kolk와 함께 일하는 싱어송라이터.

17. 엄마들은 이미 알고 있지만 과학적으로도 증명되었다. 한숨은 신경 수준에서 일어나는 안도의 신호다. Li et al., "Peptidergic Control Circuit."

2장 끈기

1. Aldao, Nolen-Hoeksema, and Schweizer, "Emotion-Regulation Strategies."

2. McRae, Kateri, and Mauss, "Increasing Positive Emotion."

3. Witvliet, Hofelich Mohr, et al., "Transforming or Restraining Rumination."

4. 여기서 우리는 여러 정의 및 평가 방법을 혼합하여 '낙관주의'와 '비관주의'를 정의한다. 대표적인 예는 셀리그먼의 '설명 양식explanatory style'이다. 이는 어떤 사건이 일어난 이유에 대해 그것을 야기하는 요인의 지속성과 만연성, 개인화의 측면에서 이해하는 방식이다. Seligman, Learned Optimism. 반면 샤이어와 카버의 삶의 지향성 검사Life Orientation Test, LOT는 좋은 일과 나쁜 일의 발생에

대한 개인의 예측을 평가한다. Scheier and Carver, "Optimism, Coping, and Health."

5. Diemand-Yauman, Oppenheimer, and Vaughan, "Fortune Favors the Bold."

6. Mehta, Zhu, and Cheema, "Is Noise Always Bad?"

7. Phillips, "How Diversity Works"; Apfelbaum, Phillips, and Richeson, "Rethinking the Baseline."

8. 이를 '더닝 크루거 효과Dunning Kruger Effect'라고 부른다. Sapolsky, Behave, chap. 2.

9. Byron, Khazanchi, and Nazarian, "Relationship Between Stressors and Creativity."

10. Phillips, Liljenquist, and Neale, "Is the Pain Worth the Gain?"

11. McCrea, Liberman, et al., "Construal Level and Procrastination."

12. Cerasoli, Nicklin, and Ford, "Intrinsic Motivation and Extrinsic Incentives."

13. Torre and Lieberman, "Putting Feelings into Words"; and Fan, Varamesh, et al., "Does Putting Your Emotions into Words."

14. Adams, Watson, et al., "Neuroethology of Decision-Making."

15. Sharp, John, "Senate Democrats Read."

16. Withers, Rachel, "8 Women Who Were Warned; Hatch, "13 Iconic Women Who"; Higgins, "The 35 Best 'Nevertheless.'"

17. 우리가 '모니터'라고 부르는 불일치−감소/증가 되먹임 회로에 대해 더 깊이 알고 싶다면 Carver and Scheier, "Feedback Processes in the Simultaneous Regulation of Action and Effect"를 참조하기 바란다. 증거에 근거한 행동 변화 유도 전략에 대해 더 알고 싶다면 Miller and Rollnick, Motivational Interviewing 참조. "탐험이냐 활용이냐 문제"의 생물학 및 계산학에 관해 더 읽고 싶다면 Ejova, Navarro, and Perfors, "When to Walk Away,"와 MacLean, Hare, et al., "Evolution of Self-Control."을 추천한다.

3장 의미

1. 과학자들과 임상의들이 '삶의 의미'를 평가하는 데 사용하는 설문지와 조사 방법을 모두 검토한 결과, 의미는 '자신의 삶과 여러 활동, 거기에 부여하는 가치와 중요성에 대해 개인이 갖고 있는 인식 또는 이해 또는 믿음'으로 정의할 수 있다. Brandstatter, Baumann, et al., "Systematic Review of Meaning."

2. Seligman, Learned Optimism.

3. 3. Russo-Netzer, Schulenberg, and Batthyany, "Clinical Perspectives on Meaning." 개인의 정신 질환 회복에 관한 자료를 체계적으로 검토한 연구들 가운데 약 3분의 2는 '삶의 의미'가 회복에서 중요한 역할을 했다는 점을 밝혔다. 그 밖에 다른 중요한 요인으로는 연결성connectedness과 희망hope, 정체성identity, 권한 부여empowerment를 꼽는다. 각각의 앞글자를 따서 CHIME이라고 부르기도 한다. Leamy, Bird, et al., "Conceptual Framework for Personal Recovery."

4. Metz, Thaddeus, "The Meaning of Life."

5. Ryan and Deci, "On Happiness and Human Potential."

6. Metz, Thaddeus, "The Meaning of Life."

7. King, Hicks, et al., "Positive Affect and the Experience."

8. Steger, "Experiencing Meaning in Life."

9. Roepke, Jayawickreme, and Riffle, "Meaning and Health"; Czekierda, Gancarczyk, and Luszczynska, "Associations Between Meaning in Life"; Kim, Strecher, and Ryff, "Purpose in Life and Use."

10. Roepke, Jayawickreme, and Riffle, "Meaning and Health."

11. Vos, "Working with Meaning in Life."

12. Guerrero-Torrelles, Monforte-Royo, et al., "Understanding Meaning in Life Interventions."

13. Park, "Meaning Making Model."

14. "의미는 자신의 최대 강점이 무엇인지 아는 것 그리고 자신보다 원대한 무엇, 즉 자신이 믿는 이상을 위해 그것을 활용하는 것이다." "Meaning of Life," Positive

Psychology Foundation.

15. 개인의 의미 프로필Personal Meaning Profile의 일곱 가지 의미 요소, 즉 관계, 친밀성, 종교, 성취, 자기 초월, 자기 수용, 공정한 대우와 의미 만들기 모델Meaning Making Model의 자존감, 제휴, 확신, 상징적 불멸을 축약한 것이다. Heine, Proulx, and Vohs, "Meaning Maintenance Model."

16. 물론, 세상에 미치는 영향을 기준으로 어떤 이상의 옳고 그름을 따질 수는 있다. 손쉽게 접근할 수 있는 예로, 나치는 수백만 사람들을 살해하는 데서 삶의 의미를 찾았다. 그러나 선과 악은 이 책에서 논의할 부분이 아니다. 당신의 이상인 선한 것인지 알고 싶다면 우리 할머니가 가르쳐준 방법을 고려해 보기 바란다. 주요 종교 지도자들도 이런 방법을 제안할 것이다. 바로, "내가 누군가를 해치고 있는가? 내가 누군가를 돕고 있는가?"라고 자문하는 것이다.

17. Hart, The Ear of the Heart, 241.

18. Paul and Wong, "Meaning Centered Positive Group Intervention."

19. Cancer Journals.

20. Clinton, Hillary, Twitter post, September 6, 2016, 4:18 p.m. https:// twitter.com/hillaryclinton/status/774024262352941057.

21. Murdock, "The Heroine's Journey."

22. Friedan, "Up from the Kitchen Floor."

23. Martin, "Star Trek's Uhura Reflects."

24. Park and Baumeister, "Meaning in Life and Adjustment."

25. ang, Kelley, et al., "Emotions and Meaning in Life."

26. sai, El-Gabalawy, et al., "Post-Traumatic Growth Among Veterans."

27. Calhoun, et al., "Relationships between Posttraumatic Growth and Resilience."

28. White, Maps of Narrative Practice, and e.g., Vromans and Schweitzer, "Narrative Therapy for Adults." For depression: Weber, Davis, and McPhie, "Narrative Therapy, Eating Disorders." For disordered eating: Adler, "Living into the Story."

29. Gwozdziewycz and Mehl-Madrona, "Meta-Analysis of Narrative Exposure

Therapy."

30. Fisher, Everlasting Name. But see also Howe, "I Believe in the Sun," for history and other translations.

4장 게임이 조작되었다

1. Saha, Eikenburg, et al.,"Repeated Forced Swim Stress."

2. Seligman, Learned Optimism.

3. Douthat, "Redistribution of Sex."

4. 4. 2016년 7월부터 2018년 8월까지. 텍사스주 산타페 고교 총기 난사 사건과 펜실베이니아주 피츠버그 세차장에서 일어난 총기 난사 사건, 위스콘신주 마라톤 카운티의 은행 총기 난사 사건, 플로리다주 마조리 스톤맨 더글러스 고교 총기 난사 사건은 모두 표면상 적어도 부분적으로는 여성의 거부 또는 질투가 범행 동기였다. 메릴랜드주 캐피털 가제트 신문사에서 일어난 총기 난사 사건은 가해자가 자신의 여성 성희롱 혐의 인정을 보도한 이 신문사에 원한을 품고 저지른 일이었다. Berkowitz, Lu, and Alcantara, "Terrible Numbers That Grow."

5. "Guns and Domestic Violence," Everytown for Gun Safety. 총기 폭력에 의한 사망 가운데 총기 난사가 차지하는 비율은 매우 낮지만 결코 간과할 수는 없다. 그리고 다른 총기 폭력과 마찬가지로 총기 난사의 가해자는 남성의 비율이 극도로 높으며 주로 가정 폭력 또는 배우자 및 연인에 대한 폭력과 연관되어 있다.

6. Krebs, Lindquist, et al., Campus Sexual Assault (CSA) Study.

7. Fulu, Warner, et al., "Why Do Some Men Use Violence Against Women."

8. Sadker and Sadker, Failing at Fairness, 269.

9. Karpowitz, Mendelberg, and Shaker, "Gender Inequality in Deliberative Participation."

10. Dalla, Antoniou, et al., "Chronic Mild Stress Impact."

11. Friedan, Feminine Mystique.

12. See "Balancing Paid Work, Unpaid Work, and Leisure," OECD.

13. Altintas and Sullivan, "Fifty Years of Change Updated."

14. "Women Shoulder Responsibility," Office for National Statistics.

15. R v R [1992] 1 A.C. 599, House of Lords.

16. Davidai and Gilovich, "Headwinds/Tailwinds Asymmetry."

17. Files, Mayer, et al., "Speaker Introductions at Internal Medicine."

18. "A new study confirms it: You likely experienced that moment of awk-
    wardness or disrespect because you are a woman." Accessed December
    7, 2018. https://www.facebook.com/NPR/posts/10155647100291756.

19. Lepore and Revenson, "Relationships Between Posttraumatic Growth."

20. "The Counted: People Killed by Police in the U.S."

21. van Dernoot Lipsky, Trauma Stewardship, chap. 4.

22. See Appendix B: Standards of Self-Care Gudelines; Mathieu, Compassion
    Fatigue Workbook.

5장 비키니 산업 단지

1. Dohnt and Tiggemann, "Body Image Concerns."

2. Evans, Tovée, et al., "Body Dissatisfaction and Disordered Eating Atti-
   tudes."

3. Vander Wal, "Unhealthy Weight Control Behaviors."

4. Becker, "Television, Disordered Eating, and Young Women."

5. "Thick Dumpling Skin"; Cusio, " 'Eat Up.' "

6. "Taking Surprising Risks For The Ideal Body." Accessed December 7,
   2018. http://www.npr.org/templates/story/story.php?storyId=124700865.

7. Permanent Market Research, "Global Nutrition and Supplements Market."

8. Ernsberger and Koletsky, "Weight Cycling."

9. Risk of all-cause mortality by BMI for women and men, data from Lancet
   table e7 in the supplementary materials, http://www.thelancet.com/cms/

attachment/2074019615/2068888322/mmc1.pdf.

그래프에 표시되지 않은 데이터 값과 오차 값은 아래와 같다.

	저체중 평균 (오차 범위)	과체중 평균 (오차 범위)	비만1 평균 (오차 범위)	비만2 평균 (오차 범위)	비만3 평균 (오차 범위)
여자	1.53(1.45~1.6)	1.08(1.06~1.11)	1.37(1.37~2.42)	1.86(1.77~1.95)	2.73(2.55~2.93)
남자	1.83(1.66~2.02)	1.12(1.09~1.15)	1.7(1.62~1.79)	2.68(2.53~2.84)	4.24(3.77~4.77)

10. Keith, Fontaine, and Allison, "Mortality Rate and Overweight"; Di Angelantonio, Shilpa, Bhupathiraju, et al., "Body-Mass Index and All-Cause Mortality."

11. Keith, Fontaine, and Allison, "Mortality Rate and Overweight."

12. Park, Wilkens, et al., "Weight Change in Older Adults."

13. Calogero, Tylka, and Mensinger, "Scientific Weightism."

14. Feinman, Pogozelski, et al., "Dietary Carbohydrate Restriction."

15. Schatz and Ornstein, Athlete.

16. Collazo-Clavell and Lopez-Jimenez, "Accuracy of Body Mass Index."

17. Saguy, What's Wrong with Fat?

18. 비키니 산업 단지는 정치적 조작을 통해 '건강한 체중'이 '전반적으로 건강한 범위'가 아니라 '건강을 해치지 않는 선에서 가장 낮은 체중'을 뜻하는 세상을 만들었다. 이에 관해 더 알고 싶다면 Bacon, Health at Every Size, 또는 동료 검토를 거친 공동 저술 논문 Bacon and Aphramor, "Weight Science"를 참조하기 바란다.

19. "Why People Hate Tess Munster," Militant Baker.

20. Brown, "These Women Were Fat-Shamed"; Kolata, "Shame of Fat Shaming"; Engber, "Glutton Intolerance"; Chapman, Kaatz, and Carnes, "Physicians and Implicit Bias"; Puhl and Heuer, "Obesity Stigma."

21. Le Grange, Swanson, et al., "Eating Disorder Not Otherwise Specified." "Every 62 minutes at least one person dies as a direct result from an eat-

ing disorder." "Eating Disorder Statistics." ANAD.

22. Furnham, Badmin, and Sneade, "Body Image Dissatisfaction"; Kilpatrick, Hebert, and Bartholomew, "College Students' Motivation for Physical Activity."

23. Dittmar, Halliwell, and Ive, "Does Barbie Make Girls Want to Be Thin?"

24. Puhl, Andreyeva, and Brownell, "Perceptions of Weight Discrimination"; Fikkan and Rothblum, "Is Fat a Feminist Issue?"

25. Table 205, "Cumulative Percent Distribution of Population by Height and Sex, 2007 to 2008," https://www2.census.gov/library/publications/ 2010/compendia/statab/130ed/tables/11s0205.pdf; Lee and Pausé, "Stigma in Practice."

26. Farrell, Fat Shame, 145.

27. Ibid.

28. Ibid.

29. 이러한 결과는 점차 확실해지고 있는데, 최근의 예로 2013년의 메타 분석에서는 다양한 식이요법 및 운동 방법으로 유지할 수 있는 감량 체중이 평균 18개월 동안 약 3.6킬로그램인 것으로 드러났다. Johansson, Neovius, and Hemmingsson, "Effects of Anti-Obesity Drugs." 운동이 체중 감량에 미치는 영향을 조사한 2014년 메타 분석에서는 신체 활동을 통해 12개월 동안 약 2.3킬로그램의 체중 감량을 유지할 수 있는 것으로 드러났다. Swift, Johannsen, et al., "Role of Exercise and Physical."

30. 예를 들어, 비 보디 포지티브 모델Be Body Positive Model은 몸과의 관계를 치유하기 위한 다섯 가지 방안을 제안한다. (1) 자신의 웰빙, 즉 육체적, 감정적, 사회적 웰빙을 우선시하고 '몸무게'와 '몸의 형태'는 부차적인 것으로 전환하여 "건강을 되찾는다". (2) 몸에 귀를 기울이고 몸의 필요를 통제하거나 조절하려 하지 말고 거기에 집중하면서 "직관적인 자기 돌보기를 실천한다". (3) 자기 온정을 통해 "자기를 사랑하는 습관을 들인다". 이를 비 보디 포지티브의 창시자 코니 소브차크Connie Sobczak는 이렇게 표현한다. "영원하지 않고 끊임없이 변하는 몸에게 자비를 베푼다." (4) 당신이 생각하는 아름다움의 정의를 문화가 정의한 표

준에서 '주변 세상과의 역동적이고 열의 넘치는 관계'로 바꾸어 당신이 진정으로 아름다운 사람이라고 선언한다. "Declare Your Own Authentic Beauty," The-BodyPositive. 비 보디 포지티브의 온라인 갤러리인 thisisbeauty.org에 들어가면 관련된 사진과 동영상, 이야기, 시를 찾아볼 수 있다. (5) 당신과 같은 생각을 가진 사람들과 함께 공동체를 만든다. 비 보디 포지티브 모델에 관한 책도 있다. Connie Sobczak, embody. 또한, 헬스 앳 에브리 사이즈Health at Every Size, HAES® 역시 이와 비슷하게 다음 네 가지 원칙을 제시한다. 자신의 사이즈를 받아들일 것, 자신을 믿을 것, 건강한 생활 습관을 키울 것, 사람들은 저마다 인종과 성적 지향이 다르듯 몸의 크기와 형태도 다르다는 현실을 받아들이고 사이즈의 다양성을 포용할 것. HAES의 슬로건은 "다양한 아름다움의 스펙트럼에 마음을 열어라"이다. Bacon, Health at Every Size, 274. 보디 프로젝트The Body Project 역시 '마름의 이상향'과 몸에 관한 자기 비판의 내면화를 줄이고 이 둘을 강화하는 대화, 즉 '뚱뚱함'이나 '몸'에 관한 대화를 끊는 기술을 익힌다는 목적을 표방한다. Stice and Presnell, Body Project.

31. 자기 몸을 사랑하는 법에 관한 책을 원한다면 Taylor, Body Is Not an Apology 참조.

32. 이처럼 내부 경험을 느끼는 것을 내수용 감각interoception이라고 부른다. Craig, "How Do You Feel?"

6장 연결

1. Bakwin, "Loneliness in Infants."

2. Cacioppo and Patrick, Loneliness, chap. 6; Gangestad and Grebe, "Hormonal Systems, Human Social Bonding, and Affiliation."

3. Holt-Lunstad, "Social Relationships and Mortality Risk: A Meta-analytic Review."

4. Polack, "New CIGNA Study Reveals Loneliness."

5. Prime Minister's Office. "PM Commits to Government-wide Drive."

6. Hari, Sams, and Nummenmaa, "Attending To and Neglecting People," 20150365.

7. Golland, Arzouan, and Levit-Binnun, "The Mere Co-presence."

8. Cacioppo, Zhou, et al., "You Are in Sync with Me."

9. Goleman, Social Intelligence, 4.

10. Gerhardt, Why Love Matters.

11. 연결은 가장 기본적인 인간의 천성이며 우리의 발달에 너무나 중요한 요소라 일부 과학자들은 사회적으로 연결된 인지 상태가 '디폴트 모드'라고 주장하기도 한다. Hari, Henriksson, et al., "Centrality of Social Interaction."

12. Baumeister and Leary, "Need to Belong"; Malone, Pillow, and Osman, "General Belongingness Scale."

13. Cacioppo and Hawkley, "Loneliness"; Leary, Kelly, et al., "Construct Validity"; Gooding, Winston, et al., "Individual Differences in Hedonic Experience."

14. Nichols and Webster, "Single-Item Need to Belong Scale"; Gardner, Pickett, et al., "On the Outside Looking In"; Kanai, Bahrami, et al., "Brain Structure Links Loneliness"; Beekman, Stock, and Marcus, "Need to Belong, Not Rejection Sensitivity."

15. Robles, Slatcher, et al., "Marital Quality and Health."

16. Coan and Sbarra, "Social Baseline Theory." 두 저자는 이렇게 말한다. "인간의 뇌는 사회적 자원과 물질대사 자원을 거의 호환 가능한 것으로 여긴다."

17. Gottman, Science of Trust, chap. 6.

18. Ibid., chap. 10.

19. Robinson, Lopez, et al., "Authenticity, Social Context, and Well-Being."

20. Ibid.

21. Clinchy, "Connected and Separate Knowing."

22. Ryan and David, "Gender Differences in Ways of Knowing."

23. Valdesolo, Ouyang, and DeSteno, "Rhythm of Joint Action."

24. Cirelli, Einarson, and Trainor, "Interpersonal Synchrony Increases."

25. McNeill, Keeping Together in Time: Dance and Drill in Human History.

7장 당신을 더 강하게 만드는 것

1. Tyler and Burns, "After Depletion."

2. Hagger, Wood, et al., "Ego Depletion and the Strength Model"; Solberg Nes, Ehlers, et al., "Self-regulatory Fatigue, Quality of Life."

3. Tyler and Burns, "After Depletion."

4. Whitfield-Gabrieli and Ford, "Default Mode Network Activity."

5. Domhoff and Fox, "Dreaming and the Default Network."

6. Brodesser-Akner, "Even the World's Top Life."

7. Andrews-Hanna, Smallwood, and Spreng, "Default Network and Self-Generated Thought."

8. Immordino-Yang, Christodoulou, and Singh, "Rest Is Not Idleness."

9. Wilson, Reinhard, et al., "Just Think."

10. Danckert and Merrifield, "Boredom, Sustained Attention."

11. Bailey, Smart Exercise.

12. Nowack, "Sleep, Emotional Intelligence."

13. Troxel, "It's More Than Sex"; Troxel, Buysse, et al., "Marital Happiness and Sleep Disturbances."

14. Wilson, Jaremka, et al., "Shortened Sleep Fuels Inflammatory Responses."

15. "Senate Report on CIA Torture: Sleep Deprivation."

16. Everson, Bergmann, and Rechtschaffen, "Sleep Deprivation in the Rat, III." 윤리적인 문제 때문에 인간을 대상으로 관련 실험이 시행된 적은 없다. 어쨌든 수면 박탈은 고문의 한 형태이며, 수 세기 동안 고문의 방식으로 사용됐다.

17. Itani, Jike, et al., "Short Sleep Duration and Health Outcomes"; de Mello, Narciso, et al., "Sleep Disorders as a Cause."

18. Meng, Zheng, and Hui, "Relationship of Sleep Duration"; Lee, Ng, and Chin, "Impact of Sleep Amount"; Sofi, Cesari, et al., "Insomnia and Risk of Cardiovascular Disease"; Xi, He, et al., "Short Sleep Duration Predicts"; Lin, Chen, et al., "Night-Shift Work Increases Morbidity."

19. Anothaisintawee, Reutrakul, et al., "Sleep Disturbances Compared to Traditional Risk."

20. Kerkhof and Van Dongen, "Effects of Sleep Deprivation"; Fortier-Brochu, Beaulieu-Bonneau, et al., "Insomnia and Daytime Cognitive"; Durmer and Dinges, "Neurocognitive Consequences of Sleep Deprivation"; Ma, Dinges, et al., "How Acute Total Sleep Loss."

21. Williamson and Feyer, "Moderate Sleep Deprivation Produces."

22. Harrison and Horne, "Impact of Sleep Deprivation on Decision"; Barnes and Hollenbeck, "Sleep Deprivation and Decision-Making"; Byrne, Dionisi, et al., "Depleted Leader"; Christian and Ellis, "Examining the Effects of Sleep Deprivation."

23. Baglioni, Battagliese, et al., "Insomnia as a Predictor of Depression"; Sivertsen, Salo, et al., "Bidirectional Association"; Lovato and Gradisar, "Meta-Analysis and Model."

24. Pigeon, Pinquart, and Conner, "Meta-Analysis of Sleep Disturbance."

25. Spiegelhalder, Regen, et al., "Comorbid Sleep Disorders"; Pires, Bezerra, et al., "Effects of Acute Sleep Deprivation."

26. Kessler, "Epidemiology of Women and Depression"; de Girolamo, et al., "Prevalence of Common Mental Disorders in Italy"; Faravelli, et al., "Gender differences in depression and anxiety: the role of age."

27. Liu, Xu, et al., "Sleep Duration and Risk"; Shen, Wu, and Zhang, "Nighttime Sleep Duration"; Cappuccio, D'Elia, et al., "Sleep Duration and All-Cause."
9~10시간 이상 잠을 자는 경우에도 사망의 위험이 30퍼센트 높아지는 것으로 드러났지만 과도하게 자는 사람보다는 적게 자는 사람이 훨씬 더 많다. 한 연구 결과, 미국 여성 가운데 수면 시간이 6시간 이하인 경우는 28퍼센트인 반면, 수

면 시간이 9시간 이상인 경우는 9퍼센트에 불과했다.

28. 생물학적 관점에서 피로는 '면역 이상과 염증성 질환, 산화 및 질화 스트레스, 생체에너지 및 신경 생리학적 이상 등의 광범위한 요인'과 연관된 복합적 증상이며 수면 과다증을 일으키는 질환은 수없이 많다. 수면 부족보다는 수면 과다가 염증과 더 밀접하게 연관된다. Irwin, Olmstead, and Carroll, "Sleep Disturbance, Sleep Duration." 장시간 수면하는 경우 10년간 뇌졸중의 발병 위험이 45퍼센트 더 높아진다. Lee, Ng, and Chin, "Impact of Sleep Amount." 과도한 수면은 수면 부족과 연관된 거의 모든 건강 문제의 예측 인자이기도 하다. Jike, Itani, et al.,"Long Sleep Duration." 그러니 9시간 이상 잠을 자는데 충분히 쉬었다는 느낌이 들지 않으면 반드시 의사와 상의하기 바란다.

29. Cappuccio, D'Elia, et al., "Sleep Duration and All-Cause."

30. 30. Klug, "Dangerous Doze."

31. Ekirch, "The modernization of western sleep."

32. Hegarty, "Myth of the Eight-Hour."

33. Dzaja, Arber, et al., "Women's Sleep."

34. Burgard, "Needs of Others"; Burgard and Ailshire, "Gender and Time for Sleep."

35. Lane, Liang, et al., "Genome-Wide Association Analyses."

36. 사람들의 생활 방식과 필요는 저마다 다르기 때문에 이 자료는 참고만 하기 바란다. 모든 수치의 출처는 American Time Use Survey, https://www.bls.gov/tus/.

37. "Average Commute Times," WNYC; McGregor, "Average Work Week."

38. American Time Use Survey, https://www.bls.gov/tus/tables/a1_2015.pdf. 2015년에 보고된 바에 따르면 여성이 '스포츠와 운동, 오락에 참여하는 시간'은 평균적으로 하루 0.22시간, 텔레비전을 시청하는 시간은 하루 2.56시간이다.

39. Gottman and Silver, The Seven Principles for Making Marriage Work.

40. Walker, Why We Sleep.

41. Pang, Rest: Why You Get More Done When You Work Less.

8장 강해지기

1. Gubar and Gilbert, The Madwoman in the Attic.

2. McIntosh, Feeling Like a Fraud.

3. Poehler, Yes Please, 16.

4. Whelton and Greenberg, "Emotion in Self-Criticism."

5. Stairs, "Clarifying the Construct."

6. Sirois, Kitner, and Hirsch, "Self-Compassion, Affect."

7. MacBeth and Gumley, "Exploring Compassion."

8. Pace, Negi, et al., "Effect of Compassion Meditation."

9. Davis, Ho, et al., "Forgiving the Self "; Macaskill, "Differentiating Disposi-
   tional Self-Forgiveness"; da Silva, Witvliet, and Riek, "Self-Forgiveness and
   Forgiveness-Seeking."

10. Neff and Germer, "Pilot Study."

11. Stuewig and McCloskey, "Relation of Child Maltreatment."

12. Gilbert, McEwan, et al., "Fears of Compassion."

13. Mayhew and Gilbert, "Compassionate Mind Training."

14. Clinchy, "Connected and Separate Knowing."

15. 예를 들면, 내면 가족 체계 치료Internal Family Systems의 '분리하기unblending'
    기법: Earley, "Self-Therapy." 또는 수용 전념 치료Acceptance and Commitment
    Therapy의 '탈융합defusing' 기법: Hayes, Luoma, et al., "Acceptance and
    Commitment Therapy." 또는 정서 중심 치료Emotion Focused Therapy의 '빈 의
    자' 기법: Kannan and Levitt, "Review of Client Self-criticism." 또한 '탈중심화
    decentering' 기법이나 '자신과 거리 두기self-distancing' 기법도 유사하다.: Fresco,
    Moore, et al., "Initial Psychometric Properties" and Ayduk and Kross, "From
    a Distance."

16. Diedrich, Grant, et al., "Self-Compassion as an Emotion."

17. Gilbert and Procter, "Compassionate Mind Training"; Gilbert, "Introducing
    Compassion-Focused Therapy."

18. Gu, Strauss, et al., "How Do Mindfulness-Based Cognitive"; van der Velden, Maj, Kuyken, et al., "Systematic Review of Mechanisms"; Alsubaie, Abbott, et al., "Mechanisms of Action."

19. Ayres, Raseman, and Shih, "Evidence from Two Large Field Experiments."

20. Lambert, Fincham, and Stillman, "Gratitude and Depressive Symptoms."

21. Toepfer, Cichy, and Peters, "Letters of Gratitude."

22. Gander, Proyer, et al., "Strength-Based Positive Interventions."

23. 이것은 긍정 심리학의 전략들 가운데 가장 효과적인 방법이다. Bolier, Haverman, et al., "Positive Psychology Interventions.

결론

1. Cooper, Eloquent Rage, 274.

참고 자료

"Average Commute Times." WNYC, n.d., https://project.wnyc.org/commute-times-us/embed.html.

"Balancing Paid Work, Unpaid Work, and Leisure." OECD, n.d., http://www.oecd.org/gender/data/balancingpaidworkunpaidworkandleisure.htm.

"Declare Your Own Authentic Beauty." TheBodyPositive, n.d., http://smedelstein.com/creative/bp/authentic-beauty.htm.

"Eating Disorder Statistics." ANAD, n.d., http://www.anad.org/education-and-awareness/about-eating-disorders/eating-disorders-statistics/.

"Guns and Domestic Violence." Everytown for Gun Safety, n.d., https://everytownresearch.org/wp-content/uploads/2017/01/Guns-and-Domestic-Violence-04.04.18.pdf.

"Relationship Between Posttraumatic Growth and Resilience: Recovery, Resistance, and Reconfiguration." In Handbook of Posttraumatic Growth: Research and Practice, ed. Lawrence G. Calhoun and Richard G. Tedeschi. Routledge, 2014.

"Senate Report on CIA Torture: Sleep Deprivation." Human Rights First, n.d., https://www.humanrightsfirst.org/senate-report-cia-torture/sleep-deprivation.

"The Counted: People Killed by Police in the U.S." Guardian, n.d., https://www.theguardian.com/us-news/series/counted-us-police-killings.

"The Meaning of Life—The M in PERMA." Positive Psychology Foundation, May 28, 2011, http://www.positivepsyc.com/blog/the-meaning-of-life-the-m-in-perma.

"Thick Dumpling Skin." March 27, 2017, http://www.thickdumplingskin.com.

"Why People Hate Tess Munster (And Other Happy Fat People)." Militant Baker, January 28, 2015, http://www.themilitantbaker.com/2015/01/why-people-hate-tess-munster-and-other.html.

"Women Shoulder the Responsibility of 'Unpaid Work.' " Office for National Statistics (UK), November 10, 2016, https://visual.ons.gov.uk/the-value-of-your-unpaid-work/.

Adams, Geoffrey K., Karli K. Watson, et al. "Neuroethology of Decision-Making." Current Opinion in Neurobiology 22, no. 6, 2012, p.982–89.

Adler, Jonathan M. "Living into the Story: Agency and Coherence in a Longitudinal Study of Narrative Identity Development and Mental Health over the Course of Psychotherapy." Journal of Personality and Social Psychology 102, no. 2, 2012.

Adriaenssens, Jef, Véronique De Gucht, and Stan Maes. "Determinants and Prevalence of Burnout in Emergency Nurses: A Systematic Review of 25 Years of Research." International Journal of Nursing Studies 52, no. 2, 2015, p.649–61.

Aldao, Amelia, Susan Nolen-Hoeksema, and Susanne Schweizer. "Emotion-Regulation Strategies Across Psychopathology: A Meta-Analytic Review." Clinical Psychology Review 30, no. 2, 2010, p.217–37.

Alsubaie, Modi, Rebecca Abbott, et al. "Mechanisms of Action in Mindfulness-Based Cognitive Therapy (MBCT) and Mindfulness-Based Stress Reduction (MBSR) in People with Physical and/or Psychological Conditions: A Systematic Review." Clinical Psychology Review 55, 2017, p.74–91.

Altintas, Evrim, and Oriel Sullivan. "Fifty Years of Change Updated: Cross-National Gender Convergence in Housework." Demographic Research 35, 2016.

American Time Use Survey. "Time Spent in Detailed Primary Activities and Percent of the Civilian Population Engaging in Each Activity, Averages Per Day By Sex, 2015 Annual Averages." Bureau of Labor Statistics, https://www.bls.gov/tus/tables/a1_2015.pdf.

Andrews-Hanna, Jessica R., Jonathan Smallwood, and R. Nathan Spreng. "The Default Network and Self-Generated Thought: Component Processes, Dynamic Control, and Clinical Relevance." Annals of the New York Academy of Sciences 1316, no. 1, 2014, p.29–52.

Anothaisintawee, Thunyarat, Sirimon Reutrakul, et al. "Sleep Disturbances Compared to Traditional Risk Factors for Diabetes Development: Systematic Review and Meta-Analysis." Sleep Medicine Reviews 30, 2016, p.11–24.

참고 자료

Apfelbaum, Evan P., Katherine W. Phillips, and Jennifer A. Richeson. "Rethinking the Baseline in Diversity Research: Should We Be Explaining the Effects of Homogeneity?" Perspectives on Psychological Science 9, no. 3, 2014, p.235–44.

Aphramor, Lucy. "Weight Science: Evaluating the Evidence for a Paradigm Shift." Nutrition Journal 10, 2011.

Ayduk, Özlem, and Ethan Kross. "From a Distance: Implications of Spontaneous Self-Distancing for Adaptive Self-Reflection." Journal of Personality and Social Psychology 98, no. 5, 2010.

Ayres, Ian, Sophie Raseman, and Alice Shih. "Evidence from Two Large Field Experiments That Peer Comparison Feedback Can Reduce Residential Energy Usage." Journal of Law, Economics, and Organization 29, 2009.

Bacon, Linda. Health at Every Size. BenBella, 2010.

Baglioni, Chiara, Gemma Battagliese, et al. "Insomnia as a Predictor of Depression: A Meta-Analytic Evaluation of Longitudinal Epidemiological Studies." Journal of Affective Disorders 135, no. 1, 2011, p.10–19.

Bailey, Covert. Smart Exercise: Burning Fat, Getting Fit. Houghton Mifflin, 1994.

Bakwin, Harry. "Loneliness in Infants." American Journal of Diseases of Children 63, no. 1, 1942, p.30–40.

Barnes, Christopher M., and John R. Hollenbeck. "Sleep Deprivation and Decision-Making Teams: Burning the Midnight Oil or Playing with Fire?" Academy of Management Review 34, no. 1, 2009, p.56–66.

Baumeister, Roy F., and Mark R. Leary. "The Need to Belong: Desire for Interpersonal Attachments as a Fundamental Human Motivation." Psychological Bulletin 117, no. 3, 1995.

Bazzini, D. G., E. R. Stack, et al. "The Effect of Reminiscing About Laughter on Relationship Satisfaction." Motivation and Emotion 31, 2007.

Becker, Anne E. "Television, Disordered Eating, and Young Women in Fiji: Negotiating Body Image and Identity During Rapid Social Change." Culture, Medicine and Psychiatry 28, no. 4, 2004, p.533–59.

Beekman, Janine B., Michelle L. Stock, and Tara Marcus. "Need to Belong, Not Rejection Sensitivity, Moderates Cortisol Response, Self-Reported Stress, and Negative Affect Following Social Exclusion." Journal of Social Psychology 156, no. 2, 2016, p.131–38.

Berkowitz, Bonnie, Denise Lu, and Chris Alcantara. "The Terrible Numbers That Grow with Each Mass Shooting." Washington Post, March 22, 2017.

Blanchard, P., D. Truchot, et al. "Prevalence and Causes of Burnout Amongst Oncology Residents: A Comprehensive Nationwide Cross-Sectional Study." European Journal of Cancer 46, no. 15, 2010, p.2708–15.

Bolier, Linda, Merel Haverman, et al. "Positive Psychology Interventions: A Meta-Analysis of Randomized Controlled Studies." BMC Public Health 13, no. 1, 2013.

Brandstätter, Monika, Urs Baumann, et al. "Systematic Review of Meaning in Life Assessment Instruments." Psycho-Oncology 21, no. 10, 2012, p.1034–52.

참고 자료

Brodesser-Akner, Taffy. "Even the World's Top Life Coaches Need a Life Coach. Meet Martha Beck." Bloomberg, May 18, 2016.

Brown, Harriet. "These Women Were Fat-Shamed by Their Doctors—And It Almost Cost Them Their Lives." Prevention, October 29, 2015.

Burgard, Sarah A. "The Needs of Others: Gender and Sleep Interruptions for Caregivers." Social Forces 89, no. 4, 2011, p.1189–1215.

Burgard, Sarah A., and Jennifer A. Ailshire. "Gender and Time for Sleep Among US Adults." American Sociological Review 78, no. 1, 2013, p.51–69.

Byrne, Alyson, Angela M. Dionisi, et al. "The Depleted Leader: The Influence of Leaders' Diminished Psychological Resources on Leadership Behaviors." Leadership Quarterly 25, no. 2, 2014, p.344–57.

Byron, Kristin, Shalini Khazanchi, and Deborah Nazarian. "The Relationship Between Stressors and Creativity: A Meta-Analysis Examining Competing Theoretical Models." Journal of Applied Psychology 95, no. 1, 2010.

Cacioppo, J. T., and L. C. Hawkley. "Loneliness." in Handbook of Individual Differences in Social Behavior, ed. M. R. Leary and R. H. Hoyle. Guilford Press, 2009.

Cacioppo, John T., and William Patrick. Loneliness: Human Nature and the Need for Social Connection. Norton, 2008.

Cacioppo, Stephanie, Haotian Zhou, et al. "You Are in Sync with Me: Neural Correlates of Interpersonal Synchrony with a Partner." Neuroscience 277, 2014, p.842–58.

Calhoun, Lawrence G., and Richard G. Tedeschi, "Relationships between Post-traumatic Growth and Resilience: Recovery, Resistance, and Reconfiguration." Handbook of Posttraumatic Growth: Research and Practice.

Calogero, Rachel M., Tracy L. Tylka, and Janell L. Mensinger. "Scientific Weight-ism: A View of Mainstream Weight Stigma Research Through a Feminist Lens." In Feminist Perspectives on Building a Better Psychological Science of Gender, ed. T. A. Roberts, N. Curtin, et al. Springer International Publishing, 2016.

Cancer Journals: Special Edition. San Francisco: Aunt Lute Books, 1997.

Cappuccio, Francesco P., Lanfranco D'Elia, et al. "Sleep Duration and All-Cause Mortality: A Systematic Review and Meta-Analysis of Prospective Studies." Sleep 33, no. 5, 2010.

Cardozo, Barbara Lopes, Carol Gotway Crawford, et al. "Psychological Distress, Depression, Anxiety, and Burnout Among International Humanitarian Aid Work-ers: A Longitudinal Study." PLOS One 7, no. 9, 2012.

Carver, Charles S., and Michael F. Scheier. "Feedback Processes in the Simul-taneous Regulation of Action and Affect." Handbook of Motivation Science, ed. Guilford Press, 2008.

Castaldo, Rossana, Paolo Melillo, et al. "Acute Mental Stress Assessment via Short Term HRV Analysis in Healthy Adults: A Systematic Review with Me-ta-Analysis." Biomedical Signal Processing and Control 18, 2015, p.370–77.

참고 자료

Cerasoli, Christopher P., Jessica M. Nicklin, and Michael T. Ford. "Intrinsic Motivation and Extrinsic Incentives Jointly Predict Performance: A 40-Year Meta-Analysis." Psychological Bulletin 140, no. 4, 2014.

Chapman, Elizabeth N., Anna Kaatz, and Molly Carnes. "Physicians and Implicit Bias: How Doctors May Unwittingly Perpetuate Health Care Disparities." Journal of General Internal Medicine 28, no. 11, 2013, p.1504–10.

Christian, Hayley E., Carri Westgarth, et al. "Dog Ownership and Physical Activity: A Review of the Evidence." Journal of Physical Activity and Health 10, no. 13, 2013, p.750–59.

Christian, Michael S., and Aleksander P. J. Ellis. "Examining the Effects of Sleep Deprivation on Workplace Deviance: A Self-Regulatory Perspective." Academy of Management Journal 54, no. 5, 2011, p.913–34.

Cirelli, L. K., K. M. Einarson, et al. "Interpersonal Synchrony Increases Prosocial Behavior in Infants." Developmental Science 17, 2014, p.1003–11.

Clinchy, Blythe McVicker. "Connected and Separate Knowing: Toward a Marriage of True Minds." In Knowledge, Difference, and Power: Essays Inspired by "Women's Ways of Knowing." Basic Books, 1996.

Coan, James A., and Davie A. Sbarra. "Social Baseline Theory: The Social Regulation of Risk and Effort." Current Opinion in Psychology 1, 2015, p.87–91.

Collazo-Clavell, M. L., and F. Lopez-Jimenez. "Accuracy of Body Mass Index to Diagnose Obesity in the US Adult Population." International Journal of Obesity 32, no. 6, 2008, p.959–66.

Conner, Tamlin S., Colin G. DeYoung, and Paul J. Silvia. "Everyday Creative Activity as a Path to Flourishing." Journal of Positive Psychology, 2016, p.1-9.

Cooper, Brittney. Eloquent Rage: A Black Feminist Discovers Her Superpower. St. Martin's Press, 2018.

Craig, Arthur D. "How Do You Feel? Interoception: The Sense of the Physiological Condition of the Body." Nature Reviews Neuroscience 3, no. 8, 2002.

Cusio, Carmen. " 'Eat Up': How Cultural Messages Can Lead to Eating Disorders." NPR, December 7, 2015.

Czekierda, K., A. Gancarczyk, and A. Luszczynska. "Associations Between Meaning in Life and Health Indicators: A Systematic Review." European Health Psychologist 16 Supp., 2014.

da Silva, Sérgio P., Charlotte vanOyen Witvliet, and Blake Riek. "Self-Forgiveness and Forgiveness-Seeking in Response to Rumination: Cardiac and Emotional Responses of Transgressors." Journal of Positive Psychology 12, no. 4, 2017, p.362-72.

Dalla, C., K. Antoniou, et al. "Chronic Mild Stress Impact: Are Females More Vulnerable?" Neuroscience 135, no. 3, 2005, p.703-14.

Danckert, Jame, and Colleen Merrifield. "Boredom, Sustained Attention and the Default Mode Network." Experimental Brain Research, 2016, p.1-12.

Davidai, Shai, and Thomas Gilovich. "The Headwinds/Tailwinds Asymmetry: An Availability Bias in Assessments of Barriers and Blessings." Journal of Personality and Social Psychology 111, no. 6, 2016.

Davis, Don E., Man Yee Ho, et al. "Forgiving the Self and Physical and Mental Health Correlates: A Meta-Analytic Review." Journal of Counseling Psychology 62, no. 2, 2015.

de Girolamo, G., G. Polidori, P. Morosini, et al. "Prevalence of Common Mental Disorders in Italy." Social Psychiatry and Psychiatric Epidemiology, 41 (11), 2006, p.853–61.

de Mello, Marco Tullio, Veruska Narciso, et al. "Sleep Disorders as a Cause of Motor Vehicle Collisions." International Journal of Preventive Medicine 4, no. 3, 2013.

Delle Fave, Antonella, Ingrid Brdar, et al. "Religion, Spirituality, and Well-Being Across Nations: The Eudaemonic and Hedonic Happiness Investigation." In Well-Being and Cultures. Springer Netherlands, 2013.

Di Angelantonio, Emanuele Shilpa, N. Bhupathiraju, et al. "Body-Mass Index and All-Cause Mortality: Individual-Participant-Data Meta-Analysis of 239 Prospective Studies in Four Continents." Lancet 388, no. 10046, 2016, p.776–86.

Diedrich, Alice, Michaela Grant, et al. "Self-Compassion as an Emotion Regulation Strategy in Major Depressive Disorder." Behaviour Research and Therapy 58, July 2014, p.43–51.

Diemand-Yauman, Connor, Daniel M. Oppenheimer, and Erikka B. Vaughan. "Fortune Favors the Bold (And the Italicized): Effects of Disfluency on Educational Outcomes." Cognition 118, no. 1, 2011, p.111–15.

Dittmar, Helga, Emma Halliwell, and Suzanne Ive. "Does Barbie Make Girls Want to Be Thin? The Effect of Experimental Exposure to Images of Dolls on the Body Image of 5- to 8-Year-Old Girls." Developmental Psychology 42, no. 2, 2006.

Dohnt, Hayley K., and Marika Tiggemann. "Body Image Concerns in Young Girls: The Role of Peers and Media Prior to Adolescence." Journal of Youth and Adolescence 35, no. 2, 2006, p.135–45.

Domhoff, G. William, and Kieran C. R. Fox. "Dreaming and the Default Network: A Review, Synthesis, and Counterintuitive Research Proposal." Consciousness and Cognition 33, 2015, p.342–53.

Douthat, Ross. "The Redistribution of Sex." New York Times, May 2, 2018.

Durmer, Jeffrey S., and David F. Dinges. "Neurocognitive Consequences of Sleep Deprivation." Seminars in Neurology 25, no. 01, p.117–29.

Dzaja, Andrea, Sara Arber, et al. "Women's Sleep in Health and Disease." Journal of Psychiatric Research 39, no. 1, 2005, p.55–76.

Earley, Jay. "Self-Therapy: A Step-by-Step Guide to Creating Wholeness and Healing Your Inner Child Using Ifs, a New Cutting-Edge Psychotherapy." Pattern System Books, 2009.

Ejova, Anastasia, Daniel Navarro, and A. Perfors. "When to Walk Away: The Effect of Variability on Keeping Options Viable." Cognitive Science Society, 2009.

Ekirch, A. Roger. "The modernization of western sleep: Or, does sleep insomnia have a history?" Past & Present 226, no. 1, 2015, p.149–152.

Engber, Daniel. "Glutton Intolerance: What If a War on Obesity Only Makes the Problem Worse?" Slate, October 5, 2009.

Epley, Nicholas, and Juliana Schroeder. "Mistakenly Seeking Solitude." Journal of Experimental Psychology 143, no. 5, 2014.

Ernsberger, Paul, and Richard J. Koletsky. "Weight Cycling." JAMA 273, no. 13, 1995, p.998–99.

Evans, Elizabeth H., Martin J. Tovée, et al. "Body Dissatisfaction and Disordered Eating Attitudes in 7-to-11-Year-Old Girls: Testing a Sociocultural Model." Body Image 10, no. 1, 2013, p.8–15.

Everson, Carol A., Bernard M. Bergmann, and Allan Rechtschaffen. "Sleep Deprivation in the Rat, III: Total Sleep Deprivation." Sleep 12, no. 1, 1989, p.13–21.

Fan, Rui, Ali Varamesh, et al. "Does Putting Your Emotions into Words Make You Feel Better? Measuring the Minute-Scale Dynamics of Emotions from Online Data." arXiv preprint arXiv:1807.09725, 2018.

Farrell, Amy Erdman. Fat Shame: Stigma and the Fat Body in American Culture. NYU Press, 2011.

Faravelli, C., M. Alessandra Scarpato, G. Castellini, et al. "Gender differences in depression and anxiety: the role of age." Psychiatry Research, 2013, p.1301–3.

Feinman, Richard D., Wendy K. Pogozelski, et al. "Dietary Carbohydrate Restriction as the First Approach in Diabetes Management: Critical Review and Evidence Base." Nutrition 31, no. 1, 2015, p.1–13.

Fikkan, Janna L., and Esther D. Rothblum. "Is Fat a Feminist Issue? Exploring the Gendered Nature of Weight Bias." Sex Roles 66, no. 9–10, 2012, p.575–92.

Files, Julia A., Anita P. Mayer, et al. "Speaker Introductions at Internal Medicine Grand Rounds: Forms of Address Reveal Gender Bias." Journal of Women's Health 26, no. 5, 2017, p.413–19.

Fisher, Adam. An Everlasting Name: A Service for Remembering the Shoah. Behrman House, 1991.

Fortier-Brochu, Émilie, Simon Beaulieu-Bonneau, et al. "Insomnia and Daytime Cognitive Performance: A Meta-Analysis." Sleep Medicine Reviews 16, no. 1, 2012, p.83–94.

Fresco, David M., Michael T. Moore, et al. "Initial Psychometric Properties of the Experiences Questionnaire: Validation of a Self-Report Measure of Decentering." Behavior Therapy 38, no. 3, 2007, p.234–46.

Freudenberger, Herbert J. "The Staff Burn-Out Syndrome in Alternative Institutions." Psychotherapy Theory Research and Practice 12, January 1975, p.73–82.

Friedan, Betty. The Feminine Mystique. Norton, 1963.

Friedan, Betty. "Up from the Kitchen Floor." New York Times, March 4, 1973.

Friedman, Ronald S., and Jens Förster. "Effects of Motivational Cues on Perceptual Asymmetry: Implications for Creativity and Analytical Problem Solving." Journal of Personality and Social Psychology 88, no. 2, 2005, p.263–75.

Fulu, Emma, Xian Warner, et al. "Why Do Some Men Use Violence Against Women and How Can We Prevent It?" In Quantitative Findings from the United Nations Multi-Country Study on Men and Violence in Asia and the Pacific. Bangkok: United Nations Development Programme, 2013.

Furnham, Adrian, Nicola Badmin, and Ian Sneade. "Body Image Dissatisfaction: Gender Differences in Eating Attitudes, Self-Esteem, and Reasons for Exercise." Journal of Psychology 136, no. 6, 2002, p.581–96.

Gander, Fabian, René T. Proyer, et al. "Strength-Based Positive Interventions: Further Evidence for Their Potential in Enhancing Well-Being and Alleviating Depression." Journal of Happiness Studies 14, no. 4, 2013, p.1241–59.

Gangestad, Steven W., and Nicholas M. Grebe. "Hormonal Systems, Human Social Bonding, and Affiliation." Hormones and Behavior 91, 2017, p.122–35.

Gardner, Wendi L., Cynthia L. Pickett, et al. "On the Outside Looking In: Loneliness and Social Monitoring." Personality and Social Psychology Bulletin 31, no. 11, 2005, p.1549–60.

Gates, Bill. "The Deadliest Animal in the World." GatesNotes (blog), April 25, 2014, https://www.gatesnotes.com/Health/Most-Lethal-Animal-Mosquito-Week.

Gerhardt, Sue. Why Love Matters: How Affection Shapes a Baby's Brain. Routledge, 2004.

Gilbert, P., K. McEwan, et al. "Fears of Compassion: Development of Three Self-Report Measures." Psychology and Psychotherapy: Theory, Research and

Practice 84, 2011, p.239–55.

Gilbert, Paul. "Introducing Compassion-Focused Therapy." Advances in Psychiatric Treatment 15, no. 3, May 2009, p.199–208.

Gilbert, Paul, and Sue Procter. "Compassionate Mind Training for People with High Shame and Self-Criticism: Overview and Pilot Study of a Group Therapy Approach." Clinical Psychology and Psychotherapy 13, no. 6, 2006, p.353–79.

Goleman, Daniel. Social Intelligence. Random House, 2007.

Golland, Yulia, Yossi Arzouan, and Nava Levit-Binnun. "The Mere Co-presence: Synchronization of Autonomic Signals and Emotional Responses Across Co-Present Individuals Not Engaged in Direct Interaction." PLOS ONE 10, no. 5, 2015.

Gooding, Diane C., Tina M. Winston, et al. "Individual Differences in Hedonic Experience: Further Evidence for the Construct Validity of the ACIPS." Psychiatry Research 229, no. 1, 2015, p.524–32.

Gottman, John M. The Science of Trust: Emotional Attunement for Couples. Norton, 2011.

Gottman, John, and Nan Silver. The Seven Principles for Making Marriage Work: A Practical Guide from the Country's Foremost Relationship Expert. Harmony Books, 2015.

Grewen, K. M., B. J. Anderson, et al. "Warm Partner Contact Is Related to Lower Cardiovascular Reactivity." Behavioral Medicine 29, 2003, p.123–30.

참고 자료

Gu, Jenny, Clara Strauss, et al. "How Do Mindfulness-Based Cognitive Therapy and Mindfulness-Based Stress Reduction Improve Mental Health and Well-being? A Systematic Review and Meta-Analysis of Mediation Studies." Clinical Psychology Review 37, 2015, p.1–12.

Gubar, Susan, and Sandra Gilbert. The Madwoman in the Attic. Yale University Press, 1979.

Guerrero-Torrelles, Mariona, Cristina Monforte-Royo, et al. "Understanding Meaning in Life Interventions in Patients with Advanced Disease: A Systematic Review and Realist Synthesis." Palliative Medicine, 2017, p.0269216316685235.

Gwozdziewycz, Nicolas, and Lewis Mehl-Madrona. "Meta-Analysis of the Use of Narrative Exposure Therapy for the Effects of Trauma Among Refugee Populations." Permanente Journal 17, no. 1, 2013, p.70–76.

Hagger, Martin S., Chantelle Wood, et al. "Ego Depletion and the Strength Model of Self-Control: A Meta-Analysis." Psychological Bulletin 136, no. 4, 2010, p.495–525.

Hari, Riitta, Linda Henriksson, et al. "Centrality of Social Interaction in Human Brain Function." Neuron 88, no. 1, 2015, p.181–93.

Hari, Riitta, Mikko Sams, and Lauri Nummenmaa. "Attending To and Neglecting People: Bridging Neuroscience, Psychology and Sociology." Philosophical Transactions of the Royal Society B: Biological Sciences 371, May 5, 2016, p.20150365.

Harrison, Yvonne, and James A. Horne. "The Impact of Sleep Deprivation on

Decision Making: A Review." Journal of Experimental Psychology: Applied 6, no. 3, 2000, p.236–49.

Hart, Dolores. The Ear of the Heart. Ignatius Press, 2013.

Hatch, Jenavieve. "13 Iconic Women Who Nevertheless Persisted." Huffington Post, February 21, 2017.

Hayes, Steven C., Jason B. Luoma, et al. "Acceptance and Commitment Therapy: Model, Processes and Outcomes." Behaviour Research and Therapy 44, no. 1, 2006, p.1–25.

Hegarty, Stephanie. "The Myth of the Eight-Hour Sleep." BBC News Magazine, February 22, 2012.

Heine, S. J., T. Proulx, and K. D. Vohs. "The Meaning Maintenance Model: On the Coherence of Social Motivations."Personality and Social Psychology Review 10, 2006, p.88–110.

Herrera, Tim. "Work Less. You'll Get So Much More Done." New York Times, June 26, 2017.

Higgins, Marissa. "The 35 Best 'Nevertheless, She Persisted' Tweets, Becaues This Moment Is Nothing Short of Iconic." Bustle, February 8, 2017, https://www.bustle.com/p/the-35-best-nevertheless-she-persisted-tweets-because-this-moment-is-nothing-short-of-iconic-36697.

Holt-Lunstad, Julianne, Timothy B. Smith, J. Bradley Layton. "Social Relationships and Mortality Risk: A Meta-Analytic Review." Public Library of Science

Medicine.

Howe, Everett. "I Believe in the Sun, Part II: The Friend." Humanist Seminarian, March 25, 2017, https://humanistseminarian.com/2017/03/25/i-believe-in-the-sun-part-ii-the-friend/.

Hultell, Daniel, Bo Melin, and J. Petter Gustavsson. "Getting Personal with Teacher Burnout: A Longitudinal Study on the Development of Burnout Using a Person-Based Approach." Teaching and Teacher Education 32, 2013, p.75–86.

Immordino-Yang, Mary Helen, Joanna A. Christodoulou, and Vanessa Singh. "Rest Is Not Idleness: Implications of the Brain's Default Mode for Human Development and Education." Perspectives on Psychological Science 7, no. 4, 2012, p.352–64.

Imo, Udemezue O. "Burnout and Psychiatric Morbidity Among Doctors in the UK: A Systematic Literature Review of Prevalence and Associated Factors." BJ-Psych Bulletin 41, no. 4, 2017, p.197–204.

Irwin, Michael R., Richard Olmstead, and Judith E. Carroll. "Sleep Disturbance, Sleep Duration, and Inflammation: A Systematic Review and Meta-Analysis of Cohort Studies and Experimental Sleep Deprivation." Biological Psychiatry 80, no. 1, 2016, p.40–52.

Itani, Osamu, Maki Jike, et al. "Short Sleep Duration and Health Outcomes: A Systematic Review, Meta-Analysis, and Meta-Regression." Sleep Medicine 32, 2017, p.246–56.

Jike, Maki, Osamu Itani, et al. "Long Sleep Duration and Health Outcomes: A

Systematic Review, Meta-Analysis and Meta-Regression." Sleep Medicine Reviews 39, 2018, p.25-36.

Johansson, K., M. Neovius, and E. Hemmingsson. "Effects of Anti-Obesity Drugs, Diet, and Exercise on Weight-Loss Maintenance After a Very-Low-Calorie Diet or Low-Calorie Diet: A Systematic Review and Meta-Analysis of Randomized Controlled Trials." American Journal of Clinical Nutrition 99, no. 1, 2014, p.14-23.

Kanai, Ryota, Bahador Bahrami, et al. "Brain Structure Links Loneliness to Social Perception." Current Biology 22, no. 20, 2012, p.1975-79.

Kannan, Divya, and Heidi M. Levitt. "A Review of Client Self-criticism in Psychotherapy." Journal of Psychotherapy Integration 23, no. 2, 2013, p.166-178.

Karpowitz, Christopher F., Tali Mendelberg, and Lee Shaker. "Gender Inequality in Deliberative Participation." American Political Science Review, available on CJO doi:10.1017/S0003055412000329.

Keat, Kung Choon, Ponnusamy Subramaniam, et al. "Review on Benefits of Owning Companion Dogs Among Older Adults." Mediterranean Journal of Social Sciences 7, no. 4, 2016, p.397-405.

Keith, S. W., K. R. Fontaine, and D. B. Allison. "Mortality Rate and Overweight: Overblown or Underestimated? A Commentary on a Recent Meta-Analysis of the Associations of BMI and Mortality." Molecular Metabolism 2, no. 2, 2013, p.65-68.

Kerkhof, G. A., and H. P. A. Van Dongen. "Effects of Sleep Deprivation on Cognition." Human Sleep and Cognition: Basic Research 185, 2010, p.105–129.

Kessler, R. C. "Epidemiology of Women and Depression." Journal of Af\-fective Disorders 74(1), 2003, p.5–13.

Kilpatrick, Marcus, Edward Hebert, and John Bartholomew. "College Students' Motivation for Physical Activity: Differentiating Men's and Women's Motives for Sport Participation and Exercise." Journal of Amer\-ican College Health 54, no. 2, 2005, p.87–94.

Kim, Eric S., Victor J. Strecher, and Carol D. Ryff. "Purpose in Life and Use of Preventive Health Care Services." Proceedings of the National Academy of Sciences 111, no. 46, 2014, p.16331–36.

King, Laura A., Joshua A. Hicks, et al. "Positive Affect and the Experience of Meaning in Life." Journal of Personality and Social Psychology 90, no. 1, 2006, p.179–196.

Kitchen Sisters. "Taking Surprising Risks for the Ideal Body." NPR, March 22, 2010.

Klug, G. "Dangerous Doze: Sleep and Vulnerability in Medieval German Literature." In Worlds of Sleep, ed. L. Brunt and B. Steger. Berlin: Frank & Timme, 2008.

Kogler, Lydia, Veronika I. Müller, et al. "Psychosocial Versus Physiological Stress—Meta-Analyses on Deactivations and Activations of the Neural Correlates of Stress Reactions." Neuroimage 119, 2015, p.235–51.

Kolata, Gina. "The Shame of Fat Shaming." New York Times, October 1, 2016.

Krebs, C., C. Lindquist, et al. The Campus Sexual Assault (CSA) Study, 2007, http://www.ncjrs.gov/pdffiles1/nij/grants/221153.pdf.

Krueger, Patrick M., and Elliot M. Friedman. "Sleep Duration in the United States: A Cross-Sectional Population-Based Study." American Journal of Epidemiology 169, no. 9, 2009, p.1052-63.

Lambert, Nathaniel M., Frank D. Fincham, and Tyler F. Stillman. "Gratitude and Depressive Symptoms: The Role of Positive Reframing and Positive Emotion." Cognition and Emotion 26, no. 4, 2012, p.615-33.

Lane, Jacqueline M., Jingjing Liang, et al. "Genome-Wide Association Analyses of Sleep Disturbance Traits Identify New Loci and Highlight Shared Genetics with Neuropsychiatric and Metabolic Traits." Nature Genetics 49, no. 2, 2017, p.274-281.

Larrivee, Barbara. Cultivating Teacher Renewal: Guarding Against Stress and Burnout. R&L Education, 2012.

Le Grange, Daniel, Sonja A. Swanson, et al. "Eating Disorder Not Otherwise Specified Presentation in the US Population." International Journal of Eating Disorders 45, no. 5, 2012, p.711-18.

Leamy, Mary, Victoria Bird, et al. "Conceptual Framework for Personal Recovery in Mental Health: Systematic Review and Narrative Synthesis." British Journal of Psychiatry 199, no. 6, 2011, p.445-52.

Leary, Mark R., Kristine M. Kelly, et al. "Construct Validity of the Need to Belong Scale: Mapping the Nomological Network." Journal of Personality Assessment

95, no. 6, 2013, p.610–24.

Lee, Jennifer A., and Cat J. Pausé. "Stigma in Practice: Barriers to Health for Fat Women." Frontiers in Psychology 7, 2016, p.2063.

Lee, Shaun Wen Huey, Khuen Yen Ng, and Weng Khong Chin. "The Impact of Sleep Amount and Sleep Quality on Glycemic Control in Type 2 Diabetes: A Systematic Review and Meta-Analysis." Sleep Medicine Reviews 31, 2017, p.91–101.

Lepore, Stephen, and Tracy Revenson. "Relationships Between Posttraumatic Growth and Resilience: Recovery, Resistance, and Reconfiguration." In Handbook of Posttraumatic Growth: Research and Practice, ed. Lawrence G. Calhoun and Richard G. Tedeschi. Routledge, 2014.

Li, Peng, et al. "The Peptidergic Control Circuit for Sighing." Nature 530, February 2016, p.293–97.

Lin, Xiaoti, Weiyu Chen, et al. "Night-Shift Work Increases Morbidity of Breast Cancer and All-Cause Mortality: A Meta-Analysis of 16 Prospective Cohort Studies." Sleep Medicine 16, no. 11, 2015, p.1381–87.

Liu, Tong-Zu, Chang Xu, et al. "Sleep Duration and Risk of All-Cause Mortality: A Flexible, Non-Linear, Meta-Regression of 40 Prospective Cohort Studies." Sleep Medicine Reviews 32, 2016, p.28–36.

Lombrozo, Tania. "Think Your Credentials Are Ignored Because You're A Woman? It Could Be." NPR.org.

Lovato, Nicole, and Michael Gradisar. "A Meta-Analysis and Model of the Relationship Between Sleep and Depression in Adolescents: Recommendations for Future Research and Clinical Practice." Sleep Medicine Reviews 18, no. 6, 2014, p.521–29.

Ma, Ning, David F. Dinges, et al. "How Acute Total Sleep Loss Affects the Attending Brain: A Meta-Analysis of Neuroimaging Studies." Sleep 38, no. 2, 2015, p.233–40.

Macaskill, Ann. "Differentiating Dispositional Self-Forgiveness from Other-Forgiveness: Associations with Mental Health and Life Satisfaction." Journal of Social and Clinical Psychology 31, no. 1, 2012, p.28–50.

MacBeth, Angus, and Andrew Gumley. "Exploring Compassion: A Meta-Analysis of the Association Between Self-Compassion and Psychopathology." Clinical Psychology Review 32, no. 6, 2012, p.545–52.

MacLean, Evan L., Brian Hare, et al. "The Evolution of Self-Control." Proceedings of the National Academy of Sciences 111, no. 20, 2014, p.E2140–E2148.

Malone, Glenn P., David R. Pillow, and Augustine Osman. "The General Belongingness Scale (GBS): Assessing Achieved Belongingness." Personality and Individual Differences 52, no. 3, 2012, p.311–16.

Manne, Kate. Down Girl: The Logic of Misogyny. Oxford University Press, 2017.

Marsland, Anna L., Catherine Walsh, et al. "The Effects of Acute Psychological Stress on Circulating and Stimulated Inflammatory Markers: A Systematic Review and Meta-Analysis." Brain, Behavior, and Immunity 21, no. 7, 2017, p.901–912.

참고 자료

Martin, Michel. "Star Trek's Uhura Reflects on MLK Encounter." NPR, January 17, 2011.

Mathieu, Françoise. The Compassion Fatigue Workbook: Creative Tools for Transforming Compassion Fatigue and Vicarious Traumatization. Routledge, 2012.

Mayhew, Sophie L., and Paul Gilbert. "Compassionate Mind Training with People Who Hear Malevolent Voices: A Case Series Report." Clini\-cal Psychology and Psychotherapy 15, no. 2, 2008, p.113–38.

McCrea, Sean M., Nira Liberman, et al. "Construal Level and Procrastination." Psychological Science 19, no. 12, 2008, p.1308–14.

McGregor, Jena. "The Average Work Week Is Now 47 Hours." Washington Post, September 2, 2014.

McIntosh, Peggy. Feeling Like a Fraud: Part Two. Stone Center, Wellesley College, 1985.

McNeill, William H., Keeping Together in Time: Dance and Drill in Human History, Harvard University Press, 1997.

McRae, Kateri, and Iris B. Mauss. "Increasing Positive Emotion in Negative Contexts: Emotional Consequences, Neural Correlates, and Implications for Resilience." Positive Neuroscience, 2016, p.159–174.

Mehta, Ravi, Rui Juliet Zhu, and Amar Cheema. "Is Noise Always Bad? Exploring the Effects of Ambient Noise on Creative Cognition." Journal of Consumer

Research 39, no. 4, 2012, p.784–99.

Meng, Lin, Yang Zheng, and Rutai Hui. "The Relationship of Sleep Duration and Insomnia to Risk of Hypertension Incidence: A Meta-Analysis of Prospective Cohort Studies." Hypertension Research 36, no. 11, 2013, p.985.

Metz, Thaddeus. "The Meaning of Life." The Standard Encyclopedia of Philosophy (Summer 2013 Edition), Edward N. Zalta (ed.), https://plato.stanford.edu/archives/sum2013/entries/life-meaning.

Miller, William R., and Stephen Rollnick. Motivational Interviewing: Helping People Change. Guilford Press, 2012.

Moradi, Yousef, Hamid Reza Baradaran, et al. "Prevalence of Burnout in Residents of Obstetrics and Gynecology: A Systematic Review and Meta-Analysis." Medical Journal of the Islamic Republic of Iran 29, no. 4, 2015, p.235.

Morey, Jennifer N., Ian A. Boggero, et al. "Current Directions in Stress and Human Immune Function." Current Opinion in Psychology 5, 2015, p.13–17.

Morris, Gerwyn, Michael Berk, et al. "The Neuro-Immune Pathophysiology of Central and Peripheral Fatigue in Systemic Immune-Inflammatory and Neuro-Immune Diseases." Molecular Neurobiology 53, no. 2, 2016, p.1195–1219.

Murdock, Maureen. "The Heroine's Journey." MaureenMurdock.com, n.d., https://www.maureenmurdock.com/articles/articles-the-heroines-journey.

Neff, Kristin D., and Christopher K. Germer. "A Pilot Study and Randomized Controlled Trial of the Mindful Self-Compassion Program." Journal of Clinical

Psychology 69, no. 1, 2013, p.28–44.

Nichols, Austin Lee, and Gregory D. Webster. "The Single-Item Need to Belong Scale." Personality and Individual Differences 55, no. 2, 2013, p.189–92.

Nowack, Kenneth. "Sleep, Emotional Intelligence, and Interpersonal Effectiveness: Natural Bedfellows." Consulting Psychology Journal: Practice and Research 69, no. 2, 2017, p.66–79.

Pace, T. W., L. T. Negi, et al. "Effect of Compassion Meditation on Neuroendocrine, Innate Immune and Behavioral Responses to Psychosocial Stress." Psychoneuroendocrinology 34, 2009, p.87–98.

Pang, Alex. Rest: Why You Get More Done When You Work Less. Basic Books, 2016.

Park, Crystal L. "The Meaning Making Model: A Framework for Understanding Meaning, Spirituality, and Stress-Related Growth in Health Psychology." European Health Psychologist 15, no. 2, 2013, p.40–47.

Park, Jina, and Roy F. Baumeister. "Meaning in Life and Adjustment to Daily Stressors." Journal of Positive Psychology 12, no. 4, 2017, p.333–41.

Park, Song-Yi, Lynne R. Wilkens, et al. "Weight Change in Older Adults and Mortality: The Multiethnic Cohort Study." International Journal of Obesity 42, no. 2, 2018, p.205–212.

Patashnik, Erik M., Alan S. Gerber, and Conor M. Dowling. Unhealthy Politics: The Battle Over Evidence-Based Medicine. Princeton University Press, 2017.

Paul, T., and P. Wong. "Meaning Centered Positive Group Intervention." In Clinical Perspectives on Meaning. Springer International, 2016.

Permanent Market Research. "Global Nutrition and Supplements Market: History, Industry Growth, and Future Trends by PMR." GlobeNews-Wire.com, January 27, 2015, https://globenewswire.com/news-relea se/2015/01/27/700276/10117198/en/Global-Nutrition-and-Supplements-Market-History-Industry-Growth-and-Future-Trends-by-PMR.html.

Phillips, Katherine W. "How Diversity Works." Scientific American 311, no. 4, 2014, p. 42–47.

Phillips, Katherine W., Katie A. Liljenquist, and Margaret A. Neale. "Is the Pain Worth the Gain? The Advantages and Liabilities of Agreeing with Socially Distinct Newcomers." Personality and Social Psychology Bul\-letin 35, no. 3, 2009, p.336–50.

Pigeon, Wilfred R., Martin Pinquart, and Kenneth Conner. "Meta-Analysis of Sleep Disturbance and Suicidal Thoughts and Behaviors." Journal of Clinical Psychiatry 73, no. 9, 2012, p.1160–67.

Pires, Gabriel Natan, Andreia Gomes Bezerra, et al. "Effects of Acute Sleep Deprivation on State Anxiety Levels: A Systematic Review and Meta-Analysis." Sleep Medicine 24, 2016, p.109–18.

Poehler, Amy. Yes Please. Dey Street, 2014.

Polack, Ellie. "New CIGNA Study Reveals Loneliness at Epidemic Levels in America." CIGNA, May 1, 2018, https://www.multivu.com/play-

ers/English/8294451-cigna-us-loneliness-survey/docs/IndexRe-
port_1524069371598–173525450.pdf.

Prime Minister's Office. "PM Commits to Government-wide Drive to Tackle
Loneliness," Gov.uk, January 17, 2018, https://www.gov.uk/government/news/
pm-commits-to-government-wide-drive-to-tackle-loneliness.

Puhl, Rebecca M., and Chelsea A. Heuer. "Obesity Stigma: Important Consid-
erations for Public Health." American Journal of Public Health 100, no. 6, 2010,
p.1019–28.

Puhl, Rebecca M., Tatiana Andreyeva, and Kelly D. Brownell. "Perceptions
of Weight Discrimination: Prevalence and Comparison to Race and Gender
Discrimination in America." International Journal of Obesity 32, no. 6, 2008,
p.992–1000.

Purvanova, Radostina K., and John P. Muros. "Gender Differences in Burnout: A
Meta-Analysis." Journal of Vocational Behavior 77, no. 2, 2010, p.168–85.

Rejali, Darius. Torture and Democracy. Princeton University Press, 2009.

Richards, Elizabeth A., Niwako Ogata, and Ching-Wei Cheng. "Evaluation of the
Dogs, Physical Activity, and Walking (Dogs PAW) Intervention: A Randomized
Controlled Trial." Nursing Research 65, no. 3, 2016, p.191–201.

Robinson, Oliver C., Frederick G. Lopez, et al. "Authenticity, Social Context, and
Well-Being in the United States, England, and Russia: A Three Country Compar-
ative Analysis." Journal of Cross-Cultural Psychology 44, no. 5, 2013, p.719–37.

Robles, Theodore F., Richard B. Slatcher, et al. "Marital Quality and Health: A Meta-Analytic Review." Psychological Bulletin 140, no. 1, 2014, p.140–187.

Roepke, Ann Marie, Eranda Jayawickreme, and Olivia M. Riffle. "Meaning and Health: A Systematic Review." Applied Research in Quality of Life 9, no. 4, 2014, p.1055–79.

Rosenbaum, Simon, Anne Tiedemann, Catherine Sherrington, Jackie Curtis, and Philip B. Ward. "Physical Activity Interventions for People with Mental Illness: A Systematic Review and Meta-Analysis." Journal of Clinical Psychiatry 75, no. 9, 2014, p.964–74.

Roskam, Isabelle, Marie-Emilie Raes, and Moïra Mikolajczak. "Exhausted Parents: Development and Preliminary Validation of the Parental Burnout Inventory." Frontiers in Psychology 8, 2017, p.163.

Russo-Netzer, Pninit, Stefan E. Schulenberg, and Alexander Batthyany. "Clinical Perspectives on Meaning: Understanding, Coping and Thriving Through Science and Practice." In Clinical Perspectives on Meaning. Springer International Publishing, 2016.

Ryan, Michelle K., and Barbara David. "Gender Differences in Ways of Knowing: The Context Dependence of the Attitudes Toward Thinking and Learning Survey." Sex Roles 49, no. 11-12, 2003, p.693–99.

Ryan, Richard M., and Edward L. Deci. "On Happiness and Human Potentials: A Review of Research on Hedonic and Eudaimonic Well-Being." Annual Review of Psychology 52, no. 1, 2001, p.141–66.

참고 자료

Sadker, Myra, and David Sadker. Failing at Fairness: How America's Schools Cheat Girls. Simon & Schuster, 2010.

Saguy, Abigail C. What's Wrong with Fat? Oxford University Press, 2012.

Saha, Kaustuv, Douglas Eikenburg, et al. "Repeated Forced Swim Stress Induces Learned Helplessness in Rats." FASEB Journal 26, no. 1 supp., 012, p.1042–48.

Samitz, Guenther, Matthias Egger, and Marcel Zwahlen. "Domains of Physical Activity and All-Cause Mortality: Systematic Review and Dose-Response Meta-Analysis of Cohort Studies." International Journal of Epidemiology 40, no. 5, 2011, p.1382–1400.

Sandstrom, Gillian M., and Elizabeth W. Dunn. "Social Interactions and Well-Being: The Surprising Power of Weak Ties." Personality and Social Psychology Bulletin 40, no. 7, 2014, p.910–22.

Sapolsky, Robert. Behave: The Biology of Humans at Our Best and Worst. Penguin, 2017.

Sapolsky, Robert. Why Zebras Don't Get Ulcers. Holt, 2004.

Schatz, Howard, and Beverly Ornstein. Athlete. Harper Collins, 2002.

Scheier, Michael F., and Charles S. Carver. "Optimism, Coping, and Health: Assessment and Implications of Generalized Outcome Expectancies." Health Psychology 4, no. 3, 1985, p.219.

Scott, Sophie. "Why We Laugh." TED: Ideas Worth Spreading, March 2015, https://www.ted.com/talks/sophie_scott_why_we_laugh?language=en.

Seligman, Martin E. P. Learned Optimism: How to Change Your Mind and Your Life. Vintage, 2006.

Shanafelt, Tait D., Sonja Boone, et al. "Burnout and Satisfaction with Work-Life Balance Among US Physicians Relative to the General US Population." Archives of Internal Medicine 172, no. 18, 2012, p.1377-85.

Sharp, John. "Senate Democrats Read Coretta Scott King Letter in Opposition to Jeff Sessions." Alabama.com, February. 8, 2017, https://www.al.com/news/mobile/index.ssf/2017/02/senate_democrats_read_coretta.html.

Shen, Xiaoli, Yili Wu, and Dongfeng Zhang. "Nighttime Sleep Duration, 24-Hour Sleep Duration and Risk of All-Cause Mortality Among Adults: A Meta-Analysis of Prospective Cohort Studies." Scientific Reports 6, 2016.

Sirois, Fuschia M., Ryan Kitner, and Jameson K. Hirsch. "Self-compassion, Affect, and Health-Promoting Behaviors." Health Psychology 34, no. 6, 2015, p.661.

Sivertsen, Børge, Paula Salo, et al. "The Bidirectional Association Between Depression and Insomnia: The HUNT Study." Psychosomatic Medicine 74, no. 7, 2012, p.758-65.

Sobczak, Connie. Embody: Learning to Love Your Unique Body (and quiet that critical voice!). Gurze Books, 2014.

Sofi, Francesco, D. Valecchi, et al. "Physical Activity and Risk of Cognitive Decline: A Meta-Analysis of Prospective Studies." Journal of Internal Medicine 269, no. 1, 2011, p.107–17.

Sofi, Francesco, Francesca Cesari, et al. "Insomnia and Risk of Cardiovascular Disease: A Meta-Analysis." European Journal of Preventive Cardiol\-ogy 21, no. 1, 2014, p.57–64.

Solberg Nes, Lise, Shawna L. Ehlers, et al. "Self-regulatory Fatigue, Quality of Life, Health Behaviors, and Coping in Patients with Hematologic Malignancies." Annals of Behavioral Medicine 48, no. 3, 2014, p.411–23.

Song, Huan, Fang Fang, et al. "Association of Stress-Related Disorders with Subsequent Autoimmune Disease." JAMA 319, no. 23, 2018, p.2388–400.

Spiegelhalder, Kai, Wolfram Regen, et al. "Comorbid Sleep Disorders in Neuro-psychiatric Disorders Across the Life Cycle." Current Psychiatry Reports 15, no. 6, 2013, p.1–6.

Stairs, Agnes M., Gregory T. Smith, et al. "Clarifying the Construct of Perfection-ism." Assessment 19, no. 2, 2012, p.146–66.

Steakley, Lia. "Promoting Healthy Eating and a Positive Body Image on College Campuses." Scope, Stanford Medicine, May 29, 2014, https://stan.md/2xww-byw.

Steger, Michael F. "Experiencing Meaning in Life." In The Human Quest for Meaning: Theories, Research, and Applications. Routledge, 2012.

Stice, Eric, and Katherine Presnell. The Body Project: Promoting Body Acceptance and Preventing Eating Disorders. Oxford University Press, 2007.

Stuewig, J., and L. A. McCloskey. "The Relation of Child Maltreatment to Shame and Guilt Among Adolescents: Psychological Routes to Depression and Delinquency." Child Maltreatment 10, 2005, p.324–36.

Swift, D. L., N. M. Johannsen, et al. "The Role of Exercise and Physical Activity in Weight Loss and Maintenance." Progress in Cardiovascular Disease 56, no. 4, 2014, p.441–47.

Tang, David, Nicholas J. Kelley, et al. "Emotions and Meaning in Life: A Motivational Perspective." In The Experience of Meaning in Life. Springer Netherlands, 2013.

Taylor, Sonya Renee. The Body Is Not an Apology: The Power of Radical Self-Love. Berrett-Koehler, 2018.

Toepfer, Steven M., Kelly Cichy, and Patti Peters. "Letters of Gratitude: Further Evidence for Author Benefits." Journal of Happiness Studies 13, no. 1, 2012, p.187–201.

Torre, Jared B., and Matthew D. Lieberman. "Putting Feelings into Words: Affect Labeling as Implicit Emotion Regulation." Emotion Review 10, no. 2, 2018, p.116–24.

Troxel, Wendy M. "It's More Than Sex: Exploring the Dyadic Nature of Sleep and Implications for Health." Psychosomatic Medicine 72, no. 6, 2010, p.578.

Troxel, Wendy M., Daniel J. Buysse, et al. "Marital Happiness and Sleep Disturbances in a Multi-ethnic Sample of Middle-Aged Women." Behavioral Sleep Medicine 7, no. 1, 2009, p.2–19.

Tsai, J., R. El-Gabalawy, et al. "Post-traumatic Growth Among Veterans in the USA: Results from the National Health and Resilience in Veterans Study." Psychological Medicine 45, no. 01, 2015, p.165–79.

Tyler, James M., and Kathleen C. Burns. "After Depletion: The Replenishment of the Self's Regulatory Resources." Self and Identity 7, no. 3, 2008, p.305–21.

Valdesolo, Piercarlo, Jennifer Ouyang, and David De Steno. "The Rhythm of Joint Action: Synchrony Promotes Cooperative Ability." Journal of Experimental Social Psychology 46, no. 4, July 2010, p.693–95.

Valkanova, Vyara, Klaus P. Ebmeier, and Charlotte L. Allan. "CRP, IL-6 and Depression: A Systematic Review and Meta-Analysis of Longitudinal Studies." Journal of Affective Disorders 150, no. 3, 2013, p.736–44.

van der Velden, Anne Maj, Willem Kuyken, et al. "A Systematic Review of Mechanisms of Change in Mindfulness-Based Cognitive Therapy in the Treatment of Recurrent Major Depressive Disorder." Clinical Psychology Review 37, 2015, p.26–39.

van Dernoot Lipsky, Laura. Trauma Stewardship: An Everyday Guide to Caring for Self While Caring for Others. ReadHowYouWant.com, 2010.

van Mol, M. M., E. J. Kompanje, et al. "The Prevalence of Compassion Fatigue and Burnout Among Healthcare Professionals in Intensive Care Units: A Systematic Review." PLOS One 10, no. 8, 2015: p.e0136955.

Vander Wal, Jillon S. "Unhealthy Weight Control Behaviors Among Adolescents." Journal of Health Psychology 17, no. 1, 2012, p.110–20.

Verkuil, Bart, Jos F. Brosschot, et al. "Prolonged Non-Metabolic Heart Rate Variability Reduction as a Physiological Marker of Psychological Stress in Daily Life." Annals of Behavioral Medicine 50, no. 5, 2016, p.704–14.

Vos, Joel. "Working with Meaning in Life in Mental Health Care: A Systematic Literature Review of the Practices and Effectiveness of Meaning-Centred Therapies." In Clinical Perspectives on Meaning, ed. Russo-Netzer P., Schulenberg S., Batthyany A. Springer International, 2016.

Vromans, Lynette P., and Robert D. Schweitzer. "Narrative Therapy for Adults with Major Depressive Disorder: Improved Symptom and Interpersonal Outcomes." Psychotherapy Research 21, no. 1, 2011, p.4–15.

Walker, Matthew. Why We Sleep: Unlocking the Power of Sleep and Dreams. Simon & Schuster, 2017.

Walsh, Froma. "Human-Animal Bonds I: The Relational Significance of Companion Animals." Family Process 48, no. 4, 2009, p.462–80.

Watts, Jenny, and Noelle Robertson. "Burnout in University Teaching Staff: A Systematic Literature Review." Educational Research 53, no. 1, 2011, p.33–50.

Weber, Mim, Kierrynn Davis, and Lisa McPhie. "Narrative Therapy, Eating Disorders and Groups: Enhancing Outcomes in Rural NSW." Australian Social Work 59, no. 4, 2006, p.391–405.

참고 자료

Whelton, William J., and Leslie S. Greenberg. "Emotion in Self-Criticism." Personality and Individual Differences 38, no. 7, 2005, p.1583–95.

White, Michael. Maps of Narrative Practice. Norton, 2007.

Whitfield-Gabrieli, Susan, and Judith M. Ford. "Default Mode Network Activity and Connectivity in Psychopathology." Annual Review of Clinical Psychology 8, 2012, p.49–76.

Williamson, Ann M., and Anne-Marie Feyer. "Moderate Sleep Deprivation Produces Impairments in Cognitive and Motor Performance Equivalent to Legally Prescribed Levels of Alcohol Intoxication." Occupational and Environmental Medicine 57, no. 10, 2000, p.649–55.

Wilson, Stephanie J., Lisa M. Jaremka, et al. "Shortened Sleep Fuels Inflammatory Responses to Marital Conflict: Emotion Regulation Matters." Psychoneuroendocrinology 79, 2017, p.74–83.

Wilson, Timothy D., David A. Reinhard, et al. "Just Think: The Challenges of the Disengaged Mind." Science 345, no. 6192, 2014, p.75–77.

Withers, Rachel. "8 Women Who Were Warned, Given an Explanation, and Nevertheless, Persisted." Bust, https://bust.com/feminism/19060-kamala-harris-tweets-women-who-persisted.html.

Witvliet, C. V. O., A. J. Hofelich Mohr, et al. "Transforming or Restraining Rumination: The Impact of Compassionate Reappraisal Versus Emotion Suppression on Empathy, Forgiveness, and Affective Psychophysiology." Journal of Positive Psychology 10, 2015, p.48–61.

Xi, Bo, Dan He, et al. "Short Sleep Duration Predicts Risk of Metabolic Syndrome: A Systematic Review and Meta-Analysis." Sleep Medicine Reviews 18, no. 4, 2014, p.293–97.

재가 된 여자들

이제는 쉬고 싶은 여자들을 위한 회복 가이드

초판 1쇄 인쇄 │ 2023년 7월 10일
초판 1쇄 발행 │ 2023년 7월 17일

지은이 │ 에밀리 나고스키, 어밀리아 나고스키 피터슨
옮긴이 │ 박아람

발행인 │ 고석현
발행처 │ ㈜한올엠앤씨
등 록 │ 2011년 5월 14일
편 집 │ 박혜인
디자인 │ 박소원
마케팅 │ 소재범

주 소 │ 경기도 파주시 심학산로12, 4층
전 화 │ 031-839-6805(마케팅), 031-839-6814(편집)
팩 스 │ 031-839-6828
이메일 │ booksonwed@gmail.com
ISBN │ 978-89-86022-75-9 03330